KB024020

문제아를
어떻게
이끌 것인가

문제아를
어떻게
이끌 것인가

초판 1쇄 발행   2017년 4월 20일

원제   The Problem Child
지은이   알프레드 아들러
옮긴이   정명진
펴낸이   정명진
디자인   정다희
펴낸곳   도서출판 부글북스
등록번호   제300-2005-150호
등록일자   2005년 9월 2일

주소   서울시 노원구 공릉로63길 14, 101동 203호(하계동, 청구빌라)
                 (139-872)
전화   02-948-7289
팩스   02-948-7269
전자우편   00123korea@hanmail.net

ISBN   979-11-5920-058-8 03180

*잘못된 책은 구입하신 서점에서 바꾸어 드립니다.

The Problem Child

문제아를 어떻게 이끌 것인가

알프레드 아들러 지음 정명진 옮김

책을 내면서

"아이는 어른의 아버지이다."

개인 심리학은 이 경구를 100% 응용하고 있다. 아이가 세상에 태어나서 맞는 첫 4년 혹은 5년은 아이의 인생에 정말 중요하다. 아이는 이 기간에 자신이 세상에서 경험하는 인상들을 갖고 스스로 삶을 살아가기 위한 훈련을 끝낸다. 이 훈련은 기본적으로 자의적이다. 이 기간에 아이들이 받는 인상은 외부 자극뿐만 아니라 아이의 육체적 상태에서도 나온다. 4세나 5세가 지나면, 아이는 이제 자신이 하는 경험을 동화시키고 이용하기 시작한다. 이때 아이가 경험을 동화시키거나 이용하는 것은 더 이상 자의적이지 않다.

그렇다고 아이의 사고 작용이 인과관계의 법칙을 엄격히 따른다는 뜻은 아니다. 그보다는 아이 스스로가 정한 삶의 양식과 그 양식을 지배하는 원칙들을 따르게 된다. 그러므로 사람의 인생은 그 사람 본인의 삶의 양식에 의해 결정된다고 할 수 있다. 그러기에 아이의 삶의 양식을 지배하는 원칙들은 아이의 인생 내내 그의 감정과 정서, 사고, 행위를 지배하게 된다.

그 과정을 보도록 하자. 창의적인 삶의 양식이 작동을 시작한다. 삶의 창의적인 삶의 양식이 보다 쉽게 작동하도록 돕기 위해 삶의 원칙과 성격적 특징, 세계관 등이 서로 힘을 모은다. 그리하여 최초의 통각 체계가 아이의 내면에 매우 분명하게 확립된다. 그러면 그후 아이의 행동과 판단은 아이가 추구하는 이상(理想)과 완벽하게 일치하는 방향으로 이뤄지게 된다.

아이는 이 이상과 충돌하지 않고 양립할 수 있는 것으로 증명된 것이면 무엇이든 자신의 의식 안에 담아둔다. 나머지 경험은 망각되거나, 의식 안에 저장된 다른 지각들에 비해 비판이나 이해의 대상이 되지 못하는 가운데 하나의 무의식적 경향으로 남을 것이다. 이 무의식적 경향은 의식의 역동적인 경향들을 강화할 수도 있고 막거나 마비시킬 수도 있는데, 이 무의식적 경향이 어떤 식으로 작용하든, 그 최종적 영향은 언제나 삶의 양식에 의해 미리 결정되게 되어 있다.

삶의 양식의 형태들은 장기간의 훈련을 거쳐 확립된다. 이 삶의 양식의 형성에 영향을 미친 기억들은 의식에서도 발견되고 무의식에서도 발견된다. 그럼에도 삶의 유형을 지속적으로 밀고나가는 힘은 아이의 경험에서 나오는 것이 아니라 바로 그 삶의 유형 자체에서 나온다.

의식의 능동적인 힘과 무의식의 능동적인 힘을 제대로 이해한다면, 두 힘 사이의 조화를 파악하는 것도 가능해진다. 그러나 의식과 무의식에 대한 이해가 타당한 것으로 여겨질 수 있는 조건이 있다. 그 이해가 삶의 양식의 행동 영역과 일치해야 한다는 점이다. 그렇지 않다면 의식과 무의식에 대한 이해가 정확하지 않다고 봐야 한다.

어떤 아이의 삶에서 얻은 몇 가지 단편적인 정보를 갖고 그 아이의 문제에 접근할 때, 우리는 오랜 경험을 통해 습득한 개연성에 어느 정도 의지할 수 있다. 많은 경험을 쌓은 사람이라면, 당연히 많은 제약이 따를 것임에도 불구하고 단편적인 정보에서도 어떤 결론을 끌어낼 수 있다. 그러나 개인 심리학자들은 이 결론이 그 아이의 전체 정신생활과 일치하는지 여부를 언제나 매우 신중하게 검토해야 한다. 이 같은 절차는 부분적인 징후를 바탕으로 결론을 끌어내야 하는 또 다른 분야인 의료 진단의 절차와 완벽하게 일치한다.

이 책에서, 나는 약간 다른 관점에서 "개인 심리학의 기법"을 따르면서 '문제아들'의 삶의 양식에 대해 설명할 생각이다. 이 작업을 위해선, 정확한 해석 기술뿐만 아니라 개인 심리학의 기법을 완벽하게 알아야 한다.

의료 진단에서와 마찬가지로, 여기서도 개인 심리학자는 정확하게 추측하는 기술을 무시할 수 없다. 그럼에도 불구하고 추측이 정당하려면 모든 부분적인 징후들이 전체 그림과 완벽하게 일치하고 또 부분적인 징후들이 모두 동일한 역학을 보인다는 점을 증명할 수 있어야 한다. 개인의 삶의 양식에 나타나는 여러 가지 요소들 중에서 가장 중요한 것은 이것이다.

1) 협동의 정도(사회적 감정과 사회적 관심).
2) 개인이 우월(안전, 권력, 완벽, 타인에 대한 평가절하)을 추구하며 보이는 특징.

거듭 반복적으로 나타나는 이런 표현 형식들은 표현 방법은 달라
도 최종적으로 추구하는 목표는 다 똑같다. 개인이 드러내는 용기와
상식의 수준, 세상을 보는 태도, 그리고 개인이 공동체에 이로운 존재
인지 여부 등은 그 사람이 사회적 삶에 어느 정도 적응하고 있는지를
보여준다. 삶의 근본적인 3가지 문제(공동체, 직업, 사랑)를 성공적으
로 해결하려는 노력을 미루거나 이 문제들의 해결에 필요한 준비를
그릇되게 하는 것은 열등 콤플렉스와 이에 대한 엉터리 보상인 우월
콤플렉스가 항상 존재해 왔다는 점을 보여준다.

　삶의 양식에 어떤 통일성이 존재한다는 점을 인정하지 않거나 이
해하지 못하는 사람은 성격적 특성들이 그릇되게 발달하는 현상을
절대로 이해하지 못할 것이다. 그러나 이 개념을 파악한 사람은 누구
나 징후를 치료할 것이 아니라 삶의 양식을 치료해야 한다는 사실을
알게 될 것이다.

알프레드 아들러

인간과 그 동료들

이 주제라면 아름다운 미사여구나 많은 경구로 화려하게 장식하고 싶은 마음이 커질 것이다. 문명의 원천을 되짚어보면서, 나는 부족 안에서든 민족, 국가 혹은 종교 공동체 안에서든 인간의 단결을 확립하려는 비상한 노력을 확인할 수 있었다. 나는 또 이런 경향이 언제나 인간이 다소 의식해 왔던 어떤 사상에 의해 표현되고 있다는 점을 보여줄 수 있었다. 그 사상이란 바로 정치적 혹은 종교적 관점에서 인간을 통일한다는 것이다.

그러나 여기서 나는 이런 것들에 대해서는 논하지 않을 것이다. 내가 이 주제를 통해 하고 싶어 하는 것은 인간 사회 안에서 통일성을 창조하기 위해 벌이는 노력을 도덕적, 정치적 혹은 종교적 관점에서만 평가할 것이 아니라 무엇보다 먼저 과학적 진실이라는 관점에서 평가해야 한다는 점을 보여주는 것이다.

나는 인간 영혼의 삶은 하나의 "존재"(being)가 아니라 하나의 "생성"(becoming)이라는 점을 강조하고 싶다. 인간의 영혼이 영위하는 삶의 각 부분들을 밝히려고 노력하는 사람들은 예외 없이 아직 그 길을 그리 멀리 나아가지 못했다. 이유는 그들이 인간의 영혼을 다루면서 일종의 기계 같은 것을 다루고 있다고 믿고 있기 때문이다.

살아 있는 모든 유기체들은 이상적인 최종 모습을 향해 나아가려고 노력하고 있다. 그러므로 우리는 인간의 정신생활이 사회 문제나 남녀 관계에 관한 문제로 나타나는 온갖 어려움들을 극복하려고 노력하고 있다는 사실을 확인할 수 있다. 이 문제들에 대한 해답은 수학 문제의 해답을 찾는 식으로는 절대로 찾아지지 않을 것이다. 나는 이 질문들이 제대로 풀릴 수 있다는 사실을 알고 있지만 잘못 풀릴 수도 있다는 사실 또한 잘 알고 있다.

그러나 이 대목에서 나는 완벽하게 옳은 해답을 기대해서는 안 된다는 점을 강조하고 싶다. 우리가 기대할 수 있는 것은 모든 개인들이 인간 종(種)의 통일을 안전하게 지키는 쪽으로 어떤 목표를 성취하려고 최대한 노력하는 것뿐이다.

우리가 "훌륭하다"고 부르는 것은 그것이 모든 인간들에게 유익하다는 점에서 훌륭하다는 뜻이다. 이와 마찬가지로, 우리가 "아름답다"고 부르는 것은 그것이 모든 인간에게 유익하다는 관점에서 아름답다는 뜻이다. 그렇듯, 공동체라는 개념은 언어와 관념에도 깊이 뿌리 박혀 있다. 따라서 개인의 표현이나 집단의 표현에서는 개인이나 집단이 공동체의 문제와 어떤 식으로 연결되어 있는지를 말해주는 대목이 언제나 발견된다. 어느 누구도 이 틀에서 벗어나지 못한다. 그리고 이 틀 안에서 일어나는 모든 움직임은 이미 하나의 해답을 포함하고 있다.

　해답은 어디까지나 공동체에 이로울 때에만 옳은 것으로 증명된다. 그러기에 누군가가 인간관계의 영역 안에서 잘못 반응할 때 저항이 폭발하듯 일어나는 이유가 쉽게 이해될 것이다. 저항이 나타나는 거기엔 언제나 공동체와 밀접히 연결되어 있지 않은 사람이나 자신을 전체의 일부로 느끼지 않는 사람, 인간들 사이에서 편한 기분을 느끼지 못하는 사람이 개입되어 있다. 그런 사람은 문명이 혜택뿐만 아니라 불편까지도 제공한다는 점을 배워야 한다. 불편을 자신의 것으로 여기고 받아들이는 법도 배워야 한다는 뜻이다. 따라서 개인 심리학이 공동체에 대한 관심이라고 부르는 것은 타인들과의 밀접한 연결의 한 측면에 지나지 않으며, 개인 심리학이 용기라고 부르는 것은 개인이 스스로를 전체 공동체의 일부로 느끼도록 하는 힘에 지나지 않는다.

　지금 여기서 우리는 현재의 발달 상태의 평균을 고려하면서 당혹감을 느낌과 동시에 아직 너무나 많은 것이 부족하다는 사실을 깨달을 수 있어야 한다. 이 깨달음은 우리에게 발달을 추구해야 한다는 과제를 새롭게 안겨줄 것이다.

　우리는 자신의 존재를 정적인 것으로, 그냥 단순한 "존재"로, 혹은 발달을 추구하려는 야망을 방해하는 적(敵)으로 보아서는 안 된다. 우리는 어려움을 우리 모두가 반드시 해결해야 할 문제로, 우리가 적극적인 낙관주의를 갖도록 자극하는 문제로 보아야 한다.

　역사를 되돌아보면 활기찬 낙관주의에 고무된 사람들만이 할 말을 하며 살았다. 그들이 인류를 앞으로 전진시켰으며, 미래에도 틀림없이 그런 사람들이 인류를 발전시킬 것이다. 그 외의 다른 사람들은 부적절하고 인류의 발달을 저해하는 사람들이다. 그런 사람들은 스스로 진보의 바퀴를 돌리고 있다고 자각하는 사람들이 느끼는 그런 희열을 절대로 경험하지 못한다. 스스로 훌륭하다고 느끼는 가치의 감정도 인간 공동체와의 밀접한 연대에서, 또 당대의 문제에 능동적으로 참여하려는 노력에서 비롯된다.

이 같은 결론은 개인 심리학의 관찰에서 끌어낸 것이며, 오랫동안 이어지고 있는 연구의 결실이다. 한 사람의 인간 존재가 된다는 것은 단순히 비유적인 표현이 아니다. 한 사람의 인간 존재가 된다는 것은 전체의 일부가 되는 것이고, 스스로를 전체의 일부로 느끼는 것이다. 만일 아직도 아주 많은 사람들이 이 길을 발견하지 못하고 있다면, 그것은 그들의 실수이다. 전체적인 맥락을 파악한 사람이라면 누구나 사회의 선(善)을 향해 움직이고 있는 그 흐름에 동참하는 일을 결코 망설이지 않을 것이다.

자연 상태의 인간이 갖춘 것이 너무나 형편없다는 사실만을 기억해도, 우리 모두에게 한 가지 깨달음이 자연스레 일어날 것이다. 인간이라는 존재는 혼자 내버려두면 절대로 살아남지 못한다는 진리 말이다.

인류 역사를 제아무리 멀리까지 거슬러 올라가더라도, 혼자서 살았던 개인은 절대로 발견되지 않는다. 언제나 공동체의 원칙이 존재해 왔다. 자연 앞에서 인간이 얼마나 나약한지를 깨닫는다면, 이 원칙이 쉽게 이해될 것이다.

인간은 다른 생명체들이 다 갖고 있는 자연의 무기를 갖추지 못하고 있다. 인간에겐 육식동물의 이빨도 없고, 뿔도 없고, 빠른 속도도 없다. 인간은 기어오르거나 날지 못한다. 인간은 시각이나 청각 또는 후각의 예리함도 없다. 다른 동물들은 이런 감각을 이용해 다른 동물을 공격하기도 하고 자신을 방어하기도 하면서 이 땅 위에서 자신의 자리를 지키고 있다. 그러나 인간은 신체기관의 힘이 약한 탓에 언제나 공동체의 삶뿐만 아니라 개인의 삶을 지탱하는 것도 다른 사람들과의 연대에 의존해 왔다. 이 연대가 나약한 인간에게 새로운 힘을 주었다.

인류 문화의 범위를 고려해 보라. 그러면 문화를 창조하고 이용한 인간들이 자연의 요소들을 직면할 때 충분히 강하지 못했다는 사실을 이해할 수 있다. 인간은 자연 앞에서 자신에게 부족한 것을 채우려고 끊임없이 노력해야 했다. 인간은 자연을 이용하기 위해 자연을 정복하는 방법을 배워야 한다. 따라서 서로 함께 뭉치는 것이 인간의 가장 중요하고 가장 위대한 발명이 되었다.

이 점에서 인간이 유일하다고 생각해서는 안 된다. 동물의 왕국에서도 약한 동물들은 자신을 보호하기 위해서나 함께 사냥을 하기 위해서 무리를 짓는다. 힘이 대단한 고릴라와 동물들 중에서 가장 무서운 동물인 호랑이는 공동체의 필요성을 전혀 느끼지 않는다. 인간이 문명의 모든 이기(利器)를 버린 뒤의 모습을 상상해 보라. 인간의 지성이 고안해낸 모든 수단을 버린다고 상상해 보라. 그러면 인간은 자연의 정글에 남겨지는 바로 그날 불행한 운명을 맞을 것이다.

우리의 관찰은 여기서 더 나아간다. 인간이 진화의 과정에서 가장 소중한 것을 얻도록 한 것은 바로 인간의 나약함이었다. 인간의 생명에 대해, 인간 종(種)의 존재에 대해 생각할 때, 우리는 인간이 공동체에 가담함으로써 얻을 수 있었던 엄청난 도움을 고려하지 않고는 인간의 존속을 절대로 이해하지 못한다.

당연히, 그런 공동체를 가능하게 만든 모든 수단은 인간의 정신과 육체 안에 미리 준비되어 있었다. 인간의 감각기관을 보면, 그 기관들이 인간 사이의 단결을 꾀하도록 설계되어 있다는 사실이 분명하게 드러난다. 인간 존재가 서로를 바라보는 방식엔 접촉을 위한 준비와 다른 사람들과의 연합에 대한 갈망이 담겨 있다.

인간이 귀를 기울이는 방법은 다른 사람들과의 접촉을 이룰 가능성을 보여주고, 인간이 말을 하는 태도는 그 사람 본인과 동료들 사이의 유대를 보여준다. 그렇다면 이젠 아주 많은 사람들이 제대로 보지 않거나 말하지 않거나 귀를 기울이지 않는 이유를 이해할 수 있는가? 신체기관에 결함을 가진 사람들을 제외한다면, 그런 사람들은 다른 사람들과 접촉하는 데에 실패한 사람들이다. 사람들이 사회적 태도를 기르도록 하는 것은 신체기관도 아니고 본능도 아니며, 정신생활이 처음 시작할 때부터 어떤 준거 기준이 존재한다는 사실이다. 이 준거 기준이 버티고 있으면서 사람들이 사회적 태도를 기르도록 촉구하는 것이다. 다시 말하지만, 이 같은 접촉을 선호하도록 만드는 것은 유기체의 약함이다.

아이에겐 어머니와의 관계가 최초의 사회적 훈련이다. 아이와 어머니의 사이에 형성되는 사회적 관계에서 모든 가능성과 모든 소질이 개발된다. 이 관계에서 아이의 "나"가 타인의 "당신"을 경험한다. 따라서 이 같은 사실이 어머니에겐 막중한 과제를 안기게 된다. 아이가 사회생활의 요구에 제대로 부응할 수 있도록 아이의 발달을 이끄는 것이 바로 그 과제이다. 이 틀이 확립되기만 하면, 아이는 어머니와의 관계 속에서 보고 듣고 말할 것이다. 이것이 어머니의 첫번째 역할이다.

어머니들은 사회적 감정이 솟아나는 샘가에 있다. 어머니들은 이 샘을 신성하게 지켜야 한다. 이 샘에서 일어나는 것은 무엇이든 오랜 시간을 두고 지속적으로 발달하게 되어 있으며 최종적으로 하나의 자동적인 정신 기제로 자리 잡게 된다. 결과적으로 이 샘이 아이의 삶의 형식을 결정짓게 된다는 뜻이다.

아주 중요한 사회적 기능인 언어의 발달을 고려한다면, 공동체가 어디서 어떤 식으로 그 힘을 발휘하는지 쉽게 이해될 것이다. 아이는 공동체를 경험하면서 이렇게 생각할 것이다. "모두가 다른 사람들이 이해할 수 있도록 말을 하고 있네. 그렇다면 나도 당연히 그런 식으로 말을 해야겠지."

첫 번째 역할을 제대로 수행하지 못하는 어머니들이 두 번째 역할, 즉 아이의 사회적 감정이 다른 사람들에게로 확장하도록 하는 역할에서도 실패하는 경우가 종종 있다. 다른 사람들에게 제대로 처신하는 방법을 배우지 못한 아이들이 더러 보인다. 아마 개인 심리학자들이 가장 중요하게 여겨야 할 것이 바로 이 점일 것이다. 아이가 다른 사람들에게 관심을 갖지 않는 현실을 심각하게 받아들여야 한다는 뜻이다.

타인들과 서로 연결되어 있다는 감정을 느끼지 못하는 상태에서, 아이가 사회적 감각을 발달시키도록 준비시킬 길을 어디서 어떻게 찾을 수 있겠는가? 타인에 대한 관심의 부족이 이미 구체적으로 겉으로 드러나기 시작했다고 가정해 보자. 그러면 아이에게 어떤 목표가, 다시 말해 다른 사람들에게 관심을 전혀 기울이지 않은 채 삶을 살겠다는 목표가 생겨나고, 언제나 받기만 하고 주지는 않는 그런 태도가 자리 잡기 시작한다. 그렇다면 자신의 가치를 소중히 여기는 감각은 어떻게 되는가? 스스로 적절한 자리를 차지하고 있다고 느끼는 아이들만이 그런 가치 감각을 가질 수 있을 것이다. 스스로를 전체의 일부로 받아들이지 않는 아이는 절대로 그런 가치 감각을 알지 못할 것이다.

인간의 가장 위대한 기능인 지성에 대해서도 여기서 언급하고 넘어가야 한다. 세상엔 개인적인 지성, 다시 말해 개인의 지성 같은 것은 절대로 없다. "지성은 일반적으로 통용될 수 있어야만 타당성을 지닌다." 지성은 오직 타인을 이해하고, 타인과 동일시함으로써 타인들과 가까워지고, 타인의 가슴을 느낌으로써만 발달할 수 있었다. 이해한다는 것은 곧 어떤 사람이나 사건을 다른 사람들이 인식하는 것과 똑같은 방식으로 인식한다는 것을 의미한다. 여기서도 마찬가지로 우리는 공동체의 통제를 항상 받아들이고 있다는 사실을 확인하고 있다.

지금 나는 도덕과 윤리 자체에 대해선 말하고 싶지 않다. 도덕과 윤리라는 것이 공동체 감정에서 나오는 규칙일 뿐이기 때문이다. 우리는 공동체에 이바지하는 것만을 도덕적이고 윤리적이라고 부를 수 있다. 미학에 대해서도 똑같이 말할 수 있다. 우리가 아름답다고 부르는 것은 공동체에 어떤 영원한 가치를 지녀야 한다. 우리가 실수를 저지를 수 있다고 해서 놀랄 것도 하나도 없다. 우리는 언제나 실수를 인정하고 바로잡을 준비가 되어 있어야 한다. 미(美)의 이상(理想)에 대단히 과감한 변화가 일어난다 할지라도, 유일하게 지속될 수 있는 미의 형식은 영원을 추구하고, 인류의 행복에 필요한 조건과 일치하는 그런 형식인 것만은 확실하다.

사회적 감정이 개인에게 미치는 엄청난 영향력에 주의를 기울여

달라고 부탁하고 싶다. 이 사회적 감정이 크고 작은 공동체를 창조하고, 민족적, 정치적 혹은 종교적 운동을 일으키지 않는가? 이 형식들 중에서 어느 것이 사회적으로 유익한지를 결정하는 데 있어서, 개인 심리학은 똑같은 기준을 이용한다. 개인 심리학은 일반적인 유효성을 추구하는 형식만을 가치 있는 것으로 받아들인다. 물론 이것도 논의의 대상이 될 주제이며, 이런 문제들에 대해 명쾌한 해답을 제시하는 것이 어려울 때가 가끔 있다.

인간의 삶은 생성 과정에 있다. 오늘 우리가 경험하는 것은 단지 완벽한 형식이라는 목표를 추구하는 노력의 과정에서 하나의 점(點)에 불과하다. 그렇다면 사회의 틀 안에서 행동하지 않는 사람들에게, 말하자면 사회적 감정의 흔적을 전혀 보이지 않는 사람들에게 무슨 일이 일어나고 있는가?

이 맥락에서 우리는 개인이 자기 자신에 대해 말하거나 생각하는 것은 전혀 중요하지 않다는 점을 지적해야 한다. 개인이 하는 말이나 생각에 어떠한 가치도 부여해서는 안 된다. 우리가 평가할 수 있는 유일한 것은 그 사람의 행동이다.

예를 들어 보자. 어떤 사람이 자기 자신에 대해 이기주의자라고 평가할 수 있다. 그럼에도 그 사람은 이타심을 발휘할 줄 알고 또 타인들과 곧잘 협력하는 그런 존재라는 사실을 자신의 행동을 통해 드러낼 수 있다. 이와 반대로, 많은 사람들은 자신에 대해 동료 인간을 진정으로 생각할 줄 아는 사람이라고 여기고 있지만, 면밀히 조사해 보면 불행하게도 그들의 자기 평가가 엉터리라는 사실이 확인된다. 그렇다고 이 사람들의 말이 거짓말이라는 뜻은 아니다. 여기선 정신생활의 실수가 의식적인 기만보다 훨씬 더 큰 역할을 하기 때문이다.

그렇다면 이런 실수들이 어떻게 정신생활에 끼어들게 되었을까? 공동체를 추구하겠다는 감정이 그렇게 느리게 발달하는 이유는 무엇일까? 몇 가지 대답이 가능하다. 아주 많은 사람들이 자신에겐 공동체를 위해 할 수 있는 일이 아무것도 없다는 생각에, 또 인간의 능력은 대단히 제한적이라는 생각에 빠져 있다. 이런 사람들은 우리가 삶의 핵심적인 목적이라고 여기는 발달에 어떠한 것도 기여하지 못하는 염세주의자들이다. 말하자면 어려움을 극복하는 데 아무런 도움을 주지 않는 사람들이라는 뜻이다.

나는 종종 학생들에게 다음과 같은 짤막한 이야기를 들려준다. "아득한 옛날에, 우리 조상들이 나무 위에 앉아 있던 때를 상상해 보자. 아마 그때는 꼬리도 달려 있었을 것이다. 우리 조상은 그렇게 나무에 걸터앉은 채 자신들이 할 수 있는 일이 무엇인지를 놓고 고민에 빠졌다. 그땐 살아가는 것 자체가 너무나 힘들고 비참한 일이었을 테니 말이다. 그들 중 한 사람이 이렇게 말했다. '초조하게 생각해 봐야 무슨 소용이 있겠어? 모든 게 너무 힘들어. 그냥 여기 나무 위에 이렇게 안전하게 앉아 있는 게 최고야.'"

이렇게 말한 사람이 이 논쟁에서 이겼다면 어떤 일이 벌어졌을까? 오늘 우리도 아마 꼬리를 단 채 여전히 나무 위에 앉아 있을지 모른다. 그때 나무 위에 계속 머물렀던 사람들에게 무슨 일이 일어났을까? 그들은 모두 죽어 사라졌다. 이 사라짐의 과정은 그 이후로도 계속 이어지고 있다.

이 과정은 정말 잔인하다. 사실들의 논리는 원래 잔인하기 때문이다. 그때 나무에서 내려오지 않아 죽은 사람들이 틀림없이 대단히 많았을 것이다. 그후로도 삶의 요구에 대한 대응이 잘못되어 죽는 사람과 사라지는 가족이 지속적으로 나왔다. 이 과정은 일종의 위장 속에서 이뤄지고 있다. 그렇기 때문에 이 과정의 흔적을 밟기가 무척 어렵다. 사라짐의 과정이 서너 세대에 걸쳐서 마무리될 수 있다. 또 아무도 그 이유를 모를 수도 있다.

면밀히 조사해 보면, 인간의 공동생활의 요구에 엉터리로 대응하면 반드시 그 실수에 대한 대가를 치르게 되어 있다는 사실이 확인된다. 대가를 치르지 않고 그냥 넘어가는 경우는 절대로 없다. 병이든 아니면 육체적 혹은 정신적 쇠퇴든, 당연히 대가를 치르게 되어 있는 것이다. 이 같은 쇠퇴가 실수의 결과인 게 꽤 분명하다. 이 같은 현상에 대해 시인 에머슨(Ralph Waldo Emerson)은 우리 인간은 결과만을 피하길 원할 뿐 실수를 피할 생각은 하지 않는다는 식으로 표현하고 있다.

이 쇠퇴의 과정이 어디서 시작하는지에 대해 나는 이미 암시했다. 사람은 누구나 삶에 대해 어떤 입장을 취하기 마련이다. 누군가가 세계관은 철학의 문제이지 우리 모두가 신경 써야 할 문제가 아니라고 말한다면, 그거야말로 정말 쓸데없는 말이다. 세상의 모든 사람을 보면, 그 사람만의 세계관이 분명히 드러난다. 이 같은 진리를 깨달은 사람에겐, 인생을 보는 관점이 훌륭할수록 삶을 살아가는 데 더 많은 도움을 받을 수 있다는 사실이 너무나 확실해 보인다.

문제는 이것이다. 기존의 엉터리 세계관을 버린다면 그 대신에 어떤 세계관을 채택할 것인가? 이 질문에 대한 대답들 중에서 민족적이거나 종교적이거나 유럽적이거나 아시아적인 세계관을 옹호하는 소리가 들린다. 개인 심리학은 이 세계관들 중 어느 것에도 반대하는 편견을 갖고 있지 않다. 개인 심리학이 요구하는 것은 사회적 감정을 포함하는 그런 어떤 인식을 낳을 수 있는 세계관이다.

바로 이것이 개인 심리학의 철학적 인식이다. 개인 심리학은 이 인식을 시금석으로 만들려고 노력하고 있다. 개인 심리학이 그 동안에 개인과 집단의 행동을 통해서 개인과 집단이 실수를 저지르는 곳이 어딘지를 배웠기 때문이다. 개인 심리학은 일들을 쉽게 만드는 것을 옹호하는 사람들의 의견에 동의하지 않는다. 그런 사람들은 어려움만 제거하면 모든 것이 제대로 돌아갈 것이라고 믿는 사람들이다. 그러나 모든 일이 그렇게 단순하지 않다. 사회적 감정 자체는 각 개인이 창의적인 노력을 힘들여 벌일 때에만 생겨날 수 있다.

어머니는 아이의 삶에 반드시 필요한 중재자이다. 아이의 내면에 사회적 감정을 일으키고, 또 아이의 사회적 감정이 다른 사람들에게로 향하도록 이끌어야 하는 존재가 바로 어머니이기 때문이다. 그러나 아이의 발달이 주춤하거나 엉뚱한 방향으로 향하게 할 위험을 안고 있는 모퉁이들이 있다. 예를 들어, 어머니 본인이 진정으로 사회적인 존재가 아니어서 사회적 감정을 발달시킬 수 없을 수도 있다. 아니면 어머니가 자기 자식에게만 "따뜻한 동료"이고 다른 사람들에겐 전혀 그렇지 않은 사람일 수도 있다. 이런 어머니는 아이를 자신에게 단단히 묶어 놓음으로써 아이의 발달을 저해할 수 있다. 중대한 실수인 이런 것들 외에도 아이들의 발달에 위험한 단계들이 있다.

병약한 몸으로 태어난 아이들은 세상을 눈물의 골짜기로 여기며 발달의 기쁨을 전혀 드러내지 않을 수 있다. 그런데 병약한 아이들이 타인들보다 자기 자신에 관심을 쏟는 이유를 우리는 잘 이해할 수 있다. 병이라는 과중한 부담을 지고 있고, 자신의 육체를 하나의 부담으로 경험하고 있고, 또 삶이 가혹하다는 것을 깨닫고 있는 그런 아이들에겐 자기 자신에게 관심을 쏟는 것이 어쩌면 너무나 당연한 일이다. 병약한 아이들에겐 공황 상태 같은 것이 일어날 것이다. 병약한 아이들은 사회적 감정의 발달을 방해하는 이기적인 특성을 보인다. 육체적으로 약한 아이들이 아주 많다. 인간의 생체 자체가 다른 동물들에 비해 약하다는 점을 고려한다면, 이런 현실도 그다지 놀랍지 않다.

삶이 시작하는 단계부터 너무나 많은 문제를 안게 되는, 두 번째 범주의 아이들이 있다. 오직 한 사람에게만 관심을 쏟으면서 언제나 그 사람에게서만 도움을 받으려 드는 응석받이 아이들을 말한다. 4세나 5세에 삶의 양식이 확정되기만 하면, 근본적인 변화는 더 이상 가능하지 않다. 그러면 아이가 이런 삶의 형식을 통해 경험하는 모든 것은 그 아이의 삶의 양식으로 동화된다. 이 범주에 속하는 아이는 세상을 자신의 눈으로 보고, 자신만의 인생관을 갖게 되고, 즉시적인 성공을 원하고, 그러다 노력을 기울여야 하는 상황 앞에서 좌절을 겪게 된다. 이런 아이들이 새로운 모든 상황에서 어려움을 겪고 실패하게 된다는 점에 대해서는 굳이 강조할 필요도 없을 것이다.

인구 중에서 응석받이로 자란 아이들의 비중이 꽤 높다. 아이들 중 50% 내지 60%가 의존적인 존재로 성장한다고 말해도 지나치지 않다. 독립심의 결여는 아이들의 삶 내내 나타날 것이다. 그런 아이들에겐 모든 일이 너무 어렵게만 느껴진다. 응석받이로 자란 탓에 자신의 능력을 믿지 못하기 때문이다.

미국 역사에 이를 보여주는 한 가지 흥미로운 예가 있다. 스페인과 미국 사이에 전쟁이 벌어졌을 때, 미국인들은 쿠바의 독립군 지도자 가르시아(Calixto Garcia) 장군과 동맹을 맺었다. 당시에 가르시아에게 밀서를 보내는 것이 결정적으로 중요했지만, 그의 소재를 파악하는 것이 불가능했다. 메시지가 아주 중요했기 때문에, 미국 장군은 가르시아에게 보낼 밀서를 가르시아 장군에게 전달할 사람이 있는지 공개적으로 묻는 수밖에 없었다. 긴 침묵이 흐른 뒤, 누군가가 일어나서 메시지를 받아든 뒤 말없이 현장을 떠났다.

일부 미국 학생들에게 이 이야기를 들려준 뒤 "너희들의 생각엔 누가 가장 위대한 영웅이냐?"라는 물음을 던졌다. 이에 대해 한 학생은 "밀서를 가르시아에게 전달한 군인입니다."라고 썼다. 그 학생은 이렇게 설명했다. "대부분의 사람들은 아마 이런 식으로 말했을 것입니다. '가르시아 장군을 어떻게 찾지?' '다른 사람이 나보다 더 잘 할 수 있지 않을까?' 그런데 이 군인은 다른 생각을 하지 않았어요. 그냥 떠났어요. 독립심이 강한 군인이었어요. 그때 다른 사람들은 스스로에 대해 약한 존재라고 생각하고 있었지요."

바로 그것이 우리의 영혼에 나타나는 모든 결함의 원천이다. 스스로 약하다고 생각하는 감정, 자신의 힘에 대한 확신의 부족 말이다.

세 번째 범주의 아이들은 처음부터 부담을 과중하게 느끼면서 동료들에게 흥미를 갖지 못하게 된 아이들이다. 말하자면 미움 받는 아이들이다. 그런 아이들이 아주 많다. 혼외 관계에서 태어난 아이들과 부모가 원하지 않은 아이들, 고아들이 이에 속한다. 우리 문화는 이런 아이들이 살아갈 수 있는 환경을 조성하지 못했다. 또한 추하게 생긴 아이들도 있다. 이런 아이들은 곧 사람들이 자신을 그다지 좋게 봐주지 않는다는 사실을 알게 된다. 범죄자들과 주정꾼들 중에 추하게 생긴 사람들이 많은 이유가 쉽게 이해될 것이다. 물론 이 집단에 잘생긴 사람들도 있다. 그러나 잘생긴 사람들은 응석받이로 큰 사람들이다. 응석받이 아이들이 문제를 일으키는 사람들 중에서 큰 비중을 차지하고 있으며, 그들은 타인들에게 전혀 관심을 갖지 않는다는 점을 행동으로 보여주고 있다.

이들이 문제아이며, 이 아이들이 삶을 대하는 태도는 '내 맘대로 하도록 내버려 둬!'라는 식이다. 이런 아이들은 좀도둑질을 하고, 가출을 하고, 공부를 하지 않는다. 그럼에도 이 아이들은 동정을 살 만하다. 왜냐하면 모든 사람들이 이 아이들을 "동료"로 대해 주지 않기 때문이다. 이런 아이들이 보다 중요한 과제에 직면할 때 어떤 일이 벌어지겠는가? 그들이 삶에 가담하지 못하고 있다는 사실이 확인될 것이다.

신경증 환자들과 광기가 있는 사람은 사회의 틀에서 벗어나려고 노력한다. 삶의 과제들이 극복 불가능한 것처럼 보이기 때문이다. 그들이 세계를 대하는 태도는 대략 이렇다. "이런 잡다한 일이 전혀 없는 다른 지구가 있으면 얼마나 좋을까. 원하는 것 모두가 갖춰져 있는 그런 세상 말이다." 타인들에게 전혀 아무런 관심을 보이지 않는 범죄자들도 타인들을 고려하지 않고도 쉽게 우월을 이룰 수 있다는 생각에 지배당하고 있는 사람들이다.

이 모든 집단 안에서 삶의 과제를 직시하려는 용기가 부족한 현상이 확인된다. 이 집단의 아이들은 세상 일이 달라지고 쉬워졌으면 하고 바라는 도망자들이다. 그러면서 이 아이들은 삶의 문제를 해결하는 데 필요한 조건을 창조하려는 노력을 기울이지 않는다.

그 다음에는 자살을 생각하는 아이들이 있다. 이런 아이들은 협동에 얼마나 관심이 없는지를, 삶의 과제를 직시할 용기가 얼마나 부족한지를 잘 보여준다. 단순한 통계로는 전체 문제의 심각성을 제대로 전달하지 못한다.

곡물 가격을 올려보라. 그러면 자살 사건이 늘어나는 것이 확인될 것이다. 아니면 삶의 조건을 불리하게 만들어 보라. 그러면 삶의 반사회적인 면으로 기우는 사람들이 얼마나 많은지가 금방 드러날 것이다. 삶의 유용한 면에서 쓸모없는 면으로 달아나려는 경향은 엄청나게 강하다.

가만 있어도 사회적 감정이 이상적인 방향으로 발달하는 경우는 절대로 있을 수 없다. 우리는 언제나 목표를 눈으로 확인할 수 있도록 해야 한다. 도덕적으로나 사회적으로 관대하도록 노력해야 할 필요성 때문에 그렇게 하는 것이 아니라 과학적인 이유들 때문에 그렇게 해야 한다. 실수는 언제나 엉뚱한 결과를 낳게 되어 있다. 국가가 전쟁 앞에서 스스로를 보호할 용기가 부족하거나 다른 국가들에게 관심을 충분히 기울이지 않을 때, 이는 국가에도 그대로 적용된다. 세계 역사는 그런 불행한 사건들의 연속이다.

알코올 중독자들의 문제에 대해선 논하지 않을 것이지만, 나는 결론을 내리기 전에 사회적 감정을 기르는 것이 대단히 중요하다는 점을 보여주는 한 가지 진리에 대해 말하고 싶다. 우리의 삶에서 사회적 감정의 발달을 요구하지 않는 상황은 절대로 없다는 점이다. 사회적 감정의 발달은 아이와 가족의 관계에서, 형제자매와의 관계에서 시작한다. 아이는 학교에 다니기 시작할 때 그때까지 사회적 감정을 얼마나 키웠는지 테스트를 받게 된다. 우정이 시작될 때에는, 이런 문제가 제기된다. "넌 타인에게 관심을 기울일 준비가 어느 정도 되어 있어?" 사회적 감정의 결여가 나름으로 보복의 칼을 휘두르는 것으로 확인된다. 사회적 감정을 갖추지 않은 개인은 사회에서 자신의 자리를 제대로 잡지 못하기 때문이다.

그러나 우리는 사회적 감정을 기르지 않은 아이가 그 문제에 책임이 없다는 사실을 확인한다. 우리는 그런 아이들을 다루는 데 지금까지 동원했던 방법과 다른 방법을 심각하게 고려해 봐야 한다. 또한 직업 문제도 있다. 그때는 이런 질문이 제기된다. "직장에서 나는 어느 정도 유익한 존재일 수 있을까?" 직장에서 하는 활동은 반드시 타인들에게 이로워야 한다.

사랑과 결혼의 문제도 타인에 대한 관심을 발달시킬 것을 요구한다. 여기서도 마찬가지로 개인이 공동체에 소속감을 느끼지 못할 때 심각한 문제가 나타나는 것이 확인된다. 어떤 사람이 상대방을 지배하길 원하든 아니면 상대방에게 친밀감을 느끼든, 파트너의 선택에도 이 문제가 고스란히 드러난다. 사랑과 결혼에는 그 외에 다른 문제도 아주 많으며 모두가 사회적 감정을 요구한다.

이는 국가의 운명에도 똑같이 적용된다. 어떤 국가든 세계 공동체에 관심을 두지 않고는 앞으로 나아가지 못한다. 만일 어떤 나라가 자국의 이익을 최우선으로 앞세운다면, 다른 나라가 항의하고 나설 것이다. 개인 심리학에서 나온 관찰들의 결과는 사회 진보를 위한 도구가 곧 우리 자신과 우리의 아이들을 발달시키는 것이라는 점을 보여주고 있다.

차례

The Problem Child

1장

아이가
자신의 중요성을 과장하다

개인 심리학자가 동원하는 방법들을 설명하기 위해, 나 자신이 문제나 신경증 환자 혹은 범죄자의 이력(履歷)을 다룰 때 그 사람이 잘못된 길로 들어서게 된 바탕과 그 원인들을 발견하기 위해 밟는 과정을 보여주고 싶다. 그러면 현실에서 일어난 모든 일들이 반드시 그런 식으로 일어날 필요는 없었지만 그 상황에서는 그런 식으로 일어날 수도 있겠다는 생각이 들 것이다. 만일 개인 심리학 카운슬러들이 아이와 함께 느끼고 생각하고 결론을 내릴 수 있다면, 개인적 우월이라는 똑같은 엉터리 목표를 추구하는 상황에서 우리도 그 아이와 똑같이 행동했을 것이라는 예측이 가능할 것이다. 이런 식으로 접근한다면, 이전까지 처벌을 받을 만했다고 판단되었던 많은 것들이 사라지게 될 것이다.

개인 심리학자들의 이해와 지식이 점점 더 늘어나고 있다. 이보다 더 중요한 것은 그런 아이 혹은 성인의 내면 가장 깊은 곳에 자리 잡고 있는 핵심과 그 아이 혹은 성인의 삶의 양식 사이에 어떤 연결을 파악할 수 있게 되었다는 사실이다.

개인 심리학의 접근 방식을 정확히 전달하기 위해, 나는 얼마 전까지 나 자신마저도 낯설게 느껴졌던 어떤 환자를 놓고 세세하게 논하고 싶다. 나는 이 환자의 병력에 묘사된 사건들에 대해 사전에 아는 바가 하나도 없는 상태에서 평소에 치료할 때 따르던 절차를 그대로 밝히려고 노력할 것이다.

처음엔 해석에 실수를 저지를 수 있다. 시간이 흐르면서 환자의 병에 대한 이해가 깊어짐에 따라, 앞에 해석한 내용 중 일부가 실수라는 것이 확인될 수 있다. 해석상에 실수가 있었다 하더라도, 그것이 나를 실망시키지는 않는다. 나 자신이 화가나 조각가와 같은 입장에 서 있다는 사실을 잘 알고 있기 때문이다.

화가나 조각가도 처음에는 자신의 경험이나 기술을 바탕으로 작업을 한다. 그러다 작업을 어느 정도 마무리하는 단계에 이르러 작품을 점검하면서 어떤 부분을 강조하거나 부드럽게 다시 다듬는 방식으로 특징에 변화를 주는 과정을 거쳐 최종적으로 원하는 이미지를 만들어낸다. 바로 이 대목에서, 개인 심리학자들의 접근 방식이 다른 심리학자들과 크게 다르다는 사실이 확인된다.

다른 심리학자들은 거의 수학적인 기준을 적용하길 좋아하고 그렇게 하다가 원하는 결과가 나오지 않으면 거의 모든 것을 충족시킬 수 있는 어두컴컴한 영역인 유전(遺傳)에서 그 원인을 찾으려 든다. 아니면 신체기관의 작용(이것 역시 유전보다 결코 덜 모호하지 않은 분야다)을 탓하거나 검증이 거의 불가능한 다른 요소들을 제시하려 노력한다.

개인 심리학자들은 그런 방법을 이용하지 않는다. 개인 심리학자들은 실수를 인정하는 쪽을 선호한다. 실수를 인정함과 동시에, 개인 심리학자들은 환자의 구체적인 특성과 전체 인격의 연결에 대해 더 잘 알게 된다.

지금은 개인 심리학자가 작은 디테일을 바탕으로 전체에 대한 결론을 끌어내는 것이 가능한 단계에 와 있다. 자연사 전문가가 자그마한 뼈를 보고 표본에 관한 정보들을 얻고, 건축사 전문가가 창문의 작은 귀퉁이를 바탕으로 어떤 건물의 설계를 추론해내는 것과 마찬가지이다. 그럼에도 개인 심리학자들은 편향에 따라 삶의 그림을 묘사하고 이해하려고 노력하는 사람들보다 훨씬 더 신중하다. 개인 심리학자들은 잠정적 가설을 제시하고 그 가설을 수정해 나감으로써 비판적으로 앞으로 나아간다.

나 자신이 전혀 모르는 환자의 병력을 설명하는 작업을 시작하려는 지금, 나는 2주일쯤 지나면 어떤 특성을 보다 분명하게 강조할 수 있을 것이라는 사실을 알고 있다. 나는 또한 다른 개인 심리학자들과 똑같은 결론에 도달하게 된다는 점에 대해서도 알고 있다. 개인 심리학자들이 서로 다른 단어를 사용하고 다른 이미지를 선택하고 심지어 이따금 서로 다른 것을 강조할지라도, 그들 모두가 그 점에 대해 확실히 알고 있다는 사실이 아주 중요하다. 그러나 개인 심리학자들에겐 인격의 통일성을 고려하는 것이 언제나 가장 중요한 요소이다.

모든 아이는 열등감을 갖고 삶을 시작하면서 자신의 열등감을 보상하려고 노력한다. 그래서 아이는 우월 혹은 완전이라는 목표를 향해 나아가는 경향을 보이고, 현실에서 직면하는 모든 어려움에 대처할 수 있도록 자신의 권력을 사용하기 시작한다. 그러나 개인 심리학자들은 아이의 이런 노력이 삶의 유익한 면으로 향하는지 아니면 삶의 쓸데없는 면으로 향하는지를 구별한다.

삶의 유익한 면이란 공동선을 추구하면서 "상식"을 따르려는 노력을 말한다. 이런 경우에 아이의 발달과 진보는 사회에 유익한 것으로 입증된다. 아이의 노력이 삶의 쓸데없는 면으로 향하고 있을 경우에, 개인 심리학자들은 그 일탈을 야기한 장애를 찾아내려고 노력한다. 말하자면 아이에게 대단히 어려운 것으로 확인된 문제를 발견하려고 노력한다는 뜻이다.

개인 심리학자들은 성인의 태도에서도 이런 어려움의 흔적을 찾아내서 이런 식으로 말할 수 있다. "이 지점에서 삶의 길이 방해를 받았군요." 바로 거기서 그 사람이 자신의 어려움을 제대로 처리하지 못했을 수도 있겠다는 인상을 주는 어떤 태도가 발달했다.

개인 심리학자의 관심은 환자가 피했던 문제에 초점이 맞춰진다. 환자에게 용기가 상당히 많았을 것이라고 생각할 수 없는 것은 분명하다. 여기서 다른 의문이 제기된다. 환자가 바로 이 지점에서 삶의 문제를 해결할 수 없다고 느끼게 된 이유가 무엇인가? 또 이 지점에서 그 환자가 문제를 해결할 준비가 제대로 되어 있지 않은 것으로 드러나는 이유는 무엇인가?

개인 심리학의 경험에 따르면, 문제가 된 아이는 언제나 사회적 감정이 제대로 발달하지 않았기 때문에 편안한 마음을 갖지도 못하고 타인들에게 애착을 느끼지도 못하는 아이이다. 이런 상황에서 아이는 곧잘 망설이고, 멈추고, 일들을 피하고, 매순간의 문제를 해로운 방식으로 푸는 것으로 만족하게 된다. 이 같은 해결 방식 자체가 타인들에게 피해를 입히게 되어 있다.

개인 심리학의 기법을 동원해 그런 아이 환자를 해석하면서 개인 심리학의 모든 것을 상세히 보여줄 것이다. 해석은 10년 또는 12년 전으로 거슬러 올라갈 것이다. 나는 이 아이를 보지 않고 다음과 같은 설명서만 받았다. "실례를 무릅쓰고 선생님에게 다음 사례를 제출합니다. 이 아이의 경우에도 교육이 도움이 될 수 있는지 궁금합니다. 환자는 11세 소녀이며 신체적 발달이 잘 되어 있고 집에서나 학교에서 품행이 바릅니다. 지금 중학교 1학년입니다."

이 쪽지를 읽는 즉시 어떤 의문이 떠올랐다. 낙오자들에게 교육이 어떤 역할을 할 수 있을까? 낙오자들의 경우에 어떻게 다뤄야 하나? 개인 심리학자들이 늘 그러하듯이, 아이와 대화를 하고 본보기를 제시하고 처벌을 자제하는 것은 너무나 당연한 일이다. 처벌은 어떤 목적에도 도움이 되지 않는다. 삶의 양식이 4세나 5세에 고착되고, 그 후로는 아이 본인이 자신의 잘못과 실수를 인정하지 않는 한 그 양식이 바뀔 수 없기 때문이다. 그렇다면 말로 무엇을 바꿔놓을 수 있겠는가? 단지 아이의 잘못에만 변화를 줄 수 있으면 된다.

이 환자의 경우에, 삶의 양식이 잘못 형성되었다는 점에 주목하고 그 잘못을 제대로 이해할 수 있다면, 아마 지금 우리가 알고 있는 지식만으로도 아이에게 어느 지점에서 해악만 끼칠 실수를 저지르고 있다는 점을 설득시킬 수 있을 것이다. 실수를 저지를 경우에 그 당시에야 그것이 실수라는 것이 증명되지 않는다 하더라도 시간이 흐르면 반드시 실수로 확인되게 되어 있다. 과거의 어떤 실수가 지금 삶을 엉뚱한 방향으로 흐르도록 복수를 하는 것처럼 어렴풋이 짐작되지만, 어쨌든 그 실수는 본인에게 고스란히 경험될 것이다. 우리는 이 복수가 어떤 식으로 일어나고 있는지를 알기를 원하고, 그 맥락을 확실히 파악해서 환자 본인에게 명확히 보여주길 원한다. 그러면서 환자가 자신의 삶의 양식에 잘못된 것이 있다는 점을 받아들이고 기존의 방향으로는 더 이상 나아가지 않도록 설득시킬 수 있기를 원한다.

그 과정에 개인 심리학자는 종종 다음과 같은 반대에 봉착한다. "환자 본인이 자신의 잘못을 인식하면서도 바로잡으려 하지 않을 경우에 당신은 어떻게 할 것인가?" 만일 환자가 그 연결을 진정으로 이해해 놓고도 해로운 태도를 계속 고집한다면, 개인 심리학자는 그 사람이 모든 것을 다 이해하지 못했다고 말하는 수밖에 없다.

나 자신은 지금까지 이런 경우를 한 번도 경험하지 못했다. 어떤 잘못을 진정으로 인정하고도 그것을 바꾸려 노력하지 않는 것은 인간 본성에 어긋난다고 볼 수 있다. 생명 보존의 원리에 위배된다는 뜻이다. 그 같은 반대는 환자가 자신의 잘못을 거짓 인정할 경우에 제기될 수 있는 것이다. 허위로 인정하는 것은 근본적인 인정이 아니다. 근본적으로 인정하는 경우엔 반드시 사회적 연결에 대한 깨달음이 따르게 되어 있다.

지금 우리가 다루고 있는 환자의 경우에 문제가 정말로 실수의 문제라면, 교육을 통한 치료가 가능하다. 아이는 11세 소녀이며, 발달이 잘 되어 있고, 가정에서나 학교에서 처신을 잘하며, 중학생이다. 소녀의 학년도 나이에 맞다. 그렇다면 삶의 두 번째 문제, 즉 일(직업)의 문제에 관한 한 소녀가 꽤 적절한 상황에 처해 있다고 결론을 내릴 수 있다. 우리는 그녀의 일에 대해서는 심각한 반대를 제기하지 못한다. 또 소녀는 정신박약아로 분류될 수도 없다. 정신박약아에 대한 논의가 지나치게 많다. 마치 정신이 박약한 아이들이 어디에나 널려 있다는 듯이.

"아이가 아침에 학교에 가야 할 때면, 소녀가 신경이 너무나 날카로워져 있기 때문에 집에 있는 사람들 모두가 소녀 때문에 대단히 힘들어 한다."

이런 일이 종종 일어난다. 학교 문제가 필요 이상으로 중요성을 지니고 있다. 여기서 우리는 그 연결을 이해할 수 있다. 한쪽에선 소녀가 훌륭한 학생이라는 사실이 확인되고, 다른 한쪽에선 소녀가 학교에 대해 생각할 때면 지나치게 예민해진다는 사실이 확인된다. 그러나 우리는 긴장하면서도 집에 있는 사람들 모두가 고통을 겪게 하지 않는 아이를 상상할 수 있다. 이를 근거로, 우리는 이 소녀가 집안의 다른 사람들이 겪을 고통에 관심을 거의 두지 않고 있다는 식으로 결론내릴 수 있다. 소녀의 긴장은 소녀가 일들을 대하는 방식에 의해서도 설명될 뿐만 아니라 집에 있는 다른 사람들에게 신경과민을 보여주려는 소녀의 의도에 의해서도 설명된다.

여기서 우리는 소녀가 대단히 어려운 문제들을 정복할 수 있다는 점을 다른 사람들에게 과시하고 싶어 하는 욕망을 확인할 수 있다. 그런 엄청난 어려움에도 불구하고, 소녀는 학급에서 제대로 처신하고 있다. 소녀는 장애물을 극복하고 있다. 이 소녀가 자신의 힘을 증명할 필요성을 강하게 느끼는 유형임을 뒷받침할 증거가 더 있는지 보도록 하자.

"소녀는 아침에 일어나자마자 훌쩍거리면서 늦게 일어났다고 불평을 쏟아내기 시작한다."

소녀의 주변 사람들이 소녀를 깨워주고 있음에 틀림없다.

"그녀는 학교 갈 준비를 제시간에 하지 못하게 되었다고 투덜거린다. 그러면서도 옷을 갈아입을 생각은 하지 않고 앉아 울기만 한다."

솔직히 말해, 이 부분이 우리를 놀라게 만든다. 이 아이가 많은 어려움에도 불구하고 학교에 제때 갈 것이라고 기대했기 때문이다. 아마 이 소녀에 대한 묘사가 제대로 되지 않은 것 같다. 우리는 그녀가 학교에서 성실한 학생이라고 들었다. 훌륭한 학생이라는 점을 앞부분에 제시한 것은 짐작컨대 이 케이스의 중요성을 강조하기 위해서였던 것 같다. 나는 이 점에 의문을 제기하고 싶다. 저자로서의 자만심에서가 아니라, 나 자신이 이 의문을 계속 품고 있고 싶어서다.

나는 이 소녀가 종종 학교에 늦게 나가는지 알고 싶다. 만일 소녀가 지각을 더러 한다면, 앞으로 그 같은 사실이 확인될 것이다. 우리 사회에서, 학교에 지각하는 고등학생이 훌륭한 학생일 가능성은 거의 없다.

"특히, 소녀는 머리 손질에 대해 자주 불평한다. 어떤 머리 손질도 그녀를 만족시키지 못한다. 평소에 그녀가 가장 마음에 들어 했던 스타일에 대해서도 불평한다."

이 불평은 머리를 다듬는 일상적인 행위를 통해 긴장을 더욱 높이고 싶어 하는 욕망에 의해서만 설명이 가능하다. 소녀는 주변 사람들 사이에 심각한 소란을 일으키길 원하고 있으며, 소란을 일으킬 길을 머리 손질 문제에서 발견하고 있다. 그렇다면 여기서 이런 의문이 제기된다. 이 소녀처럼 똑똑한 아이가 주변 사람들에게 소란을 일으킬 의도를 품는 이유는 무엇인가? 만일 여기서 "머리 페티시즘" 운운하는 사람이 있다면, 그 사람은 건방지게 구는 어떤 심리학을 적용하고 있다. 다시 말해 원칙 같은 것을 만들어 놓고 이상한 단어들로 설명하는 어떤 성적 음모를 소개하면서 그 원칙을 따르는 그런 심리학을 동원하고 있다는 뜻이다. 이 심리학이 동원하는 이상한 단어들은 우리가 지금까지 모르고 있는 것에 대해서는 하나도 설명하지 않으면서 괜히 성적인 뉘앙스를 은근히 풍기고 있다.

반면에 개인 심리학은 생명의 온기를 품고 있다. 개인 심리학은 원칙을 원하지 않는다. 개인 심리학은 하나의 창조적인 행위이다. 살아 있는 존재를 개조하려는 노력을 펴고 있는 것이다. 다른 어떤 해석을 추가로 더 할 필요도 없이, 개인 심리학자는 단지 대단히 똑똑한 이 소녀가 어려움들을 일으킨 중요한 무엇인가를 발견했다는 점만을 인정한다.

"그런 식으로 몇 시간이 흐른다. 마침내 소녀가 아침도 먹지 않은 채 울면서 불평을 터뜨리며 달려 나간다."

이런 상황도 드물지 않다. 개인 심리학자들은 이런 상황을 자주 본다. 앞에서 나는 이 소녀가 학교에 지각하는 문제에 대해 의문을 제기한 바가 있다. 그러면서 나는 그건 소녀가 주변 사람들에게 자신의 고통을 강조하기 위한 과장이라고 짐작했다. 여기서 그 짐작이 맞았다는 것이 확인되고 있다.

"몇 시간이 흐른다." 여기서 시간의 흐름이 시간 단위로 측정되고 있다는 사실을 아무도 상상하지 못할 것이다. 학교 수업이 8시에 시작되는데, 소녀가 다섯 시에 일어날 가능성은 없을 것이다. 그보다는 7시쯤에 일어날 가능성이 더 클 것이다.

"우리는 소녀의 머리를 자름으로써 이 문제를 아예 제거하려고 노력했다."

개인 심리학자들의 판단이 맞다면, 이 같은 조치는 목표 달성에 아무런 기여를 하지 못할 것이다. 이 소녀는 자신의 머리를 어떻게 가꾸

느냐에 그다지 신경을 쓰지 않는다. 소녀가 진정으로 관심을 두고 있는 것은 주변 사람들의 내면에 긴장을 일으키는 일이다. 그녀의 머리 손질은 단지 주변에 긴장을 야기하는 몇 가지 방법 중 하나에 지나지 않는다.

머리 손질을 더 이상 걱정할 필요가 없게 되었을 때, 이 소녀가 어떤 식으로 나오는지 보도록 하자. 만일 소녀의 지능에 대해 의문을 품었다면, 바로 이 대목에서 의심이 사라질 것이다. 이것은 일종의 지능 테스트이다. 소녀가 똑똑하다면, 지금 한층 더 어려워진 상황은 소녀가 똑똑한 아이들에게 예상되는 독창성을 발휘하는지 여부를 확인시켜줄 것이다. 말하자면 그녀가 똑같은 목표를 성취할 다른 수단을 발견할 것인지가 관심사라는 뜻이다.

"그러나 머리를 잘라도 문제가 사라지지 않았다. 그 즉시 헤어리본 문제가 대두되었기 때문이다. 소녀는 리본을 매는 방식에 대해 똑같이 불평하기 시작했다."

이는 그녀가 똑똑하다는 의미이다. 그래서 우리는 안심할 수 있다.

"아이가 아침을 먹지 않고 학교로 간다는 사실은 학급에서 반드시 드러나게 되어 있다. 아이가 공복에 11시까지 버티면서 수업에 집중할 수 있을 것이라고는 나도 상상을 하지 못하니까."

이 마지막 관찰은 아이가 아침을 먹지 않은 상태로 11시까지 공부를 할 수 있을 것인지에 대해 의문을 표현하고 있다. 이 아이의 진짜 목표가 굶는 것이라면, 소녀가 11시까지 기다리지 못할 것이라는 말이 맞을 수 있다. 그러나 실제로 보면 이 아이는 다른 목표를 갖고 있다. 소녀가 학교 문제를 갖고 주변 사람들을 불안하게 만들기를 원하고 있는 것이다.

여기서 추가적으로 결론을 끌어내야 하는지 나는 모르겠다. 우리
는 이 소녀가 야망에 자극받고 있다고 말할 수 있다. 소녀가 학교에서
나 집에서 관심의 중심에 서기를 원하고 있는 것이다. 그럼에도 불구
하고, 소녀는 대체로 유익한 방향으로 움직이고 있다.

우리는 소녀가 집에서 대단히 순종적이라는 것을 알고 있다. 소녀
는 단 한 가지의 결점을 안고 있었다. 끊임없이 관심을 원한다는 점
이다. 그녀는 주변 사람들의 인정을 추구하고 있는데, 그 방향이 옳지
못하다. 학교에 가야 하는 아침 시간에 소녀의 머릿속을 지배하고 있
는 생각은 바로 이것이다. "어떻게 하면 엄마 아빠가 내가 직면하고
있는 어마어마한 어려움들을 직시하도록 할 수 있을까?" 개인 심리
학의 용어를 빌리면, 이것은 "허풍"이다.

이 아이의 용기가 어느 정도 큰지 판단하기를 원한다면, 우리는 그
녀가 자신의 문제에 대한 해결책으로 영웅적인 행위를 제시하려고
노력한다고 말해야 한다. 이 같은 행동은 용기의 크기를 보여주지 않
는다. 왜냐하면 동시에 그녀가 아무도 눈치 채지 못하는 가운데, 또
누구의 도움도 받지 않은 상태에서 자기 스스로 어떤 보호 수단을 창
조해 내고 있기 때문이다. 그래서 미래의 언젠가 그녀가 학교에서 실
패를 한다면, 그 실패는 부모의 잘못 때문일 것이다.

이 같은 심리적 과정은 인간의 삶에서 다반사로 일어나는 과정이
며, 지금까지 받았던 관심보다 훨씬 더 큰 관심을 끌 가치가 충분하
다. 이 과정에 "무의식적"이라는 딱지를 붙이는 것은 부질없는 짓이
다. 개인 심리학자들이 이 과정과 삶의 연결 속에서 이해하려고 노력
하는 것은 바로 이 과정의 메커니즘이다. 우리 모두는 이 과정을 경험
하지만 거기에 어떤 이름을 붙이지 않는다. 이 과정에 대한 이해는 맥

락을 확실히 파악해야만 가능하다.

따라서 우리는 지금 이 어린 소녀의 용기가 그리 크지 않다고 말할 수 있다. 또 그녀의 사회적 감정의 발달에 대해서도 몇 마디 할 수 있다. 이 아이가 가족들에게 고문을 가하면서도 양심의 가책 같은 것으로 인해 별로 괴로워하지 않는다는 데 대해 아무도 의심을 품지 않을 것이다. 그녀에게 유일하게 중요한 것은 '순교자', 즉 끊임없이 고통에 시달리는 존재가 되는 것이다. 그녀가 발명해 내는 모든 어려움들, 심지어 그녀가 음식을 하나도 먹지 않은 상태에서 11시까지 견뎌야 한다는 사실조차도 그 그림을 보다 고통스럽게 만들려는 의도에서 나온 것이다. 그녀는 자신의 '위신'에 대해서는 관심을 아주 많이 보이지만 다른 사람들을 별로 고려하지 않는다.

아마도 추가적인 결론도 가능할 것이다. 그러나 그 결론을 확인할 길은 없다. 다른 자료가 없기 때문이다. 우리는 이런 질문을 던질 수 있을 것이다. 이 어린 소녀는 어떤 상황에서 삶의 양식을 형성했을까? 그녀에게 뚜렷이 각인된 첫 번째 인상은 무엇일까? 이 같은 삶의 양식을 형성하는 데 기여한 것은 어떤 상황이었을까?

그녀는 야심찬 어린 소녀이며, 리더가 되기를 원한다. 가족 내 그녀의 위치에 관한 질문을 받는다면, 나는 그녀가 무남독녀 외동딸이라고 결론을 내릴 것이다. 게다가 어머니가 음식에 부여하는 중요성을 고려한다면, 나는 그 상황을 일반화하면서 음식이 이 가족 사이에 특별히 중요한 역할을 맡는다고 말할 것이다. 이 아이를 섬세하고 창백한 아이로 상상할 수 있다. 소녀가 튼튼하고 포동포동했다면, 어머니가 그렇게 불안해하지 않았을 것이기 때문이다. 그러나 이 같은 추론은 우리가 이 아이의 이미지를 그리는 데 별다른 도움을 주지 않는다.

마찬가지로 그것을 입증할 자료가 없기 때문이다.

　이런 부류의 아이를 다루는 문제와 관련해서 몇 마디를 하고 싶다. 이 어린 소녀는 가족을 지배하는 것을 즐기고 있다. 소녀 자신은 이 같은 사실을 모르고 있다. 소녀는 다만 다른 사람들의 고통과 긴장을 '경험'하고 있을 뿐이다. 이 점 때문에 우리가 착각하는 일이 벌어져서는 안 된다. 백만장자가 자신의 재산 규모에 대해 끊임없이 생각하는가? 어떤 사람이 이 질문에 대한 대답을 찾기 위해 백만장자를 면밀히 살핀다면, 백만장자가 모든 일이 자신의 뜻대로 돌아가지 않을 때에 화를 낸다는 사실만 확인될 것이다.

　이 어린 소녀도 백만장자와 똑같은 마음 상태에 있다. 소녀는 돈 대신에 지배를 소유하고 있으며, 그래서 소녀는 지배를 끊임없이 말할 필요성을 느끼지 않는다. 소녀에겐 지배를 소유하는 것만으로 충분하다. 그러므로 우리는 소녀가 그 끝이 어딘지를 보지도 않고 그 길을 계속 따르고 있는 이유를, 또 소녀가 자신이 직면하는 어려움에 그렇게 몰입하는 이유를 이해할 수 있다. 그러나 만약에 소녀가 이 모든 것을 알게 되었다면, 다시 말해 누군가가 소녀로 하여금 자신이 "허풍"을 떨기 위해 학교의 일상적인 문제를 과장하고 있다는 점을 이해시킬 수 있었더라면, 엄청난 발전이 이뤄졌을 것이다.

　그러나 그런 식으로 소녀를 이해시켰다 하더라도 그녀가 자신의 잘못을 바로잡지 않았을 가능성도 있다. 그런 경우에는 앞으로 더 나아가면서 그녀에게 허풍을 떨고 있는 것이 무엇인지를 정확히 보여줘야 한다. 허풍을 떠는 사람은 언제나 자기 자신이 부적절하다고 믿는 사람이라는 확신을 소녀의 내면에 주입시킬 수 있을 것이다. 타인을 불안하게 만들려고 애를 쓰는 사람은 행동을 통해서는 자신의 중요성을 입증하지 못한다고 믿는 사람들이다.

이 소녀에게 다음과 같은 관점에서 접근할 수도 있다. "네가 나의 말을 그대로 받아들이기만 하면, 너는 일을 제대로 처리하게 될 거야. 아니, 너는 아마 그 이상으로 훌륭하게 처신해야 할 거야. 네가 지금 하고 있는 모든 것은 단지 네가 매우 똑똑한 아이이라는 점을 보여주고 있을 뿐이야. 네가 가족 모두를 당황하도록 만드는 길을 발견했으니 말이다." 이 아이를 설득시키려면, 다양한 사건과 다양한 기억들에 대한 설명이 있어야 한다. 당연히 실수로 이어지게 되어 있는 이 모든 경향들은 그녀가 무남독녀 외동딸이라는 가족 내의 위치 때문에 일어나는 일이라는 점을 그녀에게 분명히 보여줘야 한다. 그녀에게 "이런 것은 외동아이들에게 아주 흔하게 일어나는 일"이라는 점을 말해줘야 한다. 이런 식으로 접근한다면, 그녀가 그때까지 몰랐던 것을 새삼 깨닫게 될 것이다.

이 새로운 지식만으로도 소녀의 사고 작용에 변화가 일어날 것이다. 그러면 소녀의 행동이 소녀의 사회적 감정을 거스르고 있다는 사실이 명백히 보일 것이다. 소녀는 자제력을 발휘할 것이고, 그 결과 아마 이런 일이 일어날 것이다. 소녀는 며칠 지나지 않아 또 다시 가족을 긴장 상태로 몰아넣은 다음에 전과 달리 혼자 이렇게 말할 것이다. "아들러 박사님께서 말씀하시기를, 내가 이런 짓을 하는 것은 가족들의 관심을 나에게로 돌려놓기 위해서라고 했지?"

틀림없이 소녀는 그때까지 써오던 계략을 당분간 계속 이용할 것이다. 소녀의 행동에 대한 나의 해석이 틀렸다면, 엉뚱하게도 나의 진단이 소녀가 그런 계략을 꾸미도록 돕는 결과를 낳을 수도 있다. 그러나 소녀가 과민하게 반응하면서 집에서 위기를 일으키는 와중에 문득 내가 자신의 행동을 해석한 내용을 떠올리는 순간이 틀림없이 올 것이고, 그 시점을 시작으로 소녀의 태도 몇 가지가 사라질 것이다. 그러다 보면 소녀가 정신이 온전한 상태에서 "지금 내가 가족들을 긴장시키려 드는구나."라는 식으로 자신의 심리 상태를 깨닫는 때가 올 것이다.

이런 환자를 치료하는 과정은 간단히 지금까지 말한 그대로이다. 물론 다른 접근법도 가능하다. 나 자신도 꽤 다양한 방식을 이용하길 좋아한다. 환자에게 직접 말할 필요가 있다는 판단이 서면, 나는 이런 식으로 말할 것이다. "학교는 인간의 삶에서 가장 중요한 거야. 그러니 너는 학교 문제를 놓고 소동을 더 많이 일으키도록 해." 이런 식으로 과장함으로써, 나는 그런 행동을 쉽게 하는 소녀의 경향을 마치 응석을 받아들이듯 받아들일 것이다. "너는 너 자신의 성취와 네 자신이 중요하다는 점을 강조하기 위해 끊임없이 소동을 일으켜야 해. 왜냐하면 네가 유익한 행동을 통해 다른 사람들의 관심을 끄는 것으로는 만족하지 못하기 때문이지." 카우스(Kaus)가 말한 바와 같이, "선한 양심을 망가뜨리는" 방법은 수백 가지가 있다. "이것을 노트에 대문자로 써서 너의 침대 머리맡에 붙여 둬. '매일 아침 나는 나의 가족을 뒤엎어 놓고 말겠어.'라고." 그렇게 되면 소녀는 예전에 선한 양심을 갖고 무의식적으로 하던 일을 이젠 나쁜 양심을 갖고 의식적으로 할 것이다. 그래도 나의 환자들 중에서 마지막 조언을 따른 사람은 아직 한 사람도 없었다.

2장

아이가 유급을
반복하다

문제아의 삶의 이력을 놓고 논할 때, 개인 심리학자들은 구체적인 어떤 아이의 성격을 묘사하는 것을 목표로 잡지 않는다. 개인 심리학자들은 구체적인 아이에 관한 간단하고 무의미한 묘사를 전형적인 것으로 여기고, 거기에다가 우리의 경험을 반영하려고 노력한다. 목적은 그 묘사가 규범에서 어느 정도 벗어나 있는지를 파악하거나, 영혼의 깊은 곳을 조사하는 개인 심리학자가 개인 심리학의 관점을 따르면서 취해야 할 입장을 결정하기 위해서이다.

구체적인 개인에 관한 묘사를 읽으면서, 우리가 구체적인 어떤 아이를 세세하게 분석하기를 원하는 것이 아니라는 점을 잊어서는 안 된다. 여기서 중요한 것은 핵심적인 사항을 끄집어내는 것이다. 우리는 그런 핵심적인 사항에 관심을 두면서 문제들이 삶에서 어떤 형식으로 나타나는지를 파악하길 원한다.

"9세 소녀에 관한 보고이다. 이 소녀는 초등학교 2학년을 다시 다니고 있다."

이 정보는 즉각 이 아이가 정신박약아가 아닌가 하는 의문을 품게 만든다. 이 아이에 대해 아는 것은 소녀가 2학년 공부를 1년 더 하고 있다는 것뿐이다. 소녀가 1학년 때도 유급을 했는지, 소녀가 평소에 학교에서 어떤 식으로 행동하는지, 또는 소녀가 성적이 나빴음에도 특별한 조치를 통해 2학년에 올라갈 수 있었는지 등에 대해 아는 바가 전혀 없다. 소녀가 정상적으로 2학년에 올라갔다면, 소녀는 정신박약아가 아니라고 단정적으로 말해도 무방하다.

정신박약에 대해 한 마디 하고 싶다. 개인 심리학에선 아이를 정신박약아로 분류하는 경우가 거의 없다. 그런 예가 너무나 드물다 보니, 엉뚱한 방향으로 가끔 실수가 일어난다. 정신박약아가 단순히 가르치기 힘든 아이로 고려되는 것이다. 그러나 이런 실수는 정상적인 아이에게 정신박약이라는 딱지를 붙이는 것에 비하면 훨씬 덜 심각한 실수이다.

이 문제를 짧게 언급하기 위해, 나는 정신박약아 여부를 판단하는 현재의 관행에 대해 언급하고 싶다. 만일 어떤 아이의 지능 수준이 나이보다 2년 정도 뒤처지면, 정신박약아를 의심할 근거가 있다. 또 아이의 뇌 발달이 늦은지, 아니면 내분비선들이 정상적으로 기능을 하지 않아 정신 발달을 방해하고 있는지 여부를 확인하기 위해 신체검사를 광범위하게 실시하는 것이 바람직하다. 아이를 대상으로 한 신체검사는 경험 많은 의사에게 맡겨야 한다. 의사는 뇌 발달에 장애가 있는지, 아이가 뇌수종을 앓고 있는지, 이상 소두(小頭)증인지, 다운 증후군인지 여부를 결정해야 한다. 우리가 "이 아이는 아마 정신박약일 것이다."라고 말할 수 있는 것은 이 두 가지 요소들을 나란히 놓고 종합적으로 검토할 수 있을 때에만 가능하다.

　가벼운 증상의 발달 장애인 경우엔 이 두 가지 방법으로 충분하지 않다. 나는 언제나 세 번째 검사를 요구한다. 경험 많은 개인 심리학자에 의해 제대로 다뤄진다면, 이 검사가 결정적으로 중요하다. 검사의 목적은 아이가 삶의 양식을 갖고 있는지 여부를 확인하는 것이다. 어떤 아이가 정상적인 아이의 목표와 어울리지 않는 목표를 갖고 있으면서 그 목표에 맞춰 지적으로 행동하고 있다면, 그 아이는 정상적인 아이와 다를지라도 틀림없이 지적인 아이이다. 아이가 비정상적인 삶의 양식을 갖고 있지만 그 양식에 맞게 지적으로 처신하고 있는 것이다. 바로 이런 아이가 "문제아"라 불린다.

　이제 앞에 언급한 소녀를 이 범주 중 하나로 분류하는 작업에 들어갈 것이다. 이 소녀의 경우에 의료 진단을 할 필요가 없고, 지능 검사는 더더욱 할 필요가 없다. 개인 심리학자들은 지능 검사에 대해 유보적인 태도를 취한다. 개인 심리학자들 중엔 지능 검사를 100% 믿는 사람은 아무도 없다. 그러기에 우리의 과제는 이 아이가 삶의 양식을 갖고 있는지 여부를 확실히 밝히는 것이다.

　"어린 소녀는 산수에 특별히 어려움을 겪는다."

　우리의 경험에 따르면, 산수에 힘들어 하는 아이들은 대부분 독립적으로 행동하기를 바라지 않는, 응석받이로 큰 아이들이다. 모든 과목 중에서 산수가 독립심을 가장 많이 요구하기 때문이다. 산수의 경우엔 구구단을 제외하곤 확실하게 정답이 보장되는 것이 하나도 없다. 모든 것이 자유로운 결합에 좌우되기 때문이다. 응석받이로 큰 아이들이 숫자를 자유롭게 결합시키는 방법을 배우지 않을 경우에 특히 그런 독립적인 사고와 거리가 멀다는 사실이 자주 목격된다.

또 다른 유형의 아이도 있다. 이 유형의 아이는 계속 이어지는 계산 때문에 산수 과목 앞에서 용기를 잃어버린다. 이 유형의 아이들은 처음 시작이 형편없었을 것이다. 이런 아이들은 아마 처음에 진도를 놓친 탓에 용기를 잃었을 수 있다. 이런 아이들은 기본을 제대로 갖추지 않아서 쉽게 절망을 느낄 것이다. "나는 산수에 소질이 없어." 이때 가족 구성원 누구라도 아이의 이런 의견에 동의하면, 이 문제는 유전의 문제가 될 것이다.

이 외에도 다른 이유들이 있다. 그 중 한 가지를 강조하고 싶다. 소녀에 대한 매우 강한 편견이 있다. 소녀들은 자라나면서 여자는 수학을 잘하지 못한다는 말을 자주 듣는다. 그렇기 때문에 우리는 재능의 문제에 대해서도 생각해 봐야 한다. 아이가 정신박약아가 아닌 이상, 그 아이가 충분한 용기를 얻기만 하면 자신의 과제 모두를 수행할 수 있게 될 것이라고 우리는 믿는다. 정신박약아가 산수를 제대로 못한다는 사실은 의미 있는 이야기를 아무것도 들려주지 않는다. 수학의 많은 분야들을 보면, 정신이 박약한 사람들이 정상적인 개인보다 이해를 더 잘하는 예가 종종 있다.

"학교 교장은 소녀가 지적으로 교과목을 따라잡을 수 없다고 느끼고 있다. 그래서 교장은 소녀를 '특수반'에 넣을 것을 권하고 있다."

이 부분은 우리가 왈가왈부할 수 없는 대목이다.

"부모들은 아이가 지적으로 정상이라고 믿고 있다."

이런 경우엔 오히려 부모의 의견이 더 중요하다. 대체로 보면 아이의 정신적 지체를 가장 빨리 눈치 채는 사람은 부모이다. 물론 부모의 판단이 틀릴 때도 있다. 그럼에도 부모가 정신적 발달이 늦는 아이를 정상이라고 불렀던 예를 나는 단 한 건도 떠올리지 못한다. 그러니 당분간 부모의 의견에 동의하도록 하자.

"부모는 아이가 어려움을 겪는 이유가 자신감 부족 때문이라고 느끼고 있다."

나는 대체로 부모의 의견을 존중한다. 지금까지 우리가 들은 것은 아이가 산수에 뒤떨어진다는 것뿐이다. 소녀가 다른 과목에서 꽤 잘한다면, 그것은 곧 그녀가 지능 검사를 통과했다는 의미이다. 따라서 소녀가 산수에서 뒤처진다는 사실은 어떠한 상황에서도 그녀가 정신박약이라는 것을 의미하지 않는다.

"지금도 가족이 소녀에게 많은 시간을 쏟고 있음에도 불구하고, 부모는 아이가 가족의 관심을 끄는 수단으로 무능력을 이용하고 있을 가능성을 배제하지 않는다."

이 맥락에서, 애초에 소녀가 응석받이로 큰 아이일 수 있다는 의심을 했다는 사실이 떠오른다. 소녀는 자신만의 방식으로 자신에게 호의적인 상황을 계속 유지하길 원하고, 거기에 따라서 자신의 목표를 성취하려고 노력하고 있다. 그 목표란 부모가 소녀에게만 전념하도록 만드는 것이다. 이 보고를 믿을 수 있다면, 우리는 소녀가 한편으로는 자신감을 결여하고 있을 것이고 다른 한편으로는 자신이 기댈 사람을 끊임없이 찾고 있을 것이라고 말할 수 있다. 따라서 그녀는 우리가 애초에 응석받이로 큰 아이라고 짐작했을 때 제시했던 조건을 충족시키고 있다.

여기서 우리는 소녀가 삶의 양식을 갖고 있고 또 동시에 어떤 목표를 갖고 있다는 것을 확인한다. 그 목표는 바로 그녀가 부모에게 기대기를 원한다는 것이다. 이제 소녀가 정신박약아가 아니라는 사실이 분명해졌다. 교장의 판단이 틀렸다. 아이를 '특수반'에 편입시키면 안 된다.

"소녀의 언니와 여동생은 똑같이 재능이 뛰어난 아이이고, 이 소녀를 도와주려고 노력한다." 이 정보는 이 아이의 가족 내 위치를 밝혀주고 있다. 소녀는 똑똑하고 독립심 강한 자매들 사이에 끼어 있다. 여기서 우리는 소녀에게 일어난 일들을 상상할 수 있다. 일정 기간 동안 소녀는 막내로 자랐다. 그러다가 어느 날 갑자기 상황이 급변했다. 소녀의 뒤로 동생이 나타난 것이다. 그런데 이 동생이 소녀를 앞지르기를 원하는 것 같은 인상을 주었다. 한편, 소녀는 둘째로서 언니를 앞지르는 데 성공하지 못했다. 여기서 둘째 아이들을 다룬 경험이 많은 도움을 준다.

둘째 아이의 이상(理想)은 타인들을 능가하는 것이다. 그러기에 우리는 이 소녀도 타인을 능가하려고 노력했다고, 또 언니를 따라잡을 수 있겠다는 희망이 사라지지 않았을 동안에는 그녀도 다소 정상적인 발달을 성취하려고 노력했다고 단정지을 수 있다. 그러나 소녀는 그 일에 성공하지 못했다. 소녀는 맏이를 능가하기는커녕 맏이와 대등하겠다는 희망까지 잃어버린 아이들의 집단으로 분류될 수 있다. 소녀는 자신은 다른 사람들과 동등하지 않다는 감정을 품은 채 살면서 더욱 나빠진 조건에서 성장하고 있을 것이다. 소녀는 강한 열등감을 품고 있다.

이런 소녀에게 여동생이 뒤에 새로운 적으로 나타났다면, 소녀는 곧 자신을 패배자로 여기게 될 것이다. 소녀는 자신이 빨리 성공하지 못하는 일에 대해 특별히 더 심하게 절망을 느끼기 시작할 것이다. 이 소녀에겐 산수가 바로 그런 과목인 것 같다. 그러므로 산수를 대하는 소녀의 태도에 대한 묘사는 정확히 개인 심리학자가 예상할 수 있는 그대로이다. 소녀는 희망을 잃었다. 소녀가 성공하지 못하도록 막는 것은 바로 산수를 대하는 태도이다.

그렇다면 소녀가 우월을 위해 노력하는 부분은 어디인가? 우월을 추구하려는 노력은 실패하지 않고 있다. 어떤 측면에서 보면, 이 노력은 둘째 아이의 특징이다. 소녀는 산수를 잘하지 못하며 아마도 다른 과목도 잘하지 못할 것이다. 그녀가 한 학년을 다시 다녀야 했으니 말이다.

당신 자신이 그런 아이의 입장이라고 한번 상상해 보라. 수업에 관한 한, 소녀는 다른 아이들과 경쟁하지 못하고 쉽게 포기한다. 그러니 소녀는 자매를 능가할 다른 길을 발견해야 한다. 문제는 이것이다. 이 같은 노력을 우리는 어디서 찾아내야 하는가? 소녀는 더 이상 유익하지 않고 부모의 관심을 지속적으로 끄는 목표에만 맞춰진 어떤 방법을 성공적으로 추구할 수 있다. 부모는 딸을 다루는 문제로 바쁘다. 소녀는 문제아, 즉 관심의 초점이다. 소녀가 지적인가 하는 점에 관한 우리의 의문은 풀렸다.

여기서 어떤 의문이라도 남는다면, 우리 자신이 삶의 유익한 면으로 향할 길이 막혀버린 소녀라고 상상해 보면 된다. 그런 소녀가 할 수 있는 일이 뭐가 있겠는가? 인간 존재는 한 사람의 개인으로서, 한 사람의 인격자로서 어떤 의미를 갖겠다는 희망이 있어야만 살아갈 수 있는데 말이다. 나 자신도 소녀의 입장이라면 소녀처럼 행동할 것이다.

여기서 나는 이 소녀가 그릇된 목표를 성취하기 위해 지적으로 행동하고 있다는 식으로 다소 대담한 결론을 끌어내고 싶다. 가족의 중심에 서는 것이 가공의 유일한 우월, 다시 말해 삶의 쓸모없는 측면의 한 목표이다. 진정한 우월은 사회적 감정에, 상식의 영역에만 존재한다. 이 소녀가 하고 있는 것은 상식이 아니다. 교장은 이 점을 정확히 이해했다. 그런 사실을 근거로 교장은 소녀가 정신박약이라는 잘못된 결론을 끌어냈다.

"그녀가 가족 안에서 하는 행동은 다소 지배적이고 사회적인 영역에선 협동을 하지 않는다."

이것은 우리가 충분히 예상할 수 있는 정보이다. 우월을 추구하려는 아이의 노력이 사라지지 않았다. 소녀는 독재적이고, 모든 사람들을 자신의 지배하에 두려고 노력하고 있다. 사회적인 상황에서, 소녀는 자신이 주도적인 역할을 할 수 있을 때에만 거기에 동참할 것이다.

이 소녀의 치료에 대해 간단히 몇 마디 할 생각이다. 나는 아이가 부모에게 관심을 덜 요구하고 또 산수에서 진도를 따라잡게 하는 노력이 전개되어야 한다고 확신한다. 그러나 만일 소녀가 이미 자매들을 따라잡으려는 희망을 포기한 상태라면, 유일하게 할 수 있는 일것은 소녀를 격려하는 것밖에 없다. 사실, 소녀가 용기를 갖도록 격려하는 거야말로 우리가 할 수 있는 가장 중요한 처방이다. 소녀가 유익한 방향으로 앞으로 나아갈 길을 뚜렷이 갖지 못하는 한, 소녀의 행동과 주변 사람들을 지배하려 드는 성격, 부모에 대한 요구가 약화될 것이라고 기대하기 어렵다.

우리는 이 소녀에게 길을 열어줘야 한다. 이런 견해를 제대로 이해하지 않은 상태에서도 이 소녀의 문제를 성공적으로 해결할 수 있는 부모도 있다. 개인 심리학은 소녀가 완벽하게 향상될 수 있다는 점에 대해 의심을 품지 않는다.

어떤 사람이 이 아이의 문제를 완전히 엉터리로 파악하더라도, 예를 들어 유아기의 성적 발달에 그 원인이 있다는 식으로 엉터리로 접근하더라도 아이에게 향상이 일어날 수 있다고 나는 앞에서 말한 바 있다. 그런 이론에 근거한 접근법도 아이를 격려하는 효과를 낳을 수 있고, 또 소녀에게 자신의 문제가 다른 사람들의 관심을 끌 만큼 중요하다는 인상을 줄 수 있기 때문이다.

이 같은 격려의 분위기가 아이의 영혼 속으로 스며들기만 하면, 아이는 자신이 원하는 것을 모두 털어놓을 수 있다. 그러면 아이는 왜 그렇게 되는지 그 이치를 모르는 상태에서도 앞으로 나아갈 것이고, 그녀를 치료하는 의사는 자신의 방법이 옳다는 확신을 더욱 강하게 품게 될 것이다.

개인 심리학은 아이를 격려해야 한다고 주장한다. 아이에게 용기를 불어넣는 것은 절대로 쉬운 일이 아니다. 아이를 격려하기 위해선 어떻게 해야 할까? 아이가 보다 독립적인 존재가 되도록 유도해야 한다. 또 소녀에게 그녀도 산수 문제를 잘 풀 수 있다는 확신을 심어줘야 한다. 소녀가 자신감을 갖도록 도와줘야 한다. 또 지식의 격차를 좁힐 수 있도록 이끌어야 한다.

소녀에게 말로만 용기를 가지라고 격려하는 것으로는 절대로 충분하지 않다. 아이를 급우들의 수준으로 끌어올려줘야 한다.

소녀가 공부를 하기 시작하고 나서 1주일쯤 뒤에 시험을 친다면, 틀림없이 소녀는 시험에 실패할 것이다. 지식의 격차는 그렇게 빨리 좁혀지지 않는다. 이 목적을 이루는 데 얼마나 많은 시간이 걸릴 것인지를 계산해야 한다. 소녀에게 충분한 시간이 주어져야 한다. 그 시간엔 소녀가 시험을 보지 않도록 하는 것도 바람직하다. 소녀를 이미 다른 아이들 수준만큼 나아진 것처럼 다뤄서는 안 된다. 이런 식으로 세심하게 접근하지 않을 경우에 선생이 아무리 많은 노력을 기울여도 헛수고로 끝날 것이다. 그렇게 되면, 아이가 용기를 갖도록 다시 격려하는 일은 절망적일 만큼 어려워질 것이다.

어떤 사람을 격려하길 원할 경우엔 먼저 그 사람이 확신을 품을 수 있는 그런 마음 상태부터 먼저 조성해야 한다. 그 사람이 기꺼이 받아들이려 하는 기분 상태에 있어야 하기 때문이다. 이것은 곧 그 사람이 먼저 자신에 대한 믿음을 확보할 수 있어야 한다는 뜻이다.

아이에게 용기를 불어넣고자 하는 사람은 상대를 친구로 대해야 한다. 자신이 우월하다는 점을 내세움으로써 아이를 짓눌러버리는 일은 절대로 일어나선 안 된다. 또 아이를 거칠게 다뤄서도 안 된다. 용기를 잃은 아이들은 기본적으로 거칠게 다뤄지고 있는 아이들이다. 그렇게 거칠게 다뤄지게 된 결과, 아이가 자기는 공부를 하지 않아도 정당하다는 느낌을 갖기에 이른 것이다. 아이가 선생과 친구 관계를 형성하도록 유도할 필요가 있다. 그러면 아이가 신뢰하는 사람들의 집단이 더욱 커지게 될 것이다.

지금 다루고 있는 소녀는 자기 부모만 믿고 있다. 학교에서 소녀는 형편없는 역할을 한다. 실제로 우월을 이루려는 노력은 오직 부모 쪽으로만 향하고 있다. 만일 어떤 이방인이 소녀가 믿는 사람들의 집단을 넓혀주는 데 성공한다면, 그녀의 사회적 감정이 증대되고 그녀의 자신감도 커질 것이다. 이는 대단히 큰 장애물을 제거하는 효과를 낳을 것이다. 이 세상에선 자기 부모들 사이 외에는 설 자리가 전혀 없다고 느끼고 있는 아이의 감정이 크게 약화될 것이라는 뜻이다. 이런 식으로 소녀의 신뢰를 얻는 과정이 다른 어떠한 조치보다 선행되어야 한다.

여기서 우리는 교육의 샘으로 다시 돌아가지 않을 수 없다. 교육의 샘에선 어머니의 역할이 컸다. 아이의 신뢰를 얻음으로써 아이가 사회 안에서 자신의 자리를 찾도록 돕고, 아이가 타인에 대해 관심을 갖도록 이끌고, 아이가 삶의 문제에 신경을 쓰도록 하는 것이 바로 어머니의 기능이었다. 이 과정이 아이에게 용기와 독립, 평등의 감정을 안겨주게 된다.

지금 여기서 아이의 무능력을 초래한 실수를 찾기 위해 거꾸로 돌아본다면, 그 실수는 꽤 분명하게 드러난다. 이 소녀의 앞과 뒤에 서 있는 두 자매는 매우 똑똑한 것으로 알려져 있는데, 바로 여기서 실수가 시작되었을 확률이 아주 높다. 두 자매가 똑똑하다는 말은 단 한 번의 언급으로 끝나는 것이 절대로 아니다. 그것은 매일, 매시간 경험되고 있는 일이다. 우리가 다루고 있는 소녀는 자신은 자매들과 동등하지 않다는 인상을 끊임없이 받았다. 여기서 소녀의 근본적인 실수가 선명하게 드러난다.

나로서는 두 자매가 똑똑해 보인 이유를 정확히 알 수 없지만, 나는 첫째 아이는 여동생을 갖는 비극을 견뎌냈다고 말할 수 있다. 첫째 아이가 동생이 태어나기 전까지 아주 확고한 위치를 누리고 있었으니, 동생의 출생이 언니에겐 비극이 아닐 수 없다. 나는 또 둘째 아이는 셋째 아이의 출생을 잘 견뎌내지 못한다는 점을 강조할 수 있다. 여기에다가 야심찬 막내의 성격까지 더한다면, 이미 용기를 잃은 둘째 아이가 막내의 출생으로 다시 타격을 입게 된다는 사실이 쉽게 이해될 것이다.

여기서 이런 질문을 던지도록 하자. 그 사이에 어머니는 어디에 있었는가? 어머니의 보살핌 중에서 보다 큰 부분이 첫째와 막내에게 쏟아진 것 같다. 다른 사람의 관심을 몽땅 차지하려 드는 둘째 아이의 시도는 어머니의 분개를 부른다. 어머니는 또 둘째 아이가 다른 사람들에게, 자매들에게, 또는 삶의 과제에 관심을 갖도록 가르치는 데에도 실패했다. 소녀는 유아기 때처럼 의존의 상태로 남아 있으며, 지금도 그녀는 절망적인 유아의 특징을 보이고 있다.

이젠 두 번째 예를 보자.

"9세인 소녀는 3학년을 다시 배우고 있다."

여기서도 다시, 이 정보 하나만으로도 이 소녀가 3학년까지 정상적인 길로 올라갔다면 정신박약아가 아니라는 것이 확인된다. 그렇다면 이 아이가 학교에서 더 이상 발전을 이루지 못하게 막은 일들이 일어났음에 틀림없다. 소녀는 학교가 더 이상 유쾌한 곳이 아니라고 느꼈을 것이다.

"소녀에 대한 구체적인 불만은 거짓말을 하고 물건을 훔치는 경향이 있다는 점이다."

거짓말과 거짓말의 심리적 구조에 대해 말하자면, 소녀의 환경 속 어딘가에 소녀가 무서워하는 억센 손이 있다는 뜻이다. 정상적이라면, 모든 아이들은 스스로 충분히 강하다고 느낄 경우에 진실을 말한다. 그래서 우리는 아이가 마음속으로 불편을 느끼고 있다는 결론을 내린다.

아이가 거짓말을 하는 경향이 있다는 소리가 들리면, 거짓말이 약함을 표현하는 한 형식이라는 점을 알아야 한다. 거짓말은 열등을 느끼지 않고, 약하게 보이지 않고, 또 다른 사람에게 뭔가를 지급하는 존재가 되지 않고, 다른 사람이 더 강하다는 식으로 느끼지 않기 위한 하나의 보상이다.

기본적으로 거짓말에는 두 가지 형식이 있다. 첫 번째는 두려움 때문에 하는 거짓말이다. 공포는 열등감의 한 측면이다. 스스로 충분히 강하다고 느끼는 사람은 어떠한 두려움도 갖지 않는다. 두 번째는 자신이 실제보다 더 큰 존재인 것처럼 보이기 위해 하는 거짓말이다. 이것도 마찬가지로 약함과 열등의 감정에 대한 보상이다. 공상을 품는 경향은 약하다는 감정에서 발달한다. 이 대목에서 어떤 명확한 목적에 이바지하는 거짓말과 다른 거짓말로 분류하길 원하는 사람이 있다면, 그 사람의 판단은 틀렸다. 어떤 목적을 갖지 않은 거짓말은 세상에 절대로 없다.

이젠 앞에서 언급한 억센 손을 찾아 나설 것이다. 열등감이 심하고 또 부정한 수단으로 다른 사람의 우월을 피하려는 경향을 가진 이 아이가 훔치는 버릇을 갖고 있다는 소리가 들릴 때, 그 같은 사실은 개인 심리학의 개념을 뒷받침한다. 훔치는 행위의 심리적 구조는 누군가가 스스로에 대해 약하다고 느끼면서 자신을 부유하게 함으로써 그 결함을 보충하려는 심리와 똑같다. 그 사람은 자신의 결함을 삶의 유익한 측면에 어울리는 방법으로 보충하지 않고 거짓말이나 다름없는 계략으로 보충하려 든다.

훔치는 행위는 또한 보다 강력한 사람을 넘어서려는 시도이다. 교활한 방법으로 강력한 사람과 동일해지려는 노력인 것이다. 훔치는 사람의 내면에서는 용기가 절대로 확인되지 않는다는 점에 대해선 이미 앞에서 강조한 바 있다. 우리는 여기서 이 아이의 성격적 특징을 선명하게 보고 있다. 아이가 소심함을 고스란히 드러내고 있는 것이다.

우리는 다른 아이가 이 소녀와 똑같은 상황에 처할 경우에 똑같이 거짓말을 하지 않을 것인지에 대해 자신 있게 말할 수 있는 입장이 아니다. 그러나 만일 이 소녀가 스스로에 대해 충분히 강하다고 느끼고 있는 아이라면, 개인 심리학에서 보면 그녀가 거짓말을 하거나 훔치는 이유가 이해되지 않는다. 소녀가 스스로 충분히 강한 존재라고 느끼면서도 거짓말과 도둑질을 계속한다면, 소녀를 정신박약아로 여길 수밖에 없다. 우리는 이 소녀가 스스로 약하다는 감정을 강하게 느끼고 있고 또 약한 사람들이 전형적으로 쓰는 수단을 빌려서 자신이 처한 상황에서 빠져나오려고 시도한다고 추측한다.

 그러나 아이는 지적으로 행동하고 있다. 거짓말도 특별한 상황에선 용서될 수 있다. 굶어죽을 상황에서는 사람이 거짓말을 할 수 있는 것이다. 그런 경우엔 오히려 거짓말이 정당할 수도 있다. 그렇기 때문에 우리는 모든 것을 맥락 속에서 관찰해야 한다. 이 소녀에게서 얻은 최초의 관찰은 거짓말과 훔치는 행위이며, 그것을 근거로 우리는 그녀가 환경 안에서 불편함을 느끼고 있다고 결론을 내렸다.

 "그녀의 부모는 세계대전이 끝난 이후로 별거 상태이다."

 문제아의 경우에 부모의 별거가 자주 보인다. 어머니는 아이의 신뢰를 얻는 데 성공하지 못했고, 따라서 첫 번째 역할에 실패했다. 이제 이 아이가 아버지 쪽에 기댔는지 보도록 하자. 아이와 아버지 사이의 애착 관계는 언제나 두 번째 단계이다. 아이와 아버지 사이에 애착 관계가 생기려면 그 전에 어머니와의 애착 관계가 끊어져야 한다. 아이가 자기 어머니가 진정한 친구가 아니라는 인상을 받은 뒤에야, 아버지와 아이의 관계가 형성될 수 있는 것이다. 아이는 아버지와의 사이에 애착 관계를 느끼면서 그것이 정당하지 않다는 느낌을 자주 받을 것이다.

많은 아이들은 둘째가 태어날 때 어머니를 외면한다. 아이들이 둘째의 출생을 어머니의 배신으로 여기기 때문이다. 그러면서 아이들은 어머니에게 비판적인 존재가 된다. 이것이 종종 엉터리 삶의 양식을 발달시키는 계기가 된다.

이젠 아버지가 어머니의 역할을 대신했는지를 보도록 하자. 부부 관계가 깨어진 가정의 경우에 아버지가 어머니의 역할을 대체하는 것이 쉽지 않다. 아버지가 자유로운 시간을 충분히 갖지 못하는 가정이면 특히 더 그러하다.

그렇다면 어머니의 두 번째 역할, 즉 아이의 사회적 감정을 길러주는 역할은 누가 맡는가? 우리는 이 소녀가 물건을 훔치고 거짓말을 한다는 이야기를 들었다. 이것은 소녀가 사회적 감정을 그다지 발달시키지 못했다는 점을 보여주는 신호이다. 또 소녀가 적국 같은 분위기에서 성장해 왔다는 점을 보여주는 신호이기도 하다. 소녀가 학교에서 실패했고 또 3학년을 한 번 더 다녀야 했다는 사실을 확인할 때, 이것이 소녀가 선생에게 애착을 강하게 품도록 만들지 않았을 것이라는 점을 우리는 이해해야 한다.

이 아이가 다른 인간들을 적으로 본다면, 소녀는 자신의 힘으로 결코 벗어날 수 없는 덫에 빠진 셈이다. 소녀가 다른 사람들에게 불신과 적의를 보인다는 사실은 곧 소녀에게 친구가 하나도 없고, 소녀가 새로운 상황에 대해 희망을 품지 않고 또 학교에서 자신의 길을 찾지 못하고 있다는 것을 뜻한다. 이 모든 것은 아이가 실패를 경험하도록 만들고, 이 실패는 삶은 정말로 적의로 가득하다는 소녀의 믿음을 강화할 것이다. 이 아이에게 닿을 수 있는 다리를 발견하는 것이 매우 힘들 것이라고 상상할 수 있다. 많은 사람이 이 소녀 앞에서 낙담하게 될 것이다.

이것이 지금까지 얻을 수 있었던 자료를 근거로 우리가 말할 수 있는 내용 전부이다. 우리의 발견을 뒷받침하거나 반박할 새로운 증거가 있는지 보도록 하자.

"어머니는 소녀에게 애정을 거의 쏟지 않았다."

우리가 기대했던 그대로이다.

"어머니는 소녀에게 혐오감을 느낀다. 소녀가 비행을 저지르면 아버지가 종종 딸을 처벌하고 때리기도 하는데도, 아이는 그런 아버지에게 애착을 매우 강하게 느끼고 있다."

어떻게 보면, 이 상황은 모순되는 것처럼 보인다. 이 아이에겐 세상에서 적어도 부분적으로라도 신뢰할 수 있는 사람이 단 한 사람뿐이라는 사실을 잊지 않도록 하라. 이것이 구타도 아이에게 특별한 인상을 안겨주지 못하는 이유이다. 만일 아버지가 소녀를 버린다면, 소녀에겐 아무도 남지 않을 것이다. 아버지가 딸에게 가하는 처벌을 제외한다면, 아버지에게 선한 구석이 있는 것 같다. 그래서 아이는 아버지를 어머니보다 더 매력적인 존재로 보고 있다.

"처벌을 받을 때에 소녀는 아버지에게 행동을 바르게 하겠다고 약속한다. 그러나 언제나 말뿐이고 다시 옛날 버릇으로 되돌아간다."

여기서 아이가 처벌을 받은 뒤에 행동을 올바르게 하겠다는 약속을 하지 않는다고 가정해 보자. 그러면 결과가 어떻게 되겠는가? 소녀는 올바른 행동을 하지 않을 것이라는 식으로 고집을 부리지 못한다. 그러면 아버지가 모든 희망을 잃을 것이기 때문이다. 모든 아이들과 모든 어른들은 절망한 사람에겐 아무것도 할 게 없다는 사실을 무의식적으로 느낀다. 또 절망한 사람은 그 사람 본인에게나 다른 사람에게나 엄청난 위험이라는 것도 모두가 알고 있다. 절망한 사람은 모든 사회적 감정을 다 버린 상태이기 때문이다.

사실 이 상황은 이런 뜻이다. 만일 나마저도 아버지가 모든 희망을 놓아버리게 만들면, 아버지는 틀림없이 나를 내다버릴 것이다. 그러나 소녀는 다시 옛날의 길로 돌아간다. 소녀의 이런 행태 앞에서 개인 심리학자들이 느끼는 놀람은 그녀의 아버지가 느끼는 놀람보다는 크지 않을 것이다. 우리는 이 아이가 박탈감을 느끼고 있고, 아이의 목표가 스스로를 풍요롭게 만드는 것이라는 점을 알고 있기 때문이다.

소녀는 열등감을 느끼고 있다. 소녀는 또 진실을 말하려 하지 않고 있다. 여기서 학교와 가정을 연결하고 있는 강력한 끈을 간과해서는 안 된다. 형편없는 점수가 소녀의 가정에서 일으킬 효과를 한 번 상상해보라. 선생이 학생들에게 형편없는 학점을 줄 때, 문제는 거기서 끝나지 않는다. 문제는 계속된다. 아마 아이가 집에서 처벌을 받을 수도 있고 아니면 아이가 위로의 소리를 들으며 그 탓이 선생에게로 돌려질 수도 있다.

이 모든 결과는 개인 심리학의 관점에서는 받아들이기 어렵다. 개인 심리학자들은 학점 자체를 없애는 쪽을 지지한다. 왜냐하면 학점이 어떤 나쁜 결과를 낳을 것인지에 대해 아무도 예측하지 못하기 때문이다. 선생이 학점을 매길 때 학생의 가족 상황을 고려한다면, 문제가 덜 심각해질 수 있다. 그러나 이런 식이라면 학점제도 자체가 존재 이유를 잃게 될 것이다. 만일 아이가 나쁜 학점을 받는다면, 그 아이는 집에서 불행한 시간을 갖게 될 것이다.

"소녀의 아버지는 직업상의 이유로 아이를 직접 돌보지 못하고 아이의 조부모에게 맡겼다. 그러나 조부모도 아이를 그리 오랫동안 돌보지 않았다."

조부모는 아이들에게 관대하고 응석을 잘 받아준다. 이 소녀는 정말로 불행한 별자리의 운명을 안고 태어났다. 조부모마저도 그녀를 제대로 돌보지 못했으니까. 게다가, 이 아이를 따라다녔던 평판은 아마 극도로 나빴을 것이고 널리 퍼졌을 것이다. 이것이 새로운 어려움을 일으킨다.

모두가 적의를 갖고 보는 아이는 다른 사람들의 적의를 실제로 경험한다. 그러면 아이가 갇힌 덫이라는 것이 어떤 것인지 생생하게 그려질 것이다. 또 소녀가 그 덫에서 탈출하는 것이 극도로 어려워지는 이유도 이해될 것이다. 그것은 어른들에게도 어려운 일이다. 그런 마당에 우리가 그런 상황에 처한 아이들에게 뭘 기대할 수 있겠는가?

"이어서 소녀는 양(養)부모와 함께 살러 갔다. 그 도시엔 그녀의 친부모도 살고 있었다."

이 사건은 절대로 상황의 개선으로 볼 수 없다. 그녀는 어머니와 함께 지내고 싶어 하지 않고, 아버지는 시간을 전혀 내지 못한다. 그녀는 지금 양부모와 살면서 박탈감을 느끼고 있다. 왜냐하면 그녀가 이 세상에서 유일하게 신뢰할 수 있었던 존재를 빼앗겼기 때문이다. 소녀는 스스로를 박탈당한 존재로 보고 있다. 게다가, 소녀는 어머니를 만나는 것이 금지되어 있다. 아이가 부모 중 어느 한 사람과 관계를 맺는 것을 불가능하게 만들거나 어렵게 만드는 것은 가장 중대한 실수의 하나이다.

당연히 그런 금지를 정당화하는 이유가 있을 것이다. 예를 들면, 범죄성이나 부도덕한 행동 같은 것도 이유가 될 수 있다. 그러나 권력을 권 사람은 금지를 당한 사람이 실제로 공격을 당하거나 비난을 당하지 않는다는 사실을 볼 수 있어야 한다. 그런 식의 비난은 오히려 아이에게 해롭게 작용한다. 아이가 자신의 조상은 나쁘다거나 자신이 비난의 표적이 된 사람의 성격적 특징을 물려받았다는 믿음을 가질 수 있기 때문이다.

"이런 금지에도 불구하고, 소녀는 자기 생모를 방문해서 돈을 훔치고 그 돈으로 사탕을 사서 급우들에게 나눠주곤 했다."

훔친 돈이나 사탕을 나눠주는 행동은 어린 아이들이나 청소년들이 저지르는 절도에서 두드러지는 특징이다. 그것은 허세를 떨고 싶어 하는 욕구를, 자기 자신을 보다 크게 만들려는 욕구를 잘 보여준다.

이런 태도의 또 다른 한 측면도 그 못지않게 뚜렷이 나타난다. 아이가 다른 사람에게 호감을 사기를 원한다는 점이다. 박탈감을 느끼는 이 아이가 다른 아이들에게 선물을 한다는 소리를 들을 때, 그 행동을 우리는 아이가 자기 어머니로부터 거부당하고 자기 아버지로부터 이따금 느끼는 애착을 추구하고 있다고 해석해야 한다. 그러나 애착을 얻는 것이 그녀에겐 대단히 위험한 것처럼 보인다. 소녀는 또 형편 없는 학생이다. 그런 소녀가 자긍심을 느끼기 위해 무엇을 할 수 있을까? 다른 아이들에게 뇌물을 먹이는 길밖에 없다. 소녀가 지금 하려고 하고 있는 것이 바로 그런 행위이다.

소녀는 애착과 사랑을 찾고 있다. 아마 이것이 이 아이의 내면에서 가장 강하게 작용하고 있는 욕구일 것이다. 물건을 훔쳐서 다른 아이들에게 선물을 줌으로써 소녀는 자신이 아이들의 호감을 사고 있다고 느낀다. 그러면서 소녀는 자신이 풍요로워지는 느낌을 받는다. 이 것 역시 허약한 존재가 추구하는 방법이다. 소녀는 자신이 누군가로부터 사랑을 받을 것이라는 희망을 품을 만큼 자신감이 강하지 못한 아이이다. 당연히 성인들 사이에서도 이 소녀 같은 존재가 발견된다.

"소녀는 달걀을 판 돈도 똑같은 방법으로 처리한다. 소녀는 양부모에게서 달걀을 훔쳐서 그걸 사기를 원하는 선생에게 갖다 준다."

소녀는 자기 선생에게 식품을 공급하는 사람의 역할을 하고 있다. 소녀가 그걸 선생에게 선물로 전하고 싶어 하지 않았는지 우리는 분명히 알지 못한다. 아마 소녀는 달걀을 선생에게 주고 정말로 돈을 받았을 것이다. 어쨌든, 소녀는 선생에게 도움을 줄 수 있었다. 만일 선생이 그런 뜻을 표현하지 않았더라면, 소녀는 아마 선생의 욕망에 대해 알지 못했을 것이다.

"사람들은 소녀가 학교에서 벌이는 이런 비행에 대해 알게 되었다. 그 이후로 소녀는 기피의 대상이 되었다. 양부모도 더 이상 소녀를 부양하길 원하지 않는다. 그들이 몇 차례 도둑질을 발견했기 때문이다. 훔치는 것은 대부분 식량이었다."

그녀가 그 식량을 어떤 식으로 처분했는지에 대해서 우리는 아는 바가 없다. 아마 박탈감을 느끼는 이 아이는 굶주림을 특별히 강하게 경험했을지도 모른다. 왜냐하면 외로움의 감정이 굶주림의 감정과 결합되기 때문이다. 음식이 가득 담긴 접시 앞에 앉은 사람은 자기 앞에 아무 음식도 두고 있지 않은 사람보다 허기를 훨씬 덜 느끼기 마련이다.

"소녀의 아버지는 상황이 좋지 않아서 아이를 다른 곳으로 멀리 보내고 싶어 한다."

여기서 덫의 효과가 보인다.

"아버지는 무일푼이다."

이 같은 사실을 근거로, 우리는 아이가 식량에 관한 한 좋은 상황이 아니라는 결론을 내릴 수 있다.

다음 내용은 대단히 중요하다.

"어머니의 애정조차 받지 못하는데다가 주변 사람들의 판단 때문에, 소녀는 모든 사람들과 맞서고 있다. 소녀의 비행은 부분적으로 내면의 반란을 표현하는 것이다. 어쨌든, 이 같은 상황 때문에 소녀가 사회에 적응하는 일은 더욱 어렵다."

여기서 열등감을 깊이 느끼는 세 번째 유형의 아이들의 예를 목격하고 있다. 혼외 관계에서 태어났거나, 증오의 대상이거나, 원하지 않은 아이, 고아와 장애아 등이 속하는 유형 말이다. 이런 아이들 가운데서 자신이 증오의 대상이 되고 있다고 느끼는 아이들이 종종 발견된다. 우리는 이 실수를 바로잡아야 한다. 우리는 아이들에게 그들의 판단이 옳다 하더라도 세상에 그들을 받아줄 친구가 하나도 없다는 식으로 느낄 이유가 전혀 없다는 점을 분명히 각인시켜야 한다.

이 소녀의 경우에 감정이 다소 부드러운 편이다. 소녀의 아버지가 소녀를 걱정하고 있기 때문이다. 그러나 소녀의 아버지가 할 수 있는 일은 그다지 많지 않다. 그가 마지막 기대는 것은 아이를 멀리 보내는 것이다. 소녀도 이런 분위기를 감지했을 것임에 틀림없다. 이 아이는 자기 아버지가 자신을 위해 많은 것을 하지 못할 것이라는 점을 언제나 깊이 느끼고 있었다. 이것이 소녀가 모든 사람을 적으로 여기는 그런 덫에 걸리게 된 이유이다.

소녀의 사회적 감정은 제대로 발달할 수 없다. 따라서 우리는 어떤 징후들이 전면으로 나타나는 것을 보고 있다. 범죄의 시작으로서 거짓말과 도둑질이 나타나고 있는 것이다.

우리는 또한 그 외의 다른 것도 지적해야 한다. 이 예가 다소 호의적으로 비치게 만드는 부분이다. 이 아이는 애착을 추구하고 있다. 따라서 소녀의 신뢰를 얻는 것이 지나치게 어렵지 않을 수 있다는 점이다. 어머니의 첫 번째 역할이 수행되어야 한다. 소녀가 인간은 원래 나쁜 존재라는 인상으로부터 자유로워질 수 있어야 한다. 소녀가 누리지 못했던 이런 어머니의 역할들이 채워져야 한다. 치료를 위한 접근 방식을 대략적으로 그리면서, 우리는 이 아이가 어려운 상황으로부터 구조되어야 한다는 점을 명심해야 한다.

"아이는 애정과 안전에 대한 욕구를 강하게 품고 있다는 인상을 준다." 이는 우리가 최초의 단편적인 정보를 근거로 짐작했던 바를 뒷받침한다. 아이는 애정과 안전을 찾고 있지만 아직 그런 것을 발견하지 못했다. 그렇다면 소녀의 용기는 아직 완전히 붕괴되지 않았다는 뜻이다.

결론으로, 나는 이 묘사들을 읽는 동안에 나의 머리에 떠오른 어떤 생각을 여러분과 나눠 갖고 싶다. 다음 내용을 고려해 보자.

가난한 집안의 딸로 냉담하고, 굶주리고, 희망을 버렸고, 앞날에 대한 기대도 없는 이 소녀는 성장하면서 사랑과 애정을 추구하고 있다. 그러면 그녀는 어떻게 될 것인가? 그녀를 보호할 사람이 하나도 없고, 그녀가 안전을 느낄 만한 곳도 한 군데도 없다. 그녀는 매춘에 넘어갈 것이다.

그녀가 믿음을 잃고 절망에 빠져 자신에게 관심을 가질 사람을 발견하는 일 자체를 포기한다고 가정해 보자. 나이가 더 들면, 그녀는 자신에게 호의를 베푸는 남자를 발견할 것이다. 이 남자는 그녀에게 애정을 쏟을 것 같은 인상을 풍기면서 그녀에게 접근할 것이다. 이런 일이 현실에서 종종 일어나고 있으며, 대부분 매춘으로 이어진다.

이 아이가 자신을 받아줄 사람을 발견하겠다는 마지막 희망까지 버린다고 가정해 보자. 그녀는 자신이 애정을 발견할 수 있을 것이라곤 더 이상 믿지 않는다. 그녀는 학교에서도 발전을 전혀 이룰 수 없다. 그녀에겐 집도 없다. 그런 상태에서 그녀는 거리를 배회할 것이다. 그러다 쉽게 갱단과 접촉하게 되고 범죄의 길로 들어설 것이다.

그렇지 않으면 그녀는 자신의 힘으로 무엇인가를 하면서 손쉬운 돈벌이 쪽을 기웃거릴 것이다. 그녀는 한 가지 형태의 범죄에 익숙하며, 그 짓을 계속할 것이다. 마지막으로, 그녀는 다른 모든 가능성을 박탈당한 가운데 상습적인 도둑이 될 것이다. 그런데 그때 판사와 법원의 정신과의사들이 범죄자가 개선되기는 매우 어렵다는 결정을 내리고 범죄자들에게 보다 엄격한 벌을 내릴 것이다.

사회 분위기가 그런 방향으로 바뀌는데도 그녀는 절망한 나머지 자신의 덫에서 빠져나올 길을 찾으려는 노력을 포기할 것이다. 그녀는 도둑질을 할 것이고, 그런 가운데서도 잡히면 교도소에 갇힐 것이라는 사실을 잘 알고 있을 것이다. 그래서 그녀는 자신이 잡히지 않을 것이라는 착각으로 스스로 최면을 걸 것이다. 그러다 범죄를 저지르게 되면, 그녀는 교도소로 갈 것이다. 거기서 그녀는 다른 범죄자들을 만날 것이고, 이 범죄자들은 그녀에게 더욱 교활한 방법을 가르칠 것이다. 석방된다 하더라도, 그녀의 상황은 더욱 나빠져 있을 것이다.

이런 식으로 일이 전개되니, 어떻게 개선이 이뤄질 수 있겠는가? 이런 상황에서 용기를 불어넣는 것이 가능하다고 믿는가? 불가능하다. 우리가 필요하다고 여기는 것들을 제공할 수 있는 기관이 존재할 때에만 희망의 불씨를 살릴 수 있다. 그녀가 자신의 잘못을 이해할 수 있도록 가르치고 격려하는 일이 절대적으로 필요하다. 그런 일을 하는 기관이 있다면, 이 아이는 도움을 받을 수 있다. 물론 소녀가 신뢰하는 어떤 선생이 아이를 이해하지 못하는 상태에서 정말 우연히 가장 중요한 과제를 성취할 수도 있다. 그건 바로 소녀에게 용기를 불어넣는 것이다.

3장

아버지가 아이의
사회적 감정의 발달을 막다

지금부터 논할 보고서는 간결한 점이 좀 특이하다. 이것을 감히 해석하려 한다면, 이유는 나에게 이미 그보다 더 세세한 보고서들이 많이 있기 때문이다. 개인 심리학자는 짧은 보고서를 바탕으로 관찰을 끌어내는 방법을 배워야 한다. 보고서를 작성하는 기술이 보다 폭넓게 활용된다면, 우리의 활동에도 큰 도움이 될 것이다.

　여기서 나는 한 가지 흥미로운 제안을 하고 싶다. 문제아나 범죄자, 알코올 중독자 등의 세세한 이력을 다양한 심리학 학파의 대표적인 인물들에게 보내서 각 환자를 해석하고 치료하는 방법을 제시해 달라고 부탁하자는 것이다. 그러면 오늘날 현대 심리학을 흐릿하게 만들고 있는 혼동이 신속히 걷힐 것이고, 평소에 다소 건방지게 구는 많은 저자들이 갑자기 몸을 숨기게 될 것이다. 이 제안이 현실로 받아들여지려면 아마 긴 세월이 흘러야 할 것이다.

이번 예는 개인 심리학자 본인들이 케이스를 해석하는 기술과 보고서를 읽는 기술을 훈련하는 기회로 좋을 것 같다. 개인 심리학자들은 삶의 양식이 안고 있는 실수들을 피하거나 수정하는 수단을 발견할 준비가 되어 있다.

　이 보고서는 초등학교 1학년에 입학하는 6세 소년에 관한 것이다. 서두는 이렇게 시작한다.

　"아이가 가족과 함께 살기 전에, …"

　이는 아이가 다른 곳에서 살았다는 의미이다. 아마 양부모나 고아원에 살았을 것이다. 이 상황과 비슷한 이미지들이 이미 떠오른다.

　"소년은 병원에 입원한 적이 있으며, 양부모와 함께 살았다."

　소년이 혼외 관계에서 태어난 아이인 것 같다. 이 같은 사실은 그 다음 문장에서 확인된다.

　"그는 부모가 결혼하기 전에 태어났다."

　우리의 법이 아무리 발전했다 하더라도, 이 상황은 그냥 무심히 넘길 문제가 아니다. 법이 혼외 관계에서 태어난 아이를 결혼 관계에서 태어난 아이들과 똑같은 바탕에 올려놓고 있을지라도, 이 소년 같은 아이는 그래도 여전히 삶의 첫 부분을 양부모의 집에서 보내야 할 것이기 때문이다. 이 같은 사실 하나만으로도 아이의 삶에 깊은 인상을 남긴다. 아이의 환경이 부모와 함께 사는 경우보다 나빠서 그런 것이 아니고(실제로 보면 양부모와 사는 환경이 더 나을 때가 종종 있다), 환경이 아이에게 매우 중요하기 때문이다. 또 사회가 혼외 관계에서 태어난 아이들을 대하는 전반적인 태도가 법의 발달과 보조를 맞추지 못하기 때문이다. 오늘날까지도 나는 혼외 관계의 아이로 이 세상에 태어나는 아이가 없기를 바랄 뿐이다.

"생활 조건: 부모가 매우 가난하다."

아이가 지금은 자기 부모와 함께 살고 있다는 점을 암시한다. 부모가 결혼도 하기 전에 아이를 낳은 것이 문제였다.

"그들은 신문을 팔아서 그럭저럭 살아가고 있다. 부모와 1세와 2세, 4세, 6세인 네 아이들은 작은 방 하나에 살고 있다. 침대는 2개밖에 없다. 소년은 장남이고, 아빠와 함께 잔다. 아버지는 폐에 병이 있고, 천식으로 힘들어 하며 밤에 잠을 잘 이루지 못한다. 그런 상태에서 아버지는 아들에게 쉽게 짜증을 내며 아들을 때리기도 한다."

따라서 아이는 아버지와 함께 자야 할 뿐만 아니라 아버지에게 구타를 당하기도 한다. 이건 너무 가혹하다. 두 가지 중 하나만으로도 충분할 텐데.

"짐작컨대 소년의 아버지는 소년에게 애정을 거의 보이지 않고 4세인 소년의 여동생을 더 좋아하는 것 같다."

여기서도 또 다시 익숙한 문제를 보고 있다. 오빠와 여동생의 문제이다. 다른 문제가 해결된다 하더라도, 소년의 위치는 그 자체로 충분히 불쾌하다. 둘째 아이는 언제나 일종의 경쟁에 몰두하면서 맏이를 능가하려고 끊임없이 노력한다. 둘째가 딸이고 첫째가 아들이면, 이런 경향은 더 심해진다. 소녀인 둘째 아이는 어쨌든 소년이 특권을 누린다는 것을 알게 되고, 그런 가운데 자기도 오빠만큼 훌륭하다는 점을, 소년과 동일하거나 소년보다 더 훌륭하다는 점을 보여주려고 애를 쓰게 된다.

자연은 소녀의 편이다. 열일곱 살까지, 소녀들이 소년들보다 더 빨리 성숙한다. 소년은 이 같은 사실을 모르고 자신이 뒤처지고 있다고 느끼며 그것을 자신의 운명으로 받아들인다. 이것이 우리가 이런 상황에 처한 소년들 중에서 적극적이지 않고 곧잘 희망을 잃고 자신이 원하는 것을 불법적인 방법으로 얻으려고 애를 쓰는 아이들이 자주 보이는 이유이다.

소년은 곧잘 활동을 포기한다. 그러나 소년의 여동생은 다르다. 그녀는 놀라울 만큼 활동적이고 압도적이다. 그러다 저항에 봉착하기라도 하면, 소녀는 고집을 부린다. 대체로 소녀는 발달을 잘 이루었으며, 훌륭한 학생이고, 민첩하고, 대단히 활동적이다. 대부분의 경우를 보면 그런 남매를 둔 부모들은 이런 식으로 말한다. "딸과 아들이 거꾸로 되었으면 좋았을 걸."

이런 위치의 소년들이 별로 좋지 않은 모습으로 성장하고, 비행을 저지르고, 심각한 신경증을 일으키고 간혹 범죄자나 알코올 중독자가 되는 것이 자주 확인될 때, 당연히 이런 질문을 던지게 된다. 본능에 대해 논의해봤자 무슨 의미가 있어? 장남이 언제나 장남의 전형적인 모습을 보이고, 둘째인 소녀가 언제나 전형적인 모습을 보이는데, 타고난 정신적 기능에 대해 이러쿵저러쿵하는 게 무슨 의미가 있어?

올바른 방법을 동원하기만 하면, 우리는 이 상황을 바꿔놓을 수 있다. 하지만 그걸 예방하는 것은 우리가 이런 결정적인 상황을 정확히 이해하고 정당하지 않은 방법으로 상황을 망쳐놓지 않을 수 있을 때에만 가능하다.

"아이는 작년에 자정 넘어서 집에 들어온 적이 여러 차례 있었다고 한다."

개인 심리학의 관점에서 보면, 여기서 아이가 특별히 집에 있고 싶어 하지 않는다는 결론을 내릴 수 있다. 집에 있는 것을 좋아한다면 아이는 아마 집에 일찍 들어왔을 것이다. 소년이 자신과 집 사이에 거리를 두려고 노력한다는 인상이 느껴진다. 나는 이런 예를 이미 여러 차례 분석했다. 사람이 집에서 멀어지려고 한다면, 그것은 그 사람이 집에서 불편을 느낀다는 점을 암시한다.

"그리고 소년은 각각 다른 이유로 경찰에 다섯 번이나 잡혀 갔다."

장남이 여동생과의 관계에서 흔히 겪는 운명을 이 소년도 피하지 못한 것이 분명하다. 더욱이 가정에서 소년의 위치는 정말 나쁘다.

"그는 캔디 가게와 영화관 앞에서 구걸 행위를 했다."

소년이 두 번째 자리로 끊임없이 떼밀리고 있다는 감정을 느끼고 있다는 사실을 근거로, 이 같은 현실도 쉽게 이해된다. 소년이 집을 뛰쳐나온 까닭에 집에서 먹을 수 있었던 빈약한 음식조차 먹지 못하는 상황에 처할 때, 아이가 구걸 외에 할 게 뭐가 있을까? 아니면 훔치는 일밖에 없지 않을까? 이 사실은 우리를 놀라게 하지 않을 것이다. 여기서 우리는 앞에서 논한 예를, 말하자면 소년인 장남과 여동생 사이의 관계에서 비롯된 예를 순수한 형태로 보고 있다.

"학교에서의 행동은 …"

이 부분은 우리가 쉽게 상상할 수 있다. 만일 소년이 좋은 결과를 보여줄 수 있다면, 그는 자신의 운명으로부터 어떤 탈출을 이룰 수 있을 것이다. 그러나 그가 자신의 운명에서 벗어나지 않았기 때문에, 우리는 그가 학교에서 특별히 나쁠 것이라고 결론을 내릴 수 있다. 아마 말썽꾸러기일 것이다. 보고서의 내용을 보자.

"아이는 머리도 빗지 않고 해진 옷을 그대로 입고 불결한 상태로 등교한다."

해진 옷에 관한 한, 소년을 탓할 수 없다. 다른 부분과 관련해서, 나는 소년의 여동생이라면 6세가 될 때 매우 다른 모습을 보일 것이라고 자신 있게 말할 수 있다. 6세가 된 소년은 이미 혼자 씻을 수 있고 빗질도 혼자 힘으로 할 수 있다.

"소년은 가만히 앉아 있질 못한다."

학교에서 가만히 앉아 있지를 못한다고? 그건 범죄 행위나 마찬가지이다. 학교에서는 가만히 앉아 있을 줄 알아야 한다. 소년이 조용히 앉아 있지 못한다면, 그것은 그가 학교에 있고 싶어 하지 않는다는 뜻이다.

학교에서 앉아 있는 것은 다른 곳에서 앉아 있는 것과 다른 의미를 지닌다. 학교에서 앉아 있는 것은 하나의 사회적 기능이다. 아이가 학교와 사회적 통합을 이루고 있는지 여부는 이 같은 육체적 태도를 통해 드러난다. 따라서 아이가 교실에서 차분히 앉아 있지를 못한다면, 우리는 그가 사회적 감정을 전혀 배양하지 못했고 선생이나 다른 학생, 또는 학교와 전반적인 임무에 전혀 관심을 갖고 있지 않다는 식으로 해석해야 한다. 그렇다면 그가 하는 것은 무엇인가? 그것에 대해선 우리가 꽤 정확하게 짐작할 수 있다.

"소년은 교실 안을 돌아다니고, 선생님이 가르치는 동안에 노래를 부르고, 급우들의 대답을 흉내 낸다."

이것은 이미 그가 도피를 꾀하고 있음을 보여주는 신호가 아닐까? 그러나 도피가 쉽지는 않다. 어떤 위협들이 나타나기 때문이다. 사람들이 소년의 부모에게 경고를 보낼 것이고, 소년을 학교에 끌고 가기 위해 온갖 경찰력이 동원될 것이다. 도피는 절대로 있을 수 없다. 소년은 틀림없이 달아나기를 원했을 것이다. 그는 지금도 주변 사람들이 그를 집어던져버리고 싶은 마음이 들 만큼 아주 형편없이 굴 수 있다. 그러면 그는 더 이상 위험을 감수하지 않아도 될 것이다.

"소년은 걸핏하면 급우들과 싸우려 든다."

따라서 소년은 타인들에 대한 배려가 부족하다는 사실을 드러내고 있다. 이는 또한 다음과 같은 내용에 의해서도 암시된다.

"소년은 만나는 사람마다 다투고 그러다 급우가 쓰러지기라도 하면 매우 즐거워한다."

소년이 타인에 대한 배려가 부족하다는 사실이 다시 확인되고 있다. 이 소년이 10세나 20세가 되면 그에게 어떤 일이 일어날까 하고 궁금해 할 이유가 많다. 학교에서 소년은 줄곧 쓰라린 경험을 했으며, 구걸할 때도 마찬가지였다. 집에서도 어떠한 만족도 얻지 못한다. 이것은 훗날 무엇을 의미할까? 쉽게 짐작할 수 있다. 그는 지금까지 사회적 감정이 결여된 상태로 살고 있으며, 그 결과 그에게 열린 길은 딱 하나뿐이다. 그가 지금도 여전히 다소 능동적이고(그는 타인의 불행을 즐긴다), 다른 사람들을 괴롭히려 애를 쓰고 있기 때문에, 그에겐 범죄의 길 외에 다른 길이 없다.

"얼마 전에는 소년이 급우의 손가락을 부러뜨릴 뻔한 일도 있었다. 소년은 저속한 표현을 너무 자연스럽게 쓴다. 그는 민첩하고, 질문이 던져질 때마다 대답을 매우 잘 할 수 있으며, 산수에 매우 뛰어나다."

마지막 사항은 그다지 놀랄 만한 것이 못 된다. 우리는 소년이 언제나 계산을 해야 한다는 사실을 잘 알고 있다. 먹을 것을 살 때나 구걸을 할 때 필요한 돈을 계산해야 했으니까. 이런 식으로 소년은 사물의 가치를 평가하는 방법을 배웠다. 그는 언제나 계산을 해야 했다. 이 대목에서 타고난 산수 능력 운운하는 것은 말이 되지 않는다. 소년은 단순히 계산하는 훈련이 잘 되어 있을 뿐이다.

"그러나 그의 필체는 아주 형편없다."

이 대목에서 나는 늘 이것이 왼손잡이 아이의 문제가 아닌지를 확인할 것이다. 능숙하고 민첩한 이 아이가 모든 것을 잘 할 수 있을 것 같지 않은가? 이 소년이 다른 불행들 외에 기능적으로 떨어지는 오른손을 억지로 쓰는 부담을 안아야 할 필요가 있다고 믿을 이유가 있다.

"그림을 그릴 때 아이는 낙서 수준을 넘어서지 못한다."

이것 또한 왼손잡이 아이라는 점을 암시한다.

중요한 정보가 한 가지 더 있다. "아이는 외국 국적자이다. 그래서 아이는 정부가 운영하는 시설에 들어가지 못한다."

소년은 목표 성취를 바로 코앞에 두고 있다. 그 목표란 학교에서 쫓겨나는 것이다. 소년은 그 목표에 거의 다 도달했다. 아이의 게임에 걸려든 선생은 소년이 원하는 바로 그것을 하고 있다. 불행하게도 아이가 외국 국적이기 때문에, 우리는 그가 들어갈 시설이 어딘지를 알지 못한다. 그가 그런 시설에서 성장할 수 있다면, 그것은 큰 다행일 것이다. 그러나 그런 시설에서 소년이 문제의 진상을 훤히 파악할 수 있는 사람을 만날 수 있을 것인지는 절대로 확실하지 않다.

개인 심리학자들은 25년 동안 아주 어린 아이들에 관한 보고서들의 의미와 그 보고서들이 인간의 미래 발달에 지니는 중요성을 사람들에게 이해시키려고 노력해 왔다. 그러나 어떤 기관도 이 자료를 중요하게 고려하지 않았다. 만일 이 소년이 경험의 의해 내면에 일어난 감정을 계속 품고 있다면, 그는 똑같은 태도를 그대로 간직한 채 시설에 들어가서 곧 예전과 똑같은 게임을 시작할 것이다. 이 소년의 감정은 이런 식이다. '언제나 나보다 앞서가는 누군가가 있어. 나는 어떤 일에도 절대로 탁월하지 않아. 나는 달아나야 해. 나는 속임수를 써서 삶의 요구를 우회적으로 충족시켜야 해.' 시설에서도 소년은 호의적인 상황(예를 들면, 리더가 되는 것)을 누리게 될 것이라는 기대를 품지 않은 채 용기를 잃은 상태에서 시작할 것이다.

그럼에도 소년은 리더가 되기를 원할 것이다. 그는 모든 사람이 자기를 바라보도록 만드는 것을, 자신이 관심의 초점이 되는 것을 좋아할 것이다. 더욱이, 그는 어떤 의미에서 보면 성공했다. 전체 학급이 그에게 관심을 주고 있다. 이 소년만큼 선생의 시간을 많이 빼앗는 학생도 없다. 소년은 실제로 가장 중요한 인물이 되었다. 여동생이 가장 중요한 존재로 군림하는 집에서 성취하지 못한 것을 소년은 학교에서 성취했다.

소년은 이 목표를 교활한 방법으로 성취했다. 그의 활동이 비생산적인 방향으로 맞춰져 있고, 또 그가 자신의 개인적 우월을 이상적인 목표로 잡고 그 목표를 추구했기 때문이다. 지금 학교 전체가 이 소년을 어떻게 처리할 것인가 하는 문제로 고민에 빠졌다. 이거야말로 소년에겐 절대로 작은 성공이 아니다. 만일 소년이 당시에 돌아가고 있던 사태에 대해 깊이 생각하기를 원했다면, 그는 자신에게 이렇게 말할 수 있었을 것이다. "만일 내가 학교에서 조용히 앉아 있었더라면, 그리고 밤에 아버지의 주먹을 피하지 않고 맞고 있었다면, 누가 나에게 눈곱만큼의 관심이라도 주기나 했겠어?"

어떤 의미에서 보면, 소년의 생각이 맞다. 우리는 그 점을 부정하지 못한다. 소년을 위해 무엇인가를 하려고 준비할 때, 그 점을 잊어서는 안 된다. 이 소년이 인정을 받으려고 부정적인 방향으로 펴는 노력을 더 이상 하지 않도록 설득해야 하는 상황에서, 학교의 카운슬러는 심리학의 다른 학파들보다 더 큰 성공을 거두지 못할 것이다.

소년은 사람들이 자기를 알아주기를 원한다. 이 같은 경향은 억눌러지지 않는다. 소년에게 삶의 유익한 면을 추구할 수 있는 길을 열어줘야 한다. 소년이 유익한 일을 성공적으로 해낼 능력을 갖추고 있다고 믿을 수 있도록, 소년의 용기를 강화시켜야 한다. 소년의 불행은 소년이 자신에 대해 아무런 능력이 없는 존재라고 믿고 있다는 사실에서 시작된다. 프로이트 학파의 전문가라면 이 대목에서 이런 식으로 말할 것이다. "이런 것들은 원시사회 때부터 유전으로 내려오는 본능이다. 소년은 아버지를 죽이길 원한다. 그러나 소년은 스스로 그짓을 할 수 있다고 믿지 않는다. 그렇기 때문에, 소년은 대신에 선생을 상대로 성공을 기대하고 있다. 선생은 아이 문제로 심하게 짜증을 내게 될 것이다. 그러면 아마 선생은 심각한 병에 걸려 죽을 것이고, 그러면 소년은 자신의 목표를 성취하게 될 것이다."

그러나 상황은 그것과 완전히 다르다. 문제의 사건들은 그 무엇인가의 시작이 아니고 결과들이다. 틀림없이 소년은 자기 여동생과 똑같은 역할을 하고 싶어 할 것이다. 그러나 그 같은 역할은 소년에겐 시작 단계부터 배제되었다. 다른 모든 아이들이 이 세상에 처음 올 때 선했던 것과 똑같이, 이 소년도 나쁘지 않고 선했다. 소년은 사회적 감정을 발달시키는 것을 저지당했다. 그의 내면에 사회적 감정을 일깨워줄 사람이 아무도 없었기 때문이다.

이 역할에 가장 적합한 사람은 누구인가? 어머니이다. 이 아이는 처음에 병원에 있었고, 그 다음에도 다른 곳에서 지낸 뒤에야 부모와 함께 살게 되었다. 아이는 혼외 관계에서 태어난 아이였다. 그리고 2년 뒤에 여동생이 태어났으며 이 여동생이 부모의 총애를 받게 되었다. 이때 소년에게 소년과 동료로 지낼 수 있는 다른 인간 존재도 있다는 점을 알려줄 사람이 과연 있었을까?

우리는 소년이 사회적으로 유익한 존재의 역할을 잘 수행할 수 있을 것이라는 점을 믿어 의심치 않는다. 소년에게 필요한 것은 그의 눈을 뜨게 해 이 점을 깨닫도록 해 줄 누군가를 발견하는 것이다. 그건 쉬운 일이 아니지만 분명히 가능한 일이다. 정상적인 상황이라면 어머니가 책임지고 첫 번째 역할을 수행했겠지만, 지금까지 아무도 소년을 위해 그 임무를 완수하지 않았다.

소년에게 필요한 것은 이 측면에서 어머니를 대신할 사람이다. 소년이 신뢰할 수 있는, 다시 말해 가장 가까운 사람의 역할을 해줄 사람이 필요하다는 뜻이다. 그런 사람이 찾아진다면, 그 사람은 어머니의 두 번째 기능까지 수행해야 할 것이다. 소년의 내면에 일깨워진 사회적 감정을 더욱 확장시키고, 그 감정이 다른 사람들에게로 향할 수 있도록 이끄는 일이다. 어머니를 대신해서 이 역할을 할 사람이 주로 아버지이지만, 이 소년의 아버지는 아들이 사회적 감정을 발달시키도록 이끌 능력을 갖추지 못한 것으로 드러났다. 소년의 형제자매도 전혀 도움이 될 수 없다. 개인 심리학의 기술은 어머니를 대체하고 어머니의 두 번째 역할을 수행하는 데에 있다.

지적인 사람이라면 "짐작하려고" 노력하거나 짐작의 기술을 성취한 개인 심리학자들을 비난하지 않을 것이다. 나는 나의 제자들에게 짐작하는 기술을 잘 가르치는 것을 가장 중요한 임무로 여기고 있다. 분명히 말하지만, 개인 심리학자들의 짐작과 개인 심리학을 모르는 사람의 짐작을 서로 비교해서는 안 된다. 개인 심리학을 모르면서 짐작을 일삼는 사람은 개인 심리학에서 자주 쓰는 "열등감"이나 "사회적 감정" "우월 추구" "보상" 또는 "과잉보상" "인격의 통일성" 같은 단어들을 남발하면서 개인 심리학이 찾기를 원하는 무엇인가를 "짐작"했다고 그냥 믿고 있을 뿐이다. 그런 사람은 피아노 건반만 슬쩍 보기만 했을 뿐 피아노 연주 기술에 대해서는 아는 바가 전혀 없는 사람과 비슷하다.

위대한 과학적 발전은 예외 없이 부분적으로 짐작에 의한 것이었다. 만일 누군가가 어느 상징을 다른 상징 옆에 힘들여 옮겨놓고는 어떠한 창조적인 행위도 하지 않는다면, 그것은 쓸모없는 실험에 불과하다. 일부 사람들이 "직관"이라고 부르는 것도 아마 짐작과 다르지 않을 것이다. 특히 의학을 공부한 사람이라면 진단 기술이 사실은 짐작이라는 점에 의문을 제기해서는 안 된다. 물론 이 짐작은 인간 삶의 법칙들에 대한 이해와 폭넓은 경험을 바탕으로 하고 있다.

개인 심리학에서 얻은 경험을 근거로, 우리는 작은 암시로도 전체 구조에 대한 결론을 끌어낼 수 있다고 주장할 수 있다. 말하자면 발자국들을 보고도 삶의 양식을 추론할 수 있다는 뜻이다. 개인 심리학자들은 단절된 몇 개의 단어를 바탕으로 결론을 끌어낼 만큼 경솔하지 않다. 그러나 보고서를 추가로 점진적으로 해석함으로써, 개인 심리학자들은 가설을 확신하거나 이와 반대로 가설을 수정할 필요성을 확인한다. 가설을 확신하는 과정은 주로 개인 심리학 전문가들의 몫이고, 가설을 수정하는 과정은 초심자들의 몫이다.

이 보고서들을 근거로, 개인 심리학자들은 아이들에 대한 이해가 얼마나 깊이 들어가고 있는지를 확인할 것이다. 환자들의 병력을 적은 기록들은 불완전하다. 이유는 그것을 작성하는 사람들이 개인 심리학자들이 관심을 두고 있는 것이 무엇인지를 정확히 모르기 때문이다. 부모의 손에 자라지 못한 아이인 경우에는 일이 조금 어려워진다. 아이의 특성에 대한 정보를 제공할 사람이 없기 때문이다. 지금까지 논한 소년이 그런 예이다.

이 소년의 경우에 우리는 개인 심리학자들이 중요하게 여기는 사항을 알아낼 질문을 던질 수 있다. 1)이 결함들은 어떤 어려운 상황에서 나타났는가? 2)아이가 예전에 어떤 특이점을 보였는가? 이 물음에 대한 답을 찾고 나면, 거의 틀림없이 삶의 문제를 해결하고 나설 준비가 제대로 갖춰지지 않은 아이를 다루고 있다는 결론이 나올 것이다. 아이가 유전으로 물려받은 것이 있는지 모르지만, 설령 있다 하더라도 그런 것은 전혀 중요하지 않다. 유전으로 물려받은 것은 아무런 역할을 하지 않는다. 아이가 사회적 감정이라는 측면에서 준비가 제대로 되어 있지 않을 때, 아이의 문제를 해결하는 데에 사회적 감정이 필요하다는 것이 확인될 때 어떤 불안감도 동시에 발견될 것이다.

이제 이 소년의 문제와 관련해선 우리는 바탕을 확고히 다질 수 있게 되었다. 이제 할 일이라곤 사회적 감정이 충분히 발달하지 않은 이유를 발견하는 것이다. 심각한 문제를 가진 사람들이나 문제아, 신경증 환자, 알코올 중독자, 성도착자, 범죄자 또는 잠재적 자살자들 중에서 사회적 감정을 제대로 발달시키지 못한 탓에 삶의 문제들을 해결하는 일을 두려워하는 모습을 보이지 않는 사람은 한 사람도 없다. 이 같은 관점을 명심해야 한다. 개인 심리학과 다른 심리학 학파 사이의 근본적인 차이는 바로 거기에 있다.

막내의 반란

먼저 첫 번째 예부터 보자.

"4세 소녀이다. 소녀는 외동은 아니고 막내이다."

우리는 막내의 특징을 잘 알고 있다. 그러나 나는 막내가 집안에서 차지하는 위치 때문에 끊임없이 나이 많은 형제자매를 따라잡으려 노력하고 가능하다면 능가하려 한다는 점을 다시 강조하고 싶다. 막내는 처음부터 열등감을 두드러지게 느끼게 되어 있다. 그러기에 막내의 경우엔 사회적인 태도를 발달시키기가 좀 어렵다. 막내는 자신의 개인적 우월을 추구하기 위해 사회를 무시하는 경향을 더 강하게 보일 것이다.

그렇다고 막내가 사회적 영역에서 당연히 실패하게 되어 있다는 뜻은 아니다. 막내도 희망이 방해받지 않으면 정상적인 경로를 밟을 수 있다. 그러나 희망을 잃기라도 한다면 막내는 타인들의 적이 된다. 그러면 막내는 그릇된 방법을 발견하려 노력하면서 가장 쉬운 길을 찾을 것이다.

막내는 삶을 살면서 희망을 잃은 자의 시기심 때문에 고통을 받을 것이다. 막내는 희망을 잃은 자의 특징을 고스란히 보여줄 것이다. 자기비판도 할 줄 모르고, 공동체의 중요성에 대한 깊은 자각도 전혀 없을 것이다. 성경 속의 요셉의 이야기와 막내를 다룬 동화들을 기억한다면, 이런 내용이 역사 깊은 경험이라는 사실이 이해될 것이다. 또 막내의 삶의 양식과 심리 구조가 막내가 가장 약하다는 사실에 영향을 강하게 받는 것도 이해될 것이다. 막내가 가장 약하다는 사실만큼 막내의 심리에 중요한 역할을 하는 것은 없다.

무엇을 물려받았든 불문하고, 막내는 가족 내의 위치 때문에 막내의 역할을 해야만 한다. 막내의 역할은 공동체의 틀 안에서 삶에 유익한 측면으로 수행될 수도 있고 또 삶에 해로운 측면으로 수행될 수 있다. 삶의 첫 4년 혹은 5년 동안 자신이 가장 작은 존재라는 사실에 따른 고통을 당하지 않은 아이들에 비해 막내에게 삶의 해로운 측면으로 빠지고 싶은 유혹이 훨씬 더 강하게 작용할 수 있다.

"소녀는 엄지손가락을 빤다."

이런 버릇은 4세 이전에 사라져야 한다. (물론 모든 아이들은 엄지손가락을 가끔 빤다.) 이 정보를 바탕으로 즉각 할 수 있는 관찰은 이렇다. 아이의 부모가 아이가 아기 때의 버릇을 버리도록 이끌지 못했다. 그래서 소녀는 그 버릇이 받아들여지는 것으로 판단했다. 부모들이 딸에게 반대하고 나서면, 소녀는 부모의 행동을 도전으로 받아들일 것이다. 부모가 아이의 버릇을 고치겠다고 나설수록, 성공 가능성은 더 떨어질 것이다. 소녀는 엄지손가락을 빪으로써 지속적으로 관심을 끌려고 노력할 것이다. (여기서도 몸 전체에 퍼지는 어떤 쾌감이 어떤 역할을 할 수 있다. 그렇지 않고는 다른 물건들까지 입에 넣는 이유가 잘 이해되지 않기 때문이다.)

당신이 엄지손가락을 빠는 아이들을 발견할 때마다, 그것은 곧 전투를 의미한다. 여기서 우리는 이 점을 보다 강하게 말할 수 있다. 이유는 엄지손가락을 빠는 것이 아이가 전투를 수행하는 유일한 수단이 아니기 때문이다. 예를 들어 부모가 청결을 계속 강조한다면, 부모가 아이와 협력적인 분위기를 가꾸는 데 실패할 경우에 아이는 이 영역을 전투의 장으로 선택할 것이다. 부모가 음식 먹는 것을 특별히 강조하면, 아이는 이 분야에서 부모와 전투를 벌일 것이다. 부모가 대소변 가리는 훈련을 지나치게 엄하게 고집하면, 아이는 아마 이 문제에 저항하는 모습을 보일 것이다. 이는 나쁜 습관이 계속 이어지게 되는 이유 중 하나이다. 자위에도 그대로 적용된다. 유아가 자위를 지속적으로 하는 예는 언제나 전투를 의미한다.

이보다 더 설득력 있는 또 다른 이유는 앞에서 설명한 환경과 더 확실히 맞아떨어진다. 유쾌한 상황에서 벗어나게 된 아이는 자신이 관심의 중심에 설 수 있었던 환경을 어떤 수를 써서라도 되살리려고 노력할 것이다. 개인 심리학자들의 경험에 따르면, 나쁜 버릇이 부모의 관심을 끄는 데 훨씬 더 효과적인 것으로 확인된다. 아이가 이 같은 사실을 확인하기만 하면, 아이에게서 나쁜 버릇을 지우기가 매우 힘들어질 것이다. 아이가 개인적 경험을 통해서 자신에게 대단히 유익한 버릇이라는 점을 확인하기 때문에 그런 현상이 나타난다. 가족의 관심을 끌려는 욕망에서, 아이는 자신이 관심의 중심이라는 것을 느낄 수만 있다면 심지어 처벌까지 달게 받으려 들 것이다.

이 소녀가 손가락을 빠는 행위는 부모에 대한 반항의 결과이다. 이 반항은 아마 아이가 유쾌한 상황에서 벗어났다는 사실에서 비롯되었을 것이다. 그래서 아이는 어떤 대가를 치르더라도 그 상황을 되찾기를 바라고 있다. 물론, 이 가설이 맞는지 여부는 더 두고 봐야 한다. 그러나 나의 실제 경험에 비춰볼 때 그런 식으로 결론을 내려도 무방하다고 생각한다.

손가락 빠는 행위에 관한 다른 이론도 있다는 사실을 나도 잊지 않고 있다. 프로이트는 그것을 성적인 행위로 보고 있다. 엄지손가락 빠는 것과 자위는 아이들이 가장 쉽게 접근할 수 있는 수단이다. 뉴욕의 의사 레비(Levy) 박사가 엄지손가락 빠는 것이 성적인 행위인지를 놓고 조사를 벌였지만, 그 같은 행위에서 성적 쾌락의 흔적은 조금도 발견되지 않았다. 레비 박사는 그것이 언제나 별다른 노력 없이 엄마로부터 모유를 얻는 아이들, 말하자면 젖이 아주 쉽게 나오기 때문에 빨

필요조차 느끼지 않는 아이들의 문제라고 주장한다.

아이들이 엄마 젖을 빠는 동안에 빠는 데 필요한 신체기관을 사용할 필요조차 느끼지 않는다. 그래서 아이들이 별도로 이 신체기관을 작동시키려 노력해야 하는데, 그것이 엄지손가락을 빠는 이유라는 것이 레비 박사의 주장이다. 그렇다면 이 아이들이 빠는 기관을 다른 방법으로, 예를 들어 엄지손가락 대신에 입술을 빠는 방법으로 이용하지 않는 이유를 이해하기가 쉽지 않다. 우리는 보다 정밀한 결과를 기다리면서 연구를 넓은 범위로 확장해나가야 할 것이다.

경험에 따르면, 다른 설명도 역시 가능하다. 개인 심리학의 이론은 이 아이가 반항하면서 관심의 중심에 서길 원하고 있다고 주장한다. 이 주장을 증거로 뒷받침할 수 있다면, 개인 심리학이 개인의 심리 구조 중 더욱 넓은 부분을 파악했음을 보여줄 수 있을 것이다. 만일 이것이 입증되지 않는다면, 우리는 개인 심리학의 의견을 수정해야 할 것이다.

"손가락을 빨지 않도록 하기 위해 온갖 조치를 취했음에도 불구하고, 소녀는 계속 손가락을 빤다."

주위의 온갖 노력에도 불구하고 아이가 계속 손가락을 빤다면, 의사는 그녀가 반란을 일으키고 있는 아이라고 결론을 내릴 수 있을 것이다. 그래도 약간의 의문은 남을 것이다. 아마 소녀가 다른 이유로 손가락을 빨 수도 있으며, 그 쾌락을 지키기 위해 반항하고 있을 수도 있다.

어쨌든, 소녀가 반항하는 아이라는 점에는 더 이상의 의문이 없다. 우리는 단순히 이 한 가지 버릇과의 연결 속에서 우리의 가설의 진실이 확인될 것이라고 기대해서는 안 된다. 소녀의 전반적인 삶이 그녀가 반항심 강한 아이라는 점을 보여줘야 하고, 그녀의 적대적인 태도가 모든 몸짓에서 분명히 드러나야 한다.

"특히 고집을 피울 때, 소녀는 손가락을 입에 넣는다."

여기서 우리는 아이가 고집이 세고 완강할 수 있다는 사실을 확인하고 있다. 또 아이가 다른 일에도 그다지 뛰어나지 못할 것이라고 예상할 수 있다. 소녀가 누군가에게 반대하는 상황에서 손가락을 입에 넣는다는 것은 특별히 중요하다. 객관적인 관찰자에게, 이것은 개인 심리학의 이론들을 뒷받침하는 한편 다른 이론들을 반박하는 것으로 보인다.

"소녀는 약간의 흥분에도 구토를 한다."

음식 먹기를 거부하는 아이들 사이에서 이런 종류의 구토를 자주 본다. 이 아이가 소화기관에 문제를 안고 있을 가능성도 배제하지 않도록 하자. 그런 경우에 구토가 쉽게 일어나니까. 따라서 우리는 소녀의 전투적인 태도에 정신의 활력이 모두 동원되고 있는 것을 확인할 수 있다.

아이는 공격 무기들을 갖고 있다. 구토는 그 무기들 중 하나이다. 만일 이 소녀를 혼자 격리시켜 놓고 배고픔과 사랑을 바탕으로 스스로의 힘으로 살아가도록 한다면, 소녀는 자신이 뭔가를 좋아하지 않을 때에도 구토의 필요성을 전혀 느끼지 않을 것이다.

여기서 사회와의 관계가 아주 선명하게 나타나고 있다. 소녀가 자신이 주도적인 역할을 하지 못하는 상황에서 흥분하고 구토를 시작하는 것이다. 마치 다른 사람들을 책망하고 다른 사람들에게 복수하듯이. 이 같은 태도는 사회적 관계를 보여주고 단지 아이가 반항심이 많다는 것을, 아이가 인정을 받기 위해 싸움을 벌이고 있다는 것을 의미할 뿐이다.

"소녀가 음식을 거부할 때…."

이 아이는 구토를 쉽게 한다. 부모로서는 절대로 무관심할 수 없는 일이다.

"소녀가 목욕을 해야 하는 때나 부모의 지시사항이 마음에 들지 않을 때면, 소녀는 극도로 흥분 상태가 된다. 소녀는 비명을 지르고 악을 쓰면서 자신을 달래려는 주변의 온갖 노력을 물리친다."

이 아이는 상상 가능한 최고의 전사 같다. 만일 이 소녀를 두고 소녀가 배고픔이나 사랑에 의해, 다시 말해 "본능"에 따라 행동하고 있다고 생각했다면, 그녀가 비명을 지르고 악을 쓰는 이 대목에서 그 같은 피상적인 설명을 받아들이기가 어려워질 것이다.

"예를 들어, 동화를 들려주면서 아이를 진정시키려 했다."

아이의 관심을 끌려는 시도이다. 이런 시도를 어떤 식으로 보아야 하는지 우리는 잘 알고 있다. 그것은 어머니의 두 번째 역할, 즉 아이가 공동체에 참여하고 협동하도록 만드는 역할에서 비롯된다. 내가 "참여와 협동"을 강조할 때, 이해력이 부족한 사람이 아니라면 누구나 이것이 아이를 공동체에 더 가까이 데려가려는 시도를 의미한다는 것을, 말하자면 아이가 장애를 일으키고 있는 기능을 바로잡아주려는 노력이라는 것을 알 수 있다.

"나는 아이에게 직접적으로 말을 걸지 않았다."

이것은 우리가 종종 이용하는 방법이다. 우리는 일을 아이가 노골적으로 느끼지 않도록 조심스럽게 처리한다. 아이가 적대적인 태도를 취한 가운데 객관적으로 반응하지 않고 주관적으로 반응하고 있기 때문이다. 소녀에게 직접적으로 접근하면, 아이는 계속 방어적인 자세를 취할 것이다.

"나는 소녀의 언니에게 동화를 들려주었다. 소녀의 언니는 여섯 살 반이다."

여기서 우리는 언니의 존재를 확인한다. 여섯 살 반인 이 언니에 대한 불평은 전혀 들리지 않는다. 그러면 언니는 적응이 꽤 잘 되어 있고 가족들로부터 더 많은 사랑을 받고 동생을 능가하고 있으며, 그래서 동생인 소녀가 언니의 자리를 빼앗으려고 노력하고 있을 것이 틀림없다. 이런 상황에서 소녀의 언니에게 직접적으로 동화를 들려주는 방법은 꽤 훌륭한 선택이다. 문제의 소녀가 모든 면에서 언니를 능가하려고 노력하고 있기 때문이다.

"그러면 불안해진 소녀는 주의 깊게 들었다."

똑똑하게도 소녀가 이야기의 내용을 파악한 것처럼 보인다. 그러나 여기서 이 소녀가 언니가 가진 것을 원한다고 생각하도록 하자. 소녀도 언니처럼 이야기를 듣기를 원하는 것이다. 우리는 서로 싸우는 아이들 사이에서 이런 상황을 자주 목격한다.

"소녀는 조금씩 차분해졌으며, 이야기 마지막에 가까워지면서 소녀도 동화에 깊이 빠져들었다."

치료는 여기서 끝나지 않는다. 이 소녀를 공동체 속으로 끌어들여야 한다. 글로 적혀 있는 것은 아니지만 그래도 명백히 존재하는 공동체의 법칙이 소녀를 힘들게 만들고 있기 때문이다. 우리는 소녀의 사회적 감정을 키워줘야 한다. 사회적 감정을 강화하는 방법은 여러 가지가 있다. 그러나 그 과정에 잊어서는 안 되는 것은 사회적 감정을 키우는 목표이다. 아이가 다른 사람들이 이해하고 있는 것을 이해하고, 그렇게 함으로써 아이를 열등감에서 해방시킨다는 목표를 언제나 명심해야 한다는 뜻이다.

　이런 아이는 간혹 감정을 대단히 변덕스럽게 표현한다. "내가 아무리 나이가 많아도 큰언니보다 절대로 더 많을 수가 없다는 것이 억울해 죽겠어." 이런 아이는 협동과 참여라는 공통의 기반을 상실하고, 아주 개인적인 방식으로 관심의 초점에 서려고 노력한다. 중요한 것은 개인이 사회를 대하는 태도이다.

　이 소녀의 경우에 엄격하게 다뤄지지 않는데다가 교육상의 실수까지 더해지면서 방향이 엉뚱한 곳으로 향하게 되었다. 나는 음식에 중요성이 과도하게 부여되었다는 인상을 받는다. 음식 문제가 과도하게 강조된 것이다. 나는 소녀의 부모에게 그들이 중요하게 여기는 것을 아이가 모르도록 하라고 조언할 것이다. 아이들은 반란을 일으킬 때면 반드시 결과를 끌어낼 수 있는 영역을 공격한다.

　이젠 두 번째 예이다.

　"외동이고 응석받이로 큰 아이로, 3세 소년이다. 생후 2년 동안에 이 아이의 부모는 돈에 심하게 쪼들렸다. 기본적으로 필요한 것까지 아이에게 챙겨줄 수 없는 처지였다."

　이 예의 경우엔 사회적 처지가 특별히 부정적인 영향을 끼치고 있다. 아이는 아마 그런 처지를 특별히 느끼지 않았을 것이다. 아이가 자신이 처한 그런 처지 외에 다른 것을 전혀 알지 못할 테니까. 그러나 이런 상황이라면 아이도 삶이란 것이 고된 것이라는 사실을 깨달을 것임에 틀림없다. 또 다른 한 가지 요소는 부모가 아이가 보는 앞에서 자신들의 빈곤을 한탄함으로써 아이가 미래에 대해 불안을 느끼게 만들었을 수 있다는 점이다.

　"그러나 지난 몇 개월 동안에, 상황이 상당히 향상되었다."

완전히 새로운 상황이다.

"그래서 부모는 모든 것에 대해 서둘러 보상하려고 노력했다."

물론 이것은 그들이 아이에게 온갖 종류의 선물과 장난감을 안기고 응석을 받아주었다는 것을 의미한다. 이것은 옳은 방법이 아니라는 것을 누구나 쉽게 알 수 있다.

"아이의 부모는 아이에게 필요 이상으로 장난감을 많이 안겼다. 아이는 장난감에 전혀 관심을 보이지 않는다. 대체로 아이는 장난감에 아무런 즐거움을 느끼지 못하고 모든 것을 무시한다."

여기서 아이가 장남감과 사탕에 압도됨으로써 관심을 잃어버렸다는 주장이, 다시 말해 질려버렸다는 주장이 가능하다. 아이는 그런 것들을 너무나 당연한 것으로 여기고 있다. 간혹 그런 아이들은 아주 조잡하더라도 장난감이나 인형을 자신이 직접 만들기를 더 좋아하는 것으로 확인된다. 이런 조잡한 장난감이 가게에서 산 아름다운 인형보다 그들의 관심을 더 많이 끌 수 있다. 예전의 궁핍을 보상한다는 차원에서 아이에게 장난감이나 인형을 무더기로 안기는 식의 교육 방식은 아이가 사회에서 멀어지도록 만든다. 아이가 무엇이든 힘들이지 않고 쉽게 손에 넣을 수 있는 그런 세계로 들어가기 때문이다.

그런 세계에서 아이는 아무런 노력을 하지 않아도 될 것이다. 그런 세계는 현실과 모순된다. 지금 아이에게 점점 더 뚜렷하게 나타나고 있는 관심의 부족 때문에, 아이는 어떠한 일로도 방해받기를 원하지 않고 부모의 태도에 의해 확립된 제한적인 틀 안에서 움직이는 데에 만족하게 된다. 부모의 좋은 의도와는 달리 너무나 슬픈 결과라 아니할 수 없다. 아이는 어떠한 행위도 발달시키지 않으려 할 것이다. 스스로 움직이는 것조차도 훈련을 받지 않았으니 어쩌면 너무나 당연한 결과라고 할 수 있다.

"어머니는 아이가 섬세하다고 느끼고 있다. 개인적으로, 나는 아이가 냉담하다고 생각한다."

우리는 후자의 해석을 받아들일 것이다.

"아이는 혼자 놀기를 더 좋아한다. 다른 아이들과 놀 때면, 아이는 짜증을 내거나 아첨하는 모습을 보인다."

아이는 이런 새로운 상황에 익숙하지 않으며, 이 상황이 아이에게 힘들어 보인다. 아이가 짜증을 내는 것도 그 때문이다. 아이가 아첨한다면, 그건 아마 자신이 주도권을 잡을 능력을 갖추고 있다고 믿지 않기 때문일 것이다.

"게임에서 지면, 아이는 즉시 어머니에게로 달려간다."

이 아이에겐 내성(耐性)이 전혀 없다. 이것은 아이의 교육에 있었던 실수의 결과이다. 일련의 패배를 통해서, 아이는 공동체의 활동에서 배제되었다. 아이는 모든 상황에서 어렵다고 투덜거린다. 아이는 주도권을 발휘하지 못하는 가운데서 성장하고 있다. 마치 모든 것이 아무런 노력 없이 얻어질 수 있는 그런 세상에, 말하자면 젖과 꿀이 흐르는 세상에 살도록 태어난 것처럼 보인다.

이런 식의 교육이 안고 있는 오류는 그것이 아이가 사회로 향할 길을 봉쇄한다는 데에 있다. 이 아이의 경우에 치료는 아이의 내면에 타인들에 대한 관심을 불러일으키는 것이다. 말하자면 삶의 요구에 새롭게 관심을 갖도록 하는 것이 치료의 길이라는 뜻이다. 아이를 열등감에서 해방시키고, 강력한 낙관주의를 주입시키는 것이 중요하다. 그러면 아이는 자신도 모든 문제를 제대로 해결할 수 있을 것이라는 점을 이해하게 될 것이다.

맏이의 상속권 투쟁

"장남인 5세 소년이다."

장남의 경우에 권좌에서 쫓겨나지 않을까 하는 두려움을 드러내는 태도가 자주 보인다. 소년은 권력 관계를 아주 잘 이해한다. 그 결과 소년은 권력을 삶에서 가장 소중한 것으로 여기고 항상 권력을 잡기 위해 노력한다. 장남만큼 삶의 규칙에 관심이 많은 사람은 아마 없을 것이다. (그러나 둘째아이는 규칙과 원칙의 적이다. 둘째는 모든 일방적인 권력 배열의 적이다. 일방적인 배열과 다른 배열을 상상하기 때문이다. 둘째는 자연의 규칙과 법칙의 마법 같은 권력을 믿는 경향을 별로 보이지 않을 것이다. 모든 상황에서, 둘째는 고정된 규칙 같은 것은 없다는 점을 증명하려 들 것이다.)

따라서 우리는 이 소년이 권력 감각을 아주 잘 발달시켰을 것이라고 짐작할 수 있다. 또 소년은 권좌에서 쫓겨날 것에 대해 두려움과 불안을 느끼면서 권력을 계속 지키려 하거나 다시 빼앗으려 할 것이다. 권력을 지키려는 노력은 희망을 계속 간직해 온 유형의 특징이다. 그러나 이 소년은 희망을 잃는다 하더라도 똑같은 유형으로 남으면서 후회를 표현하고 절망을 표현하며 권력을 되찾을 날을 머리에서 지우지 못할 것이다. 이 소년은 예전의 유형 그대로일 것이다. 다만 용기가 약해졌을 뿐이다. 이 두 가지 측면 중 어느 쪽에 문제의 소년이 해당하는지를 보도록 하자. 두 가지 태도, 즉 희망을 품는 것이나 절망하는 것이나 똑같이 높은 지위를 다시 얻으려는 강력한 욕망을 나타내고 있다.

이 소년은 언제나 어른의 역할을 하기를 원하고 또 언제나 여동생에게 본보기가 되기를 원하고 있다. 이 같은 태도는 개인 심리학의 이론과 일치한다.

"모든 면에서, 아이는 정신적으로 정상아의 범주에 든다. 아이는 모든 것에 관심을 보이고, 의지가 특별히 강하다."

여기서 이 아이가 지속적으로 긴장한 상태에서 지휘자의 위치에 서려고, 키를 잡으려고 노력하고 있다는 사실을 잊어서는 안 된다. 이것은 강력한 의지를 갖고 있다는 신호일 수 있지만, 다섯 살 소년에게 그런 태도가 있을 수 있다고 봐야 하는지 자신이 서지 않는다.

"아이는 자신을 방해하는 사람이나 물건이 있으면 거칠게 다룬다. 심지어 귀중한 물건까지 깨뜨리기도 한다."

이런 것은 아이가 정상에 계속 서기를 원한다는 점을 말해주고 있다. 또 아이의 사회적 감정이 훼손되었다는 점을 뒷받침하고 있다. 우리는 여기서 "배고픔"과 "사랑"보다 권력 추구를 볼 것이다. 소년은 억눌린 흥분이나 경험으로 힘들어 하고 있지 않다. 그의 사회적 감정이 좁아져 있기 때문이다. 소년이 여동생을 두게 된 이후로 자기 자신을 완전히 믿지 않는다는 점을 고려한다면, 이처럼 과도한 권력 추구가 더 쉽게 이해된다.

여자가 남자보다 발달이 빠르기 때문에 오빠와 여동생 사이의 경쟁에서는 여동생이 유리한 입장에 선다는 사실을 우리는 이미 잘 알고 있다. 그렇기 때문에 장남은 여동생을 다루면서 권력을 계속 지켜나가려면 경계심을 늦추지 말아야 한다. 이 경우에 다른 요소들도 아마 작용하고 있을 것이다. 왜냐하면 소년이 여동생을 지배하려는 희망을 잃지 않는 한 앞에 말한 요소가 결정적이지는 않을 것이기 때문이다.

소년은 여동생을 지배할 수 있다는 희망을 잃기라도 하면 속임수에 기대게 될 것이다. 장남은 어느 시점까지 외동이었던 아이이다. 이어서 장남은 더 이상 외동이 아니게 되는데, 소년은 사회적 의미에서 이 상황에 대처할 준비가 되어 있지 않다.

"소년의 아버지는 일정 기간 아이가 매우 엄격하게 키워졌다고 말했다."

소년이 누구에 의해 양육되었는지 우리는 모른다. 아마 아버지가 양육을 맡은 것 같다. 이는 아이가 아버지를 미워하고, 아이의 공격이 아버지에게로 향하고 있다는 의미일 것이다.

"아버지는 아이가 정신과 육체를 건강하게 발달시킨 결과 활력이 넘치게 되었다고 주장한다."

이것은 권력에 대한 충동인데, 아버지는 그 점을 모르고 있다.

"이것이 아이가 그렇게 활발하게 움직이는 이유이다. 지금까지 아이는 병을 한 번도 앓지 않았다."

아버지는 어린 시절의 병이 성격의 발달에 유익한 영향을 미친다고 믿고 있는 것 같다.

"나의 의견엔, 이 아이는 '열등한' 아이로 고려될 것이 아니라 야심 찬 아이로 여겨져야 할 것 같다."

정반대로, 아이가 자신에 대해 확신을 느끼고 있다면 그런 노력을 펴지 않았을 것이다. 아이는 "열등"하지 않은데도 "열등감"을 보이고 있다.

"그의 아버지는 언제나 자신을 본보기로 제시하고 있다. 그의 아버지는 재능이 많은 사람이며, 매력적인 성격의 소유자이다."

아버지가 전체 분위기를 정하고 있는 것 같고, 이것이 소년을 더 화나게 만들고 있다.

"아이는 자신도 아버지의 성격을 갖게 될 것 같다는 인상을 받고 있다."

이것은 나에겐 특별히 놀라운 일이 아니지만, 소년에겐 놀랍게 다가오는 것 같다.

"아버지는 엔지니어이고, 설계와 그림에 특출하다."

많은 부모들은 자신이 아이들의 모델이 되면 아이들이 독립적으로 판단하고 행동하는 능력을 키우도록 격려하게 될 것이라고 믿는다.

이 소년의 경우에 다시 아이의 사회적 감각이 어느 정도 발달해 있는가 하는 것이 문제인 것으로 확인된다. 그 외의 다른 고려사항들은 모두 부차적이다. 이것은 자연 과학, 즉 "배고픔"이나 "사랑"과는 아무런 관계가 없다. 오직 주위의 인정을 받으려는 노력의 범위만이 그의 사회적 감각을 암시하고 있다.

이 지점에서 나는 선생이 한 관찰에 몇 가지 논평을 더하고 싶다.

"5세 소년이 약간의 자극에도 흥분한다는 사실에 대해선 누가 책임을 져야 하는가? 4세 소녀가 겪는 위(胃) 장애에 대한 책임은 또 누가 져야 하는가? 대부분의 예에서 나는 아이를 잘못 다루는 사람은 부모라는 사실을 관찰했다. 아이를 엄격하게 다뤄서 그런 것이 아니라, 아이를 지나치게 부드럽게 다뤄서 그런 결과가 나타나고 있다. 그런데 부모가 아이를 부드럽게 대하는 태도의 속을 들여다보면 부모가 일관적이지 못하고 비논리적이라는 사실이 확인된다. 필수적인 지식 외에 따뜻한 가슴과 깊은 사회적 이해를 가진 사람만이 아이들을 기를 자격을 갖는다."

나는 부모의 죄의식을 최대한 경감시켜 줘야 한다는 의무감 같은 것을 느낀다. 예를 들어, 개인 심리학이 이 아이들을 향상시키는 일에, 다시 말해 이 아이들의 사회적 자각을 더욱 키우는 일에 성공한다면, 부모가 더 이상 비난을 들을 필요가 없게 될 것이기 때문이다. 그러므로 개인 심리학의 사회적 감각은 부모를 이 부담으로부터 자유롭게 하는 쪽으로 향해야 한다. 온갖 어려움에도 불구하고, 어쨌든 이것이 개인 심리학을 실천하는 출발점이었다. 개인 심리학자들은 스스로에게 이렇게 말한다. "이 부담을 부모의 어깨에서 내려 줄 공공 기관은 전혀 없다." 우리는 이 임무를 우리의 힘으로는 성취할 수 없다는 것을 잘 알고 있었다. 우리는 단지 첫걸음을 떼면서 하나의 예를 제시하기를 원했다. 그런데 우리는 이 길을 계속 나아갈 만큼 충분한 격려를 받았다.

4장
응석받이로 자란
막내

"소녀는 열한 살이다. 소녀의 아버지는 철도 종업원으로 일하다 은퇴했다. 어머니는 주부이다. 어머니는 아이를 열넷 두었으나, 그 중 일곱 명만 살아 있다. 페트로닐라는 막내이다."

막내의 성격 구조는 우리에게 매우 친숙하다. 모두 성경 속의 요셉 이야기를 잘 알고 있을 것이다. 해와 달과 별이 자기 앞에 머리를 숙이기를 원했고, 자기 형제들에게 너무나 분명한 의미로 전달될 그런 꿈에 관한 이야기를 한 요셉 말이다. 그러자 요셉의 형제들은 요셉을 먼저 구덩이에 집어 넣고, 훗날엔 그를 팔아버린다. 이 전설은 매우 교훈적이다. 이어서 요셉은 한 집안의 생계를 책임지는 자가 되고 한 나라의 기둥이 되었다. 그는 전체 인구를 구한다.

막내니까! 막내가 이런저런 길로 좋은 쪽으로나 나쁜 쪽으로 출중한 인물이 되는 예가 있다. 막내는 종종 귀중하고 막강한 개인이 된다. 우리는 14명의 아이들 중 몇 명이 아들이고 몇 명이 딸인지에 대해 아는 바가 없다. 그래도 막내는 종종 특별히 응석받이로 큰다는 사실을 우리는 잘 알고 있다. 부모가 많은 나이에 후손을 볼 수 있었다는 사실에 매우 기뻐하기 때문이다(물론 부모가 아이를 원했을 때의 이야기이다).

막내는 다른 아이들과 매우 다른 환경에서 자란다. 동생을 갖지 않는 유일한 아이가 막내이기 때문이다. 따라서 막내는 상대적으로 특권이 주어지는 위치이다. 다른 아이들에 대해 말하자면, 그들은 모두 자신의 자리를 다른 아이에게 빼앗기는 비극을 겪는다. 막내는 이것을 경험하지 않는다. 이 같은 사실이 막내의 태도에 영향을 미친다. 막내는 '후계자'의 위협에 시달리지 않는다.

우리는 학교 설문을 통해서 다음과 같은 정보를 얻고 있다.

"그녀는 일정 기간 의지력을 발휘하며 공부하다가도 금방 열정이 식는 모습을 보인다."

학교에 다니는 아이의 공부에서 이런 불안정성이 보일 때, 그 아이가 응석받이로 컸다고 결론을 내려도 무방하다. 막내는 오직 일정한 조건에서만, 유쾌한 상황이거나 노력을 기울이지 않아도 저절로 진전이 이뤄지거나 모든 것이 부드럽게 돌아갈 때에만 앞으로 나아가는 모습을 보인다. 따스하고 안락한 분위기가 사라지기만 하면, 막내의 생산성은 뚝 떨어진다. 성적표만을 보고도 우리는 응석받이로 큰 아이를 가려낼 수 있다. 이런 유형의 응석받이 아이를 진단할 때, 개인 심리학자들은 내과의사와 똑같은 위치에 선다.

"아이는 서체와 그리기, 공예를 좋아한다."

이 아이는 손으로 하는 일에 뛰어나다. 손을 훈련시킨 결과일 것이다. 아마도 아이는 아주 어릴 때부터 손으로 무엇인가를 만드는 일을 좋아했을 것이다. 여기서 우리는 소녀가 왼손잡이인데 그것을 극복했으며 그 과정에 오른손을 특별히 훈련시켰을 것이라고 결론을 내릴 수 있다. 그러나 오른손을 특별히 훈련시켰을 것이라는 가설은 조심스럽다. 이 가설은 쉽게 뒷받침되기도 하고 쉽게 부정되기도 하기 때문이다.

"어머니는 아이의 나쁜 행동을 옹호한다."

여기서 우리는 자식에 대한 비판이 정당한데도 오히려 자식을 두둔하는 어머니를 보고 있다. 아이가 응석받이로 컸다는 사실은 이런 식으로 증거로 입증된다.

"소녀는 약간의 자극만 있어도 관심을 준다."

이는 아이가 모든 것에 관심을 둔다는 의미로 다가온다. 그녀가 모든 것을 보고 들으며, 삶에 건강한 관심을 갖고 있다는 뜻이다. 소녀는 용기를 잃지 않았고 뒤로 물러서지도 않았으며 내향적이지도 않고 외부 세계와 접촉을 추구하고 있는 아이이다.

"소녀는 소란을 일으킴으로써 다른 사람들의 주의를 빼앗으려고 애를 쓴다."

그렇다면 이 아이는 언제나 학급에서 소란을 일으키려고 노력한다고 봐도 무방하다. 이 같은 사실은 우리를 놀라게 하지 않는다. 응석받이로 컸으면서도 어느 정도 활동성을 보이는 아이는 특히 쓸모없는 면으로 관심의 중심에 서려는 욕망을 드러내기 때문이다. 더욱이, 소녀는 이쪽 방향으로 이보다 훨씬 더 멀리 나아갈 것이다. 왜냐하면 소녀가 어머니에게서 응원을 확인하기 때문이다.

"기억력이 뛰어나다."

따라서 이 아이가 예리한 관심을 보일 줄 아는 능력에 대한 의문은 완전히 사라진다. 지능 검사에서 소녀의 정신적 수준이 평균 이상으로 나와도 나는 놀라지 않을 것이다.

"일상적으로 일어나는 사건들을 독립적으로, 또 정확히 관찰한다."

여기서도 아이가 어느 정도의 활동성을 보인다는 점이 확인된다. 이 활동성이 소녀가 모든 것에 관심을 갖도록 자극하고, 문제들에 합리적인 입장을 취하도록 한다.

"건전한 아이디어가 많고 비판력이 있다."

소녀의 비판적인 감각이 언제나 엉뚱하게 작용할 것이라는 식으로 말하고 싶지는 않다. 하지만 그녀가 간혹 옳을지라도, 그럼에도 불구하고 우리는 그녀가 다른 사람들 위에 서려는 경향을 갖고 있다고 단정할 것이다.

"온갖 새로운 일에 용감하게 다가선다."

이 정보를 바탕으로, 소녀는 적어도 새로운 프로젝트가 시작되는 단계에서는 진전을 확실히 이룬다는 추론이 가능하다. 여기서도 소녀의 활동성이 확인된다. 이제 이 아이의 삶의 양식이 나타나기 시작한다. 주변 세상에 관심을 갖고 있으면서 자신을 다른 사람들보다 위에 놓으려고 노력하는, 매우 능동적인 아이의 그림이다. 그렇다면 사회적인 장소인 학교에서 그녀는 어떤 식으로 선생보다 위에 설까?

"간혹 공부할 때 변덕스러운 태도를 보인다."

이것은 앞에서 이미 말한 내용을 반복하는 것이나 마찬가지이다.

"공부를 잘했다는 칭찬의 소리를 들으면 소녀는 크게 고무된다."

그녀는 인정에 대한 욕망이 아주 강하고 또 중요한 역할을 하기를 원할 것이다.

"소녀는 쾌활하다."

이것은 다시 그녀의 결단과 용기의 한 측면을 보여줌과 동시에 가정의 분위기도 유쾌하다는 사실을 보여준다. 그녀의 어머니가 딸을 옹호한다고 했다.

"아이는 자신의 결정에 집착한다."

스스로 강하다고 느끼는 사람들이 이런 면을 보인다.

"소녀는 학급에서 소란을 일으킴으로써 다른 아이들의 주의를 빼앗는다."

이런 아이가 학급에서 다른 아이들의 주의를 빼앗는다는 소리가 들릴 때, 그것은 그녀가 관심의 중심이 되려는 목표를 성취하길 원한다는 의미이다. 이 목표를 이루는 유일한 방법은 학급을 방해하는 것이다.

"리더가 되고 싶어 하는 성향을 보인다."

어린 요셉처럼, 이건 막내의 특징이다.

"그러나 리더가 될 준비가 제대로 되어 있지 않다."

왜 소녀가 리더가 될 준비를 제대로 갖추지 못했을까? 다른 아이들이 소녀에게 반대하고 있다. 다른 아이들은 그녀에게 이끌리거나 그녀의 지시를 받고 싶어 하지 않는다. 그녀는 아직 다른 아이들을 이끄는 방법을 배우지 못했다. 그러나 조만간 그녀가 리더십의 재능을 습득할 것이 틀림없다.

"자신을 잘 표현하고 말을 쉽게 한다."

말하는 것도 주의를 빼앗는 한 방법이다. 문제아나 신경증 환자, 정신증 환자들 사이에서 말하기를 좋아하는 예를 종종 볼 것이다. 그런 사람들은 줄기차게 말을 한다.

앞의 의견들은 아이가 초등학교에서 하는 행동과 관련 있는 것들이다. 다음 의견은 그녀가 중학교에서 하는 행동에 관한 것이다.

"처음에는 자신을 두드러지게 드러내지 않았다. 선생과 함께 간 첫 번째 소풍에서 급우들 몇 명이 그녀의 장난과 말썽에 대해 불만을 표시했다."

그녀는 인정받기를 원한다. 그녀는 자신의 자리를 만들길 원한다. 그러나 그녀가 처음에는 두드러지게 나서지 않는 이유는 무엇일까? 이것은 그녀의 훈련이 훌륭하다는 점을 암시하는 것 같다. 그녀가 행동에 앞서 먼저 자신을 두드러지게 만드는 방법부터 모색했다는 뜻이다.

"지난 2-3주 동안 그녀는 매우 나쁘게 행동하고 있다. 수업 중에 소리를 지르고, 지속적으로 자리를 뜨고, 다른 아이들과 다투고 괴롭히려 든다."

그녀의 행동은 그녀가 다른 아이들을 앞서려고 노력하고 있다는 점을 분명히 보여주고 있다. 우리는 소녀가 이런 행동을 통해서 무엇을 성취하려 하는지 잘 이해하고 있다. 그녀는 자신의 권력을 보여주길 원하고, 다른 아이들을 지배하길 원한다.

"소녀는 수업 시간에 협동하길 거부한다. 그러다 비난의 소리를 들으면, 소녀는 화를 내고 잉크병을 집어 손에 부으며 말 그대로 손을 씻고 책상을 더럽힌다."

아이는 모든 합리적인 한계를 넘어서면서, 마치 어떤 수단을 동원해서라도 자신이 가장 막강하다는 점을 보여주기로 작정한 정복자처럼 행동한다. 이 아이는 똑똑한 소녀이다. 그렇기 때문에 이 대목에서 그녀가 학교에서 불편한 마음을 느끼고 있으며 그녀에게 별도의 조치가 취해져야 한다는 결론이 가능하다. 그녀는 학교에서 중요한 역할을 하려는 희망을 잃었다는 점을 태도를 통해 보여주고 있다.

"아이의 어머니가 학교에 불려왔다. 아이의 어머니는 화가 나서 자제력을 잃은 상태에서 아이의 머리채를 잡아당기면서 몰지각하게 아이의 얼굴을 때리고 아이의 팔을 비틀었다."

어머니도 자제력을 잃었다. 이것은 아이의 최종적 노력을 처벌하는 방법으로 훌륭하지 않다. 아이는 자신의 행동이 어머니나 선생을 화나게 만들어도 전혀 개의치 않는다. 나는 최근에 시인 로제거(Peter Rosegger)의 전기에서 어릴 때 자기 아버지를 화나게 만들어 아버지가 자기를 때릴 때 대단한 기쁨을 느꼈다는 대목을 읽었다. 로제거는 그 뒤에 아버지가 자기를 사랑한다는 사실을 이해하고는 태도를 바꾸게 되었다고 털어놓았다.

아이는 자신이 사랑받고 존중받고 있다는 사실을 확인하고 싶어 한다. 그런 확신을 더 이상 갖지 못하게 될 때, 아이는 자신이 바라는 결과를 끌어낼 수 있을 때까지 누군가를 화나게 만들고 어찌할 바를 모르게 만들려고 든다. 이런 상황이 아이에게 새로운 힘을 불어넣게 되어 있다.

"교장이 어머니를 어렵게 진정시킨 다음에 아이를 교실로 돌려보냈다. 그래도 아이는 울지 않았으며 소리를 지르지도 않았다. 아이는 자신을 잘 통제했다."

여기서 소녀가 어머니에게 보인 태도의 의미는 이렇다. "엄마는 나를 상대하기엔 너무 약해. 내가 엄마보다 더 강하거든."

"어머니가 학교를 떠나자마자, 학생이 다시 교장에게 왔다. 아이가 수업 진행을 불가능하게 만들었기 때문이다."

소녀는 또한 아무도 자신을 개선시키지 못한다는 점을 보여주었다. "아무도 나를 바꿔놓지 못해!" 어떤 점에서 보면, 아이는 우리의 감탄을 살 만하다. 그녀가 매우 강하다는 점 때문이다. 누군가가 이 비상한 힘을 유익한 방향으로 돌릴 수만 있다면, 소녀는 그 힘을 제대로 활용할 수 있을 것이다.

"교장은 소녀에게 부드러운 목소리로 말했으며, 아이는 말을 잘 듣겠다고 약속했다. 그러나 그런 약속을 하는 순간에도, 소녀에겐 약속을 지킬 뜻이 전혀 없었다."

아이는 교장이 자신에게 동정적인 관심을 보이고 있다는 것을 깨닫고 있다. 소녀는 순종적으로 나옴으로써 교장을 기쁘게 해 주고 싶어 할 것이다. 그러나 교실에서는 그녀의 삶의 양식이 다시 작동하기 시작한다.

일부 심리학자들은 이런 경우에 아이가 상반된 감정을 느끼고 있다는 식으로 해석해야 한다고 믿는다. 아이가 한편으론 고분고분하게 대하고 다른 한편으론 반항하고 있다는 뜻이다. 그러나 인간의 영혼은 그런 식으로 기계적으로 작동하지 않는다. 분명한 것은 똑같은 삶의 양식이 상황에 따라 그 패턴을 바꿨다는 것 뿐이다. 교장실에 있을 때, 아이는 이런 인상을 받는다. "이 사람은 나에게 넘어갔어. 이미 내 편이야." 그러나 그녀는 교실에서는 이 같은 인상을 받지 않는다.

"교장이 그녀에게 책임 있는 임무를 주었다. 매일 달력을 바꾸는 일이었다."

이것은 학교에서 아이를 진정시키는 한 방법이며, 다소 깊은 의미를 지닌다. 이 같은 조치는 우월을 노리는 아이들에게 책임 있는 일을 줌으로써 어느 정도 효과를 거둘 것이다. 그러나 이 아이는 그런 일

이상의 것을 원하고 있다. 다른 모든 학생들을 능가하길 바라고 있는 것이다. 그리고 우리는 이 소녀가 영원히 차분해질 것이라고는 믿지 않는다.

"선생이 교실에 들어섰다. 그러자 소녀는 선생님의 머리 손질이 예쁘다면서 고데기를 어디서 샀는지 알고 싶어 했다."

이것은 공개적인 적의를 의미한다. 아이는 보통 아무도 눈치 채지 못하게 선생과 투쟁을 벌인다. 공개적으로 적을 자처한 아이만이 이런 식으로 말할 수 있다.

"10세부터 11세 사이인 이 학급의 아이들은 그런 말을 흘려듣기엔 아직 너무 어렸다. 방해가 계속되었다. 처음에는 아이가 이 선생만을 괴롭히길 원하는 것처럼 보였으나 곧 다른 선생들도 공격의 대상이 되었다."

이 선생 혹은 다른 선생이 아이가 원하는 것을 주는 것은, 말하자면 아이를 학급 반장에 앉히는 것은 아마 불가능할 것이다. 한편, 이 아이가 원하는 것을 내놓지 않을 경우에 이 아이를 다룰 수 있는 길은 전혀 없다는 것을 우리는 확인하고 있다. 그렇게 하지 않는다면, 아이는 카운슬러까지도 그 투쟁으로 끌어들일 것이다. 그녀의 잘못을 놓고 그녀를 꾸중하는 것은 실수가 될 것이다. 이 소녀와 관련해서 할 수 있는 것은 그녀의 훌륭한 자질을 언급하면서 소녀와 대화를 시작하는 것이다. 이 문제를 다루는 길은 카운슬러의 개성에 달려 있다.

"자연과학 과목 2개의 수업이 진행되는 동안엔 수업을 방해하는 일이 일어나지 않도록 하기 위해 교장이 수업 현장을 지켰다."

그녀는 교장 선생에게 도전할 만큼 강하지는 않다. 더욱이, 그녀는 교장과는 좋은 관계에 있는 것처럼 보인다. 어쩌면 이것이 존경일 수도 있지만, 어머니에 맞서 자신을 옹호해준 데 대한 감사의 표시일 수도 있다.

"선생은 아이에게 몇 가지 임무를 배당했다. 수업 시간에 쓸 교재의 먼지를 터는 일과 물을 떠오는 일이었다. 그러나 그녀는 곧 다시 말썽을 일으키기 시작했다."

이 대목은 많은 생각을 하게 만든다. 우리가 본 바와 같이, 소녀는 교장이 지시하는 것을 꽤 만족스럽게 해내지만 선생이 시키는 일은 형편없이 처리한다. 여기서 우리는 무엇인가를, 말하자면 이 아이에 접근하는 방법을 배울 수 있다. 현대 교육은 학교 상황을 유쾌하게 가꾸는 방향으로 권하는 경향이 있으며, 이런 상황에서 아이가 보다 만족스러운 방향으로 행동한다는 것이 관찰된다.

그런 한편, 개인 심리학은 아이가 불리한 상황에 처하더라도 균형 감각을 유지하는 데 익숙해지도록 만들려고 노력하고 있다. 아이가 기계적인 삶의 양식을 형성하는 때의 조건을 떠올리면서, 개인 심리학자들은 어머니가 아이의 신뢰를 얻기 위해 아이에게 유쾌한 상황을 제시하고 그런 상황에서 아이가 삶의 유형을 구성할 수 있어야 한다는 점을 인정한다. 그러면 어머니는 아이의 신뢰를 얻은 다음에 공동체 생활 안에서 아이를 사회적 동반자로 만들어야 한다. 어머니에게 지워지는 이 역할을 우회할 수 있는 길은 어디에도 없다. 개인 심리학자는 바로 거기서 출발하면서 아이의 공감을 얻어야 한다. 그런 다음에 아이를 사회 구성원으로 만들어야 한다. 아이의 공감을 얻지 못하면, 아이를 사회 구성원으로 만드는 임무는 실패하기 마련이다.

"이 학생은 체육 시간에 무분별하게 굴고 질서를 깨뜨렸다. 그녀는 탈의실에 갇힌 뒤 거기 바닥에 종이와 다른 아이들의 옷을 마구 흩트

렸다. 그녀가 어질러진 물건들을 주워 정리하도록 하는 것이 불가능
했다."

언제나 똑같은 전투가 벌어지고 있다.

"교장까지 나서서 오랫동안 아이를 설득시키고 나서야 소녀는 흩
어진 종이를 줍기로 마음을 먹었다."

그녀가 자신의 잘못을 바로잡고 겸손해지도록 만드는 사람이 또
다시 교장이다.

"언젠가 탈의실에서 그녀가 급우들의 신과 스타킹을 마구 바꿔놓
은 적이 있었다. 한 아이는 결국 스타킹을 찾지 못했다. 당연히 의심
의 눈길은 이 소녀에게로 쏠렸다. 교장도, 선생도 그녀가 스타킹을 훔
칠 것이라곤 한 순간도 생각하지 못했다. 그녀가 매우 단정하고 옷을
말쑥하게 차려 입기 때문이다. 틀림없이 그녀에겐 음식이나 옷에서
부족할 게 하나도 없었다. 다음날, 교장과 소녀의 어머니, 그리고 스
타킹을 잃어버린 아이의 어머니가 그녀에게 스타킹을 숨긴 곳을 대
리고 윽박질렀다. 그래도 소녀는 아무것도 인정하지 않을 태세였다.
최종적으로, 학교 수위가 장시간 수색한 끝에 환기 장치 속에서 스타
킹을 발견했다. 그래도 아이는 여전히 자신이 스타킹을 숨기지 않았
고 고집했다."

이 대목에서 아이가 거짓말하는 경향을 전혀 보이지 않는다는 점
을 지적할 필요가 있다. 거짓말을 일삼는 아이들에게선 그 정도의 활
동성이 나타나지 않는다. 거짓말은 소심함의 표시이다. 이런 경우엔
신중을 기해야 한다. 다른 아이가 스타킹을 숨겼을 수도 있기 때문이
다. 이 소녀가 단 한 번에 그칠지라도 엉뚱하게 의심을 받게 될 경우
에 느낄 우월감이 어느 정도일지 쉽게 상상이 된다.

여러 차례 도둑질을 한 사람임에도 문제가 되었던 바로 그 절도는 그 사람의 소행이 아니었던 그런 예를 나는 여러 번 보았다. 그때 그 사람이 비난의 소리를 들으며 취하는 태도는 그야말로 소극(笑劇)이었다. 그 사람이 자신을 의심해 실시하는 조사를 방해하려는 노력도 전혀 하지 않았고 오히려 자신에게 가해지고 있는 불공평에 쾌감을 느끼고 있었기 때문이다.

"체육 선생이 이 아이와 다른 학생들의 안전에 대해 책임을 지길 거부했기 때문에, 교장이 수업 시간 동안 현장을 지켰다. 교장은 아이의 행동이 체육 활동이나 전반적인 품행에서 별다른 문제를 보이지 않았다고 언급했다. 그 다음 수업 시간에는 아이가 칭송의 소리를 들었지만, 아이는 이미 인상을 써서 주목을 끌기 시작했다. 또 소녀는 발이 아프다고 불평했다."

이런 방식의 전투는 앞에서 들은 것에 비하면 이미 훨씬 더 약화되었다.

"선생은 소녀에게 고의로 운동을 게을리 하면 점수를 깎을 것이라고 말한다. 어머니에 따르면, 소녀가 집에 돌아와서 울었다고 한다. 소녀의 어머니는 '그런 일엔 신경 쓰지 마라.'라는 식으로 딸을 달랬다."

이 대목에서 안타깝게도 좋은 기회를 놓쳤다는 생각이 든다. 아이를 향상시킬 좋은 기회를 발견하는 것은 매우 어려운 일이다. 소녀의 발이 정말로 아팠을 수도 있고, 그녀가 이미 향상의 길로 들어섰을 수도 있다. 그런데 그녀의 불평에 선생이 형편없는 점수를 무기로 아이를 협박하고 있다.

"그녀는 서체 시간에 협동적인 모습을 보였다. 그럼에도 이 수업 시간에마저도 소녀는 지나치게 소란을 피운다는 이유로 교장실로 보내졌다."

소녀는 서체에 관심이 많은 것 같다. 우리는 이미 소녀가 손으로 하는 일에 뛰어나다고 단정했다. 서체 수업에서 그녀가 다른 아이들을 능가하기 위해 협력했을 수도 있다. 그러다 이 목표를 성취하는 것이 불가능하다는 사실이 확인될 때, 소녀는 수업을 방해하는 행동을 보인다.

"지리와 역사, 언어, 음악 선생은 아이의 표현 방식을 칭송했다. 처음 몇 주 동안에 이 선생은 그녀가 'A' 코스를 들을 수 있을 것 같다고 말했다."

그렇다면 이 소녀가 'A' 코스를 듣는 학생이 아니라는 뜻이다. 이것은 전 세계에 걸쳐서 교육 개혁을 둘러싸고 제기되는 문제 중에서 가장 중요한 문제이다. 대부분의 나라에서 수준이 다른 두 가지 교과 과정을 운영하는 쪽으로 결정하고 있다. 정상적인 발달 상태를 보이는 아이들에겐 'A' 교과 과정을 적용하고, 발달이 더디다는 인상을 주는 아이들에겐 'B' 교과 과정을 적용하고 있는 것이다. 'B' 교과 과정의 가르침은 적절히 준비가 되지 않은 아이들에게 맞게 되어 있으며, 아이들에게 보다 쉬운 상황을 제시하게 되어 있다.

그러나 이 프로그램이 안고 있는 단점을 간과해서는 안 된다. 나는 'B' 교과 과정에 속하는 아이들이 언제나 자신은 평균 이하라고 느낀다는 인상을 받는다. "멍청이 반"이라는 모욕적인 소리도 종종 들린다. 일부 아이들이 'B' 교과 과정의 이점을 누리는 것은 사실이다. 그러나 다른 아이들에게는 부작용이 더 클 수 있다. 나 자신이 직접 이 문제를 연구한 결과, 'B' 교과 과정을 듣는 아이들 과반수가 가난한 가정의 아이들이라는 사실이 발견되었다는 점에 주목할 필요가 있다. 이는 곧 이 아이들은 다른 아이들에 비해 학교에서 수업을 들을 준비가 덜 되어 있다는 것을 의미한다. 이 문제는 아직 완전히 해결되지 않았다. 이 프로그램의 단점은 완전히 해소되지 않았다. 여기서 이런 의문이 제기된다. 이 아이는 'B' 교과 과정에 대해 어떻게 느낄까?

선생은 소녀에게 'A' 교과 과정도 잘 소화할 수 있을 것 같다고 말했다. 이 소녀의 삶의 양식을 진정으로 이해한다면, 그녀가 'B' 교과 과정에 속한다는 사실 때문에 자신이 작아지는 느낌을 받았을 것이라고 단정하는 것이 타당하다. 이 소녀의 경우에 'B' 교과 과정의 단점이 우리에게 생각할 무엇인가를 제시하고 있다.

"공작."

이것도 그녀가 자신의 유형에 따라 행동할 수 있는 분야이다.

"수공예 선생은 아이가 수업 시간에 자신에게 교재를 갖다 주는 학생에게 욕을 했다고 말한다. '말괄량이' '바보' '백치' 같은 표현 외에도 이곳에 옮기기 적절치 않은 표현까지 나왔다. 그리기 선생은 그녀가 그린 그림에 대해 비판적인 평을 했다."

당연히, 이 같은 내용은 우리에겐 신호나 마찬가지이다. 곧 무슨 일이 벌어지고 말 것이다.

"아이는 화가 나서 자신이 그린 그림을 물감으로 X 표시를 하며 엉망으로 만들어 놓았다. 선생은 그녀를 달래려고 노력했다. 노력의 결과는 이런 말이었다. '아빠가 와서 선생님의 배에 주먹을 날릴 거예요! 그러면 선생님은 더 이상 나를 괴롭히지 못할 거예요!'"

"교리 수업 시간. 아이는 가톨릭 신자이지만 종교 교육을 받지 않는다. 그러면서도 소녀는 수업 시간에 자리를 지키며, 성직자가 몇 차례 그녀에게 질문을 던졌다. 한번은 성직자의 질문에 그녀만 정답을 내놓을 수 있었던 때도 있었다. 그녀는 어머니에게 이 일에 대해 말하면서 매우 행복한 표정을 지었다. 그런데 그 다음 교리 수업 시간에, 성직자가 그녀를 교장실로 보냈다. 그녀의 행동이 특히 불량했기 때문이다."

두 차례의 교리 수업 시간 중간에 무슨 일이 있었는지 우리는 모른다. 그러나 그녀를 설득시킬 기회가 있었던 것만은 사실이다.

"교장의 언급에 따르면, 아이는 교장실에서는 특별히 다정스런 태도를 보였다. 교장은 소녀에게 산수 문제를 풀거나 글자를 쓰도록 했다. 처음에는 모든 것이 제대로 돌아갔으나, 시간이 조금 지나자 소녀는 그냥 시간을 보내고 있었다. 산수 문제를 풀지 않는 이유를 묻는 질문에, 소녀는 '못 풀어요.'라고 대답했다."

이건 분명히 슬픈 상황이다. 그녀는 자신이 모르는 것 앞에서 열등감을 강하게 느끼기 때문에 어떤 식으로든 그것을 보상해야 했다.

"앞에 언급한 명예(달력을 바꾸는 일) 외에, 그녀에게 다른 일도 주어졌다. 봉투를 붙이고, 학급에 전달사항을 전하는 것이었다. 이런 일을 할 때 그녀의 모습을 보면 더없이 싹싹한 소녀처럼 보였다. 그러나 몇 분 후면, 선생들은 착하게 행동하겠다는 약속에도 불구하고 소녀를 다시 교실 밖으로 내보내야 했다."

소녀는 마음에 드는 장소를 발견했다. 바로 교장실이다. 소녀를 다른 장소로 내보내면, 소녀는 거기에 다시 가려고 노력할 것이다. 그녀의 행동은 이쪽 방향으로 향하고 있다. 왜냐하면 그녀가 교장실에 가면 유쾌한 상황을 맞게 된다는 사실을 알고 있기 때문이다. 선생이 이 소녀의 행복에 대해 교장보다 더 세심하게 생각하고 있을 것이다. 그러나 유일하게 중요한 것은 아이가 행복을 어떻게 해석하는가 하는 점이다.

"아이는 '엄마는 다른 자식들을 좋아하지 않아. 나만 좋아해.'라고 말한다."

이런 감정은 어머니가 그녀를 응석받이로 키우고 있다는 사실에서 비롯되고 있다.

"엄마가 딸에게 자주 먹을 것을 갖다 준다. 그러나 캔디는 주지 않는다. 소시지나 햄만 준다."

"나는 선생이 되고 싶다."

이 같은 사실은 우리를 놀라게 만들지 못한다. 아이가 선생의 이미지에서 권력을 가진 사람이라는 인상을 받기 때문이다.

"행실이 나쁜 아이를 다뤄야 하는 상황이라면, 나는 그냥 두들겨 패 줄 것이다."

"나는 무용 학교에 갈 생각이다. 언니가 그러는데, 내가 무용에 열정을 쏟을 것 같다고 한다. 그러나 엄마는 나를 보내지 않으려 한다. 엄마는 자신이 직접 자식을 교육시킬 수 있다고 말한다. 외부 도움이 필요하지 않다고 생각하고 있다."

"나는 X 스트리트에 살지 않는다. 명단에 따르면, 나는 Y 스트리트 학교로 가게 되어 있다. [이것은 사실이 아니다.] 나는 Y 스트리트 학교로 가고 싶다."

X 스트리트의 학교는 이제 그녀에게 제공할 게 하나도 없다. 그녀는 거기서 할 수 있는 모든 것을 이미 다 보여주었다. 지금 그녀는 Y 스트리트 학교에 다닌다면 빛을 더욱 발할 수 있을 것이라고 느끼고 있다. 이런 것들은 그녀가 다른 사람들에게 자신을 과시하고 강한 인

상을 남기기 위해 하는 거짓말에 불과하다.

"아이는 다시 교장실로 보내졌다. 교장이 아이에게 물었다. '교실에서 뭘 했니?' 그녀는 즉시 대답하지 않았다. 거듭 묻고 으르자, 그녀는 말하기로 마음을 먹고 진실을 털어놓았다. 한번은 그녀가 교장에게 거짓말을 했다. 당시 체육 선생은 아이가 체육 선생에게 귀를 잡아당겨서 반창고를 붙여야 했다고 주장한다고 보고했다. 교장이 그런 식의 이야기를 고집하는 아이에게 왜 그러느냐고 물었다. 교장은 소녀에게 소녀의 부모가 딸을 믿을 것이기 때문에 선생에게 해명을 요구하고 나설 것이라고 설명했다. (아이는 이미 자기 아버지가 학교에 올 것이라고 협박한 터였다.) 그러면 선생은 법원에 소송을 제기하게 될 것이고, 따라서 그녀의 부모는 선생의 명예를 훼손한 혐의로 벌금을 물어야 할 것이다. 이 말에 아이는 자신이 언니와 싸웠고 언니가 귀를 때렸다는 사실을 털어놓았다. 그래서 귀에 붕대를 감았다는 것이었다."

이것은 전투용 무기로 사용되는 거짓말이다. 소녀는 선생을 "망쳐놓길" 원했다. 지금 우리가 다루고 있는 것은 두려움에 따른 거짓말이 아니다. 그것은 거짓말이 아니라 일종의 중상모략이다.

"그녀는 다시 거짓말을 했다. 어머니가 자기 딸이 다른 학생들을 방해하지 않도록 하기 위해 소녀를 뒷줄에 앉혀줄 것을 요청했다. 이 요구가 받아들여졌다. 그러자 다음날 소녀는 안경을 끼고 등교해선 뒷줄이라 칠판이 보이지 않는다며 앞줄로 옮겨줄 것을 요구했다. 그때 어쩌다 의사가 학교 안에 있었고 그녀의 시력을 검사했다. 의사는 아이에게 그냥 신경이 예민해서 그럴 뿐이며 안경을 끼지 않아도 충분히 잘 보인다고 일러주었다. 이어서 교장이 아이에게 더 세세하게 물었으며, 아이는 마침내 자기 어머니의 안경이라고 실토했다. 어머니는 이와 다른 이야기를 들려주었다."

"소녀의 부모는 아이의 행동이 좋지 않다는 사실을 알고 있는 것 같다. 그들은 이 아이를 다루는 방법을 모르고 있다는 점을 인정한다. 아버지는 아이의 엄마가 아이를 두둔한다고 말한다. 어머니는 이 소녀보다 위인 자식들이 종종 이 아이를 싫어하기 때문에 소녀가 집에서 의지할 수 있는 사람은 엄마밖에 없다고 말한다."

요셉의 문제가 다시 보이고 있다. 우리가 여기서 확인하고 있는 것이 바로 그 문제이다.

보고서에 결론으로 몇 가지 사항이 보태지고 있다.

"담임선생의 보고는 이렇다. 소녀는 어떤 수업 시간에는 적절히 행동한다. 그러다가 선생님들을 괴롭히는 행동을 다시 보인다. 그녀의 노트는 대부분 무질서하지만, 그녀는 숙제와 예습을 만족할 정도로 한다. 그녀는 학급에서 자기 이름이 불리는 것을 좋아한다."

"노래 부르기 시간에 소녀는 다른 아이들과 보조를 맞추지 못한다. 그녀는 고의로 다른 아이들보다 빠르거나 늦게 노래를 부르며 아이나 선생을 괴롭힐 수 있으면 대단히 즐거워한다."

"메마른 정서(그녀는 심지어 급우들을 괴롭히는 일에서 쾌감을 느낀다)와 언제나 지도적인 역할을 하길 원하는 경향이 특별히 두드러진다."

이 점은 아주 뚜렷하다.

"잘난 체 하기, 오만, 자만, 심술, 거짓말 등등. 대체로 소녀는 지금 다소 차분해진 것 같다. 심술도 많이 약해졌다."

최근에 약간의 개선이 있었던 것 같다.

"수공예 선생은 아이가 의자에 앉은 채 흔들목마를 탄 것처럼 몸을 뒤틀며 교실을 돌아다닌다고 보고했다. 그래서 선생이 부모에게 알리겠다고 위협하자, 그녀는 '엄마 아빠는 신경 쓰지 않아요. 나도 무섭지 않아요. 시장이 온다 해도 안 무서워요.'라고 대답했다."

"다음 수업 시간에 그녀는 새가 지저귀는 흉내를 내면서 선생이 자신의 재능에 관심을 쏟도록 했다."

"그녀는 산수 과제를 풀지만 선생의 도움을 끊임없이 요구한다."

그녀는 언제나 누군가를 자기 마음대로 부리기를 원한다. 이것은 응석받이로 큰 아이의 특징이다.

"그녀가 수업 시작 때 소란을 떨었다 하면, 수업을 계속하는 것이 불가능했다. 그녀는 교실 안을 이리저리 돌아다니면서 다른 아이들을 때리고 모욕하는 말을 서슴지 않았다. 그러다가 어느 시점에선 이렇게 외쳤다. '칼로 가슴팍을 찔러버릴 거야!' 그후로 그녀는 절대로 협력적인 태도를 취하지 않았다. 그녀는 계속 '할 줄 몰라요.'라는 소리만 했다."

이것은 곧 이런 뜻이다. '그래서 나는 다른 사람들을 귀찮게 하지 않을 수 없어. 나에게 주도적인 역할을 주지 않으면, 나는 더 이상 놀지 않을 거야.'

(지능 테스트 결과는 이렇다. 대체로 평균 이상이고, 그녀의 나이에 비해 높다. 이해력이 매우 좋다. 개념을 정리하는 능력이 다소 떨어진다. 사실 관계를 파악하는 능력이 약간 떨어지지만 실용적인 일에선 우수하다. 가사 활동에 열심인 것 같다. 기억력은 평균보다 약간 떨어진다.)

이런 아이는 우리의 상담 센터에 반드시 필요하다고 여겨지는 일종의 레크리에이션 홈 같은 곳에 맡기면 아주 좋을 것 같다. 레크리에이션 홈은 훈련이 매우 잘 된 선생과 심리학자들에 의해 운영되어야 할 것이다. 목표는 부모와 선생의 도움을 받아 가며 아이의 잘못된 삶의 양식을 바꿔놓는 것이 될 것이다. 아이를 몇 분 만에 변화시키는 것은 불가능하다. 아이를 어머니에게만 전적으로 맡겨놓지 않는 것이 아이에게 특별히 이로울 것이다. 다른 누군가가 개입해서 아이에게 유익한 방향으로 스스로를 중요한 존재로 만들어갈 수 있는 길을 보여주는 것이 바람직하다.

아들러 박사: (어머니에게) 당신과 선생님을 도와 드리고 싶군요. 아시다시피, 우리는 아이를 좋아합니다. 소녀는 자신이 원하는 것을 알고 있어요. 혹시 소녀가 학교를 좋아하지 않는가요?

어머니: 아이는 Y 스트리트 학교에 가고 싶어 했어요.

아들러 박사: 그 학교를 좋아한 이유는 뭐죠?

어머니: 아이는 자신이 형편없는 학생이라서 그 학교에 배당되지 않았다고 믿고 있어요.

아들러 박사: 집에선 아이의 행동이 어때요?

어머니: 막내입니다. 위의 아이들이 아이를 집적거려요. 아이가 열넷이나 ….

아들러 박사: 축하할 일이군요.

어머니: 아이 하나 더 먹이는 것은 별로 중요하지 않아요. 위의 아이들이 이 아이를 질투하고 좋아하지 않아요.

아들러 박사: 아이에게 친구는 있어요?

어머니: 물론 있지요.

아들러 박사: 우리는 이 아이를 신뢰하고 있어요. 소녀는 능력 있는 아이인 것 같군요. 아이가 언제나 리더가 되길 원하지 않아요?

어머니: 선생님이 학급에서 자기 이름을 불러주지 않는다고 불만이 많아요. 집에서는 아이가 매우 다정하게 행동해요, 나의 일도 많이 도와주지요.

아들러 박사: 아이는 어떤 식으로 길러졌지요? 양육이 엄격했습니까?

어머니: 아이들에겐 당연히 엄격해야지요.

아들러 박사: 누군가가 이 아이에게 상황을 제대로 설명하면, 아이에게 받아들여질 것 같은데요.

어머니: 아이들을 처벌하지 않고는 어떤 일도 되지 않아요.

아들러 박사: 주변에서 아이를 이해하고, 아이와 산책을 하고, 아이에게 훌륭한 생각을 전할 수 있는 사람을 찾을 수 있을 것 같다는 생각이 듭니다. 한마디로 말해, 아이가 동행자를 두게 되면 아이에게 좋을 것이란 뜻입니다. 어머니께서 원하시면, 나의 제자들 중 한 사람을 보낼 수 있어요.

어머니: 애가 이미 아이들 놀이 집단에 다니고 있어요.

아들러 박사: 제 생각엔 아이가 학교 밖에서 젊은 여자의 지도를 받을 수 있다면 좋을 것 같군요.

어머니: 다른 아이들도 잘 키웠어요. 그래서 막내도 잘 키울 수 있을 것 같아요.

아들러 박사: 막내는 아마 자기가 가장 큰 존재가 되기를 원하고 있어요. 성경 속의 요셉 이야기 아시죠? 아이가 학교에서 지금 너무나

많은 문제를 일으키고 있기 때문에, 아이를 처벌해서는 아무것도 얻지 못해요. 아이에게 언제나 다정하게 대해야 합니다. 원하신다면, 젊은 부인을 보내드리지요.

어머니: 아이가 학교에서 하는 것은 그녀 나름에는 장난에 지나지 않아요. 상류층 아이들도 마찬가지로 다루기 힘들어요.

아이 문제에 간섭하는 데 대해 어머니가 저항하고 있다. 우리가 한동안 뒤로 물러서는 수밖에 없다.

아들러 박사: (아이를 향해) 다 큰 소녀로구나! 아주 작은 아이일 것이라고 생각했는데. 너는 실제보다 더 크게 보이기를 원하고 있지? 넌 모든 사람이 너를 알아보도록 하기 위해 까치발을 하길 좋아하지? 가족 안에서 막내는 종종 그런 감정을 느낀단다. 남이 알아주길 바라는 거지. 너는 훌륭한 학생이고 능력 있는 소녀야. 선생님들이 네가 똑똑한 아이라고 그러더구나. 너는 실력을 바탕으로 학급에서 최고에 들 수 있다고 믿지 않니? 그렇게 할 수만 있다면, 너는 원하는 것을 얻을 수 있을 텐데. 그러면 모든 사람이 너를 소중히 여기고 너를 좋아할 거야. 그렇게 한 번 해 보는 게 어때? 우리 모두는 네가 선생님을 기쁘게 해 줄 수 있도록 너를 도와줄 거야. 그러면 모두가 너를 칭송할 거야. 그렇게 할 수 있겠지?

아이는 대화 내내 침묵을 지킨다.

아들러 박사: 너는 최고의 학생이 될 수 있어. 너는 어떻게 생각하니? 그렇게 되는 것이 좋지 않아? 싸움을 하지 않아도 될 것이고. 그게 훨씬 더 좋을 거야. 너는 늘 스스로에게 이렇게 말할 수 있어야 해. '언

제나 맨 앞에 설 필요도 없고 모두가 나를 알아줘야 할 필요도 없어. 공부를 열심히 하는 것이 훨씬 더 좋아. 그러면 결국엔 사람들이 나를 칭송할 것이고 나를 좋아할 거야. 지금 당장 그럴 필요는 없어.' 학급에 학생이 몇 명이지?

아이: 서른두 명.

아들러 박사: 선생님도 너에게 하는 것을 모든 아이들에게 똑같이 해 줄 수 없어. 선생님을 조금 도와주고 싶지 않니? 그게 쉽지는 않겠지만, 너는 해낼 수 있어.

한 달 뒤에 오너라. 그 사이에 네가 성공할 수 있는지, 아니면 계속 네가 학급에서 관심의 중심에 서기를 고집하고 있는지 두고 보도록 하자.

아이: (대답이 없다.)

기본적으로, 소녀는 민감한 아이이다. 소녀는 아주 쉽게 울 것이다. 시간을 두고 기다리면서 소녀에게 어떤 일이 일어나는지 보도록 하자. 여기서 여러분에게 무엇인가를 강조하고 넘어가고 싶다. 아이가 사람들이 모인 자리에 서도록 하는 것이 좋은 아이디어라는 인상을 받았다. 아이에게 그것은 곧 아이의 어려움이 자기만의 문제가 아니라는 의미로 다가온다. 다른 사람들이 아이의 문제에 관심을 두고 있기 때문이다. 이런 식으로 접근하면 아이의 사회적 감각이 더 잘 일깨워질 것 같다. 나는 언제나 아이들에게 이렇게 말한다. "나는 네가 어떻게 하고 있는지 확인할 거야." 이것은 협박이 아니다. 이때 아이가 이해해주기를 바라는 것은 누군가가 결과를 보기를 기다리고 있다는 점이다. 개인 심리학의 방법에는 과학적으로 이해되지 않는 예술적인 측면이 있다. 만일 내가 정확히 파악했다면, 아이는 확실히 나를 이해할 것이다. 그리고 이 점, 말하자면 "공동체 안에 속한다는 인식"은 중요한 요소이다. 물론 여기에도 반대가 있을 수 있다. 예를 들어, 아이가 타인들의 주목을 받고 있다고 느낄 경우에 자만심에 빠질 수 있다는 지적도 가능하다. 아니면 이방인들 앞에 서는 것이 아이를 놀라게 만들 수도 있다. 이 점은 개인 심리학자가 아이에게 말하는 방법을 통해 치유될 수 있다. 그런데 반대만 하고는 대안을 제시하지 않거나 아무런 조치를 취하지 않는 것이 우리 시대의 정신인 것 같다.

5장

진짜 사춘기의
위기인가?

14세 소녀가 불평의 대상이 되어 왔다. 이 소녀는 다수의 남자들과 성관계를 갖기 시작했고, 10일 동안 집을 나갔다가 부모의 집 근처에서 발견되었다.

이 소녀의 성장 배경은 이렇다. 가족은 가난하고 아이는 셋이다. 아들인 맏이는 오랫동안 몸이 아팠다. 이 소년이 지금 생계비를 벌고 있고 번 돈 모두를 어머니에게 주고 있다. 자연히 어머니는 이 아들에게 가장 많이 고마워하고 있다. 장남이 어머니의 보살핌을 필요로 한데다가 아버지마저 지속적으로 아팠기 때문에 짧은 시간 동안만 일을 할 수 있었다. 이런 힘든 상황이라면 이 소녀가 특별한 관심을 누리지 못했을 것이라는 점은 쉽게 이해될 것이다.

셋째 아이가 나중에 태어났는데 딸이었다. 이때 아버지와 아들의 건강이 나아지고 있었으며, 그 덕에 어머니가 막내에게 시간을 더 많이 쏟을 수 있게 되었다. 둘째 아이에게 특별히 불리한 상황이었다. 소녀의 어머니에겐 둘째에게 쏟을 시간이 전혀 없었으며, 소녀는 그런 상황에서 자신이 무시당하고 있다고 느꼈다. 소녀는 어머니의 사랑의 따스함을 느끼지 못하는 가운데 미움 받는 아이로 성장하고 있었다. 사실은 어떤 균형이 확립되고 있었지만 소녀는 자신이 오빠나 여동생에 비해 불리한 상황이라는 인상을 받으며 살았다.

아버지는 당연히 권위를 의미했으며, 아버지가 대단히 엄격함에도 불구하고 아이들은 그에게 기꺼이 복종했다. 우리는 미움 받는 아이로 발달한 이 소녀가 오빠와 여동생이 누리는 따스한 분위기를 경험하지 못해 절망에 빠져 있을 것이라고 예상할 수 있다. 그런 아이는 삶의 매 순간에 앞에서 묘사한 것들을 경험한다. 소녀의 삶의 양식은 그 점이 특징이다.

그런데 어쩌다 행복한 상황이 전개되었다. 아이가 매우 좋아하는 선생의 학급에 편성된 것이다. 그녀는 학교에서 꽃을 활짝 피웠으며 학급에서 가장 우수한 아이들 중 하나가 되었다. 그녀는 거기서 더 발전할 것으로 예상되었다. 그러다가 14세가 되었을 때, 그녀는 고등학교로 진학해야 했다. 당연히 학교도 바뀌었다. 그러자 다시 문제가 시작되었다.

새 선생은 아이의 성격을 이해하지 못한 상태에서 소녀를 거칠게 다뤘다. 여기서 우리는 이 아이의 유일한 힘이 그녀가 학교에서 누렸던 칭찬에서 비롯되었다는 사실을 기억해야 한다. 새 선생이 소녀를 별다른 애정 없이 다루고 있다는 사실은 그녀가 자신에 대한 믿음을 잃도록 하기에 충분했다. 그녀는 이름이 불려도 질문에 대한 대답을 내놓지 못했으며 따라서 형편없는 점수를 받았다. 그녀는 이미 준비되어 있던 덫에 갇혀 버렸다. 여기서 우리는 이 나쁜 시작이 조만간 희생을 부를 것이라고 예측할 수 있다. 그녀는 애정과 칭찬을 받을 수 있을 때에만 발전할 수 있을 것이다.

그녀는 잔꾀를 부리며 학교를 빼먹기 시작한다. 선생은 그녀의 행적을 조사하면서 그녀가 소년들과 어울리고 있다는 사실을 발견한다. 이어 그녀를 학교에서 내쫓는다는 결정이 내려진다. 이것은 그녀에게 닥칠 수 있는 최악의 일이다. 그녀는 학교에서도 성공할 길이 막히고, 집에서도 무시당한다는 느낌을 받는다. 그녀에겐 이제 무엇이 남았을까?

개인 심리학의 기술은 개인 심리학자가 소녀가 처한 상황과 자신을 동일시하는 데에 있다. 개인 심리학은 이 문제를 다음과 같은 방식으로 정리할 수 있다. 만일 나 자신이 다른 사람들로부터 인정받기를 원하는데도 집에서 전혀 그런 인정을 발견하지 못하고 있는 14세 소녀라면, 나는 어떤 행동을 하게 될까? 한 가지 방법밖에 없다. 이 인정을 이성으로부터 추구하는 것이다. 그런 짓이 상식에 어긋남에도 불구하고, 그녀는 그 짓을 지적으로 했다. 이 소녀가 똑똑하다는 것을 알기에, 우리는 앞으로 벌어질 일을 충분히 예측할 수 있다. 그녀는 자신이 찾고 있는 인정을 이성으로부터 얻을 것이다.

이런 불장난 같은 이성 관계는 오직 표면적인 성공을 상징할 뿐이다. 성적인 관계를 관찰해본 경험이 있는 사람이라면 누구나 이런 식으로 아주 쉽게 이뤄지는 관계는 반드시 실패로 끝나게 되어 있다는 것을 잘 알고 있다. 그녀는 자기 자신을 하나의 대상으로, 말하자면 남자들의 노리개로 보고 있다.

우리 자신을 이런 상황과 계속 동일시한다면, 이제 할 게 뭐가 있을까? 자살밖에 없다. 그녀는 어느 곳에서도 인정을 받지 못하고 있다. 그녀가 자살을 암시하는 편지도 몇 통 있다. 어떤 행복한 상황이 그녀가 자살을 생각하지 않도록 막지 않았다면, 자살이 일어났을 수도 있다. 그녀가 계획을 실천에 옮기지 않았다는 사실이 소심함의 증거로 여겨져서는 안 된다. 오히려 자살이 소심함을 뒷받침하는 행위이다. 절망한 사람의 자살은 곧 분노의 폭발이다.

다른 무엇인가가 그녀를 중지시켰다. 그래도 호의적인 가족의 상황이었다. 그녀의 부모는 공정한 마음의 소유자들이었다. 그녀도 이 같은 사실을 잘 알고 있었으며, 그녀는 부모가 어떠한 상황에서도 딸을 용서할 것이라는 점을 알았다. 부모의 집으로 돌아가는 길이 그녀에게 열려 있었던 것이다. 그녀는 부모의 집에서 어떤 인정을 발견할 수도 있을 것이다. 그래서 우리는 그녀의 어머니에게 이렇게 말할 수 있었다. "집 주변을 둘러보세요. 어딘가에서 딸을 발견할 수 있을 것입니다." 우리가 이런 식으로 조언할 수 있었던 것은 그 소녀가 이 과정을 밟아야 했기 때문이다. 실제로 어머니는 어느 날 딸을 발견해서 집으로 데려올 수 있었다. 그런 다음에 어머니는 상담 센터에 도움을 청했다.

타인의 인정에 너무나 목말라하는 이 소녀에겐 그런 인정을 발견할 기회가 주어져야 한다. 우리는 이 아이가 유익한 활동을 하는 방향으로 훈련이 가장 잘 되어 있는 영역을 찾아내야 한다. 그곳이 학교인 것으로 드러난다.

개인 심리학은 이런 입장이다. 만일 이 소녀 같은 아이가 애정 결핍을 느낀다면, 소녀는 열등감을 깊이 발달시키고 따라서 사회에 대한 준비도 부적절해지게 마련이다. 가족에 대한 그녀의 관심은 매우 약하며, 그녀에게 용기가 부족하다는 사실은 쉽게 눈에 띈다. 만일 그녀의 열등감이 심각하지 않다면, 그녀는 자신에게 이런 식으로 말할 것이다. "선생님이 나를 이해하지 못하네. 그러나 내가 더 열심히 노력해야겠어." 그녀는 인정을 얻겠다는 생각에 계속 집착했다. 그녀에겐 성적 모험을 통해 인정을 받는 데에 성공한 것 같았다.

이 대목에서 나는 사춘기의 심리학에 대해 짧게 몇 마디를 하고 싶다. 대체로 사춘기는 악마에게 사로잡힌 것처럼 여겨지고 있다. 모든 악은 생식선(生殖腺)의 탓으로 돌려지고 있다. 이것은 터무니없는 주장이다. 생식선은 출생 이후로 끊임없이 작동해 왔으며, 심지어 출생하기 전에도 작동하고 있었다.

사춘기는 다른 요소들이 특징인 시기이다. 보다 많은 자유와 보다 큰 책임감, 이성에 보다 강하게 끌리는 현상 등이 사춘기의 특징인 것이다. 아이들은 자신이 더 이상 아이가 아니라는 점을 증명하고 싶은 충동에 강하게 자극을 받는다. 그 점을 증명하기 위해서, 아이들은 종종 지나치게 멀리 나가기도 한다. 이 소녀는 인정을 갈망하고 있으며 성적 영역에서만 인정을 발견할 수 있다고 믿고 있다.

사춘기는 질병이 아니다. 사춘기는 이미 존재하고 있는 것을 보여줄 뿐이다. 아무것도 변하지 않는다. 소녀는 그 전의 소녀 그대로이다. 그녀가 정말로 변했다면, 우리는 아무것도 예측하지 못한다. 그녀는 단순히 자신을 가로막고 있는 것 같은 길을 포기했을 뿐이다. 그 외의 다른 일은 전혀 일어나지 않았다.

여기서 사람들은 현실의 어떤 사실 때문이 아니라 그 사실에 대한 오해 때문에 잘못된 길로 빠지게 된다는 점을 지적하는 것이 중요하다. 인간의 정신생활이 인과관계에 근거하고 있다고 믿는 사람들은 틀렸다. 이 소녀는 어떤 원인을 창조해내고 있다. 애정을 얻지 못하고 있는 것이 돌연 원인이 된 것이다. 만일 소녀가 치료에 성공한다면, 더 이상 어떠한 원인도 존재하지 않게 된다.

그녀가 선생에게서 얻지 못한 애정을 다른 곳에서 추구하는 것은 반드시 필요했던 일은 절대로 아니었다. 그것은 그녀의 잘못이었다. 개인 심리학은 타고난 충동의 효과를 믿기를 거부한다. 옳은 판단이다. 개인 심리학은 인간의 정신생활에 일어나는 실수를 고려한다. 중요한 것은 사실들이 아니고 그 사실들에 대한 의견이다.

개인 심리학은 전향적으로 결정적인 한 단계를 밟았다. 이 단계에서 정신생활에서 일어날 수 있는 실수의 가능성들을 찾아내고 이어 치료를 통해 그 가능성들을 최소화하는 노력이 전개된다. 두 사람의 인간 존재가 내리는 결론은 근본적으로 다를 수 있다. 개인 심리학은 사실들이 많은 사람들에 의해 잘못 이해되고 잘못 해석될 수 있다는 점을 간과하지 않는다.

이 소녀에겐 자신에게 배제된 것처럼 보이는 것을 할 수 있다는 점을 입증할 기회가 주어져야 한다. 다시 말해, 훌륭한 학생이 될 수 있다는 점을 증명할 기회가 주어져야 한다는 뜻이다. 여기서 새로운 어려움이 나타난다. 그녀의 불우한 환경과 그녀가 학교에서 쫓겨났다는 사실이다.

나는 아이들이 학교에서 쫓겨나야 하는 이유를 모르겠다. 그것은 단지 선생이 아이의 문제를 해결할 능력을 갖추고 있지 못하다는 점을 보여줄 뿐이다. 아동 지도 센터들이 이 영역에서 도움을 많이 주었다. 아동 지도 센터를 두고 있는 학교에선, 아이들은 학교에서 쫓겨나지도 않고 유급을 당하지도 않는다.

만일 이 소녀 같은 학생이 있는데 그 학생을 학교 안에서 보듬지 못한다면, 우리는 그렇게 할 수 있는 길을 찾아야 한다. 나는 이런 아이가 다른 학교에서 위협의 요소가 되어야 하는 이유를 모르겠다. 우리는 퇴학이라는 낙인이 아이에게 지울 무거운 짐을 잊어서는 안 된다. 아마도 유능한 사람의 상담을 통하면 문제가 보다 쉽게 해결될 수 있을 것이다. 아마 그런 아이를 잘 다룰 줄 아는 선생에게 맡기는 것도 좋은 아이디어일 것이다. 아이에게 학교에서 과거의 성공을 다시 누릴 수 있도록 하기 위해 모든 조치가 취해져야 한다. 그러면 "사춘기의 문제"도 저절로 해결될 것이다.

6장

외동아이

"선생의 보고는 이런 내용이다. 아이는 4학년이다. 학급은 남녀 혼성 반이다. 나는 이 아이를 2년 동안 맡고 있다. 1학년과 2학년 때는 선생이 달랐다. 아이는 외동아이이다. 아버지와 어머니는 모두 일을 하고 있다. 소녀는 할머니와 함께 지내며 할머니의 말을 잘 듣지 않는다. 아이는 자기 하고 싶은 대로 하고 있다. 소년의 청력에 결함이 있다. 소년은 숫자를 잘 기억하고, 비판적인 감각을 어느 정도 갖추고 있다. 소년의 서체는 개탄스러울 정도이다."

"작년에 소년은 매우 말이 많고 어수선했으며, 다른 소년과 소녀들을 괴롭혔다. 소년은 충고와 처벌에 무관심했다. 내가 소년을 타이르려고 다가서면, 아이는 울면서 더 잘하겠다고 약속하지만 그때뿐이다. 곧 똑같은 행동이 시작된다."

"올해도 작년과 똑같다. 소년은 잉크병에다가 침을 뱉고, 잉크병 뚜

껑을 깨뜨려놓았다. 나는 부드러움과 엄격함을 번갈아 동원했다. 어떤 때는 모르는 척 했고, 아이의 속임수에 의미를 부여하지 않는 것처럼 하기도 했다. 어느 것도 먹히지 않았다. 아이는 언제나 이런저런 방법으로 관심을 끌려고 들었다."

"학급의 아이들이 큰 소풍을 위해 학교에 돈을 얼마씩 갖고 있었다. 그는 2실링을 갖고 왔다. 그런데 쉬는 시간에 다른 아이들이 K가 16실링을 갖고 있다고 보고했다. 나는 그에게 돈을 내놓으라고 말하면서 그 돈이 어디서 났는지 캐물었다. 그는 "예금 통장에서 뽑은 거예요."라고 대답했다. 나는 아이에게 어머니께서 학교를 찾아 교장실에서 돈을 받아가도록 하라고 일렀다. 아이가 부주의한 편이었기 때문에 집에 가는 길에 잃어버리는 것보다 그 방법이 낫겠다는 판단이 들었던 것이다. 그런데 어머니가 나타나지 않았다. 나는 아이가 돈에 대해 부모에게 말하지 않았다는 것을 알았다. 왜냐하면 부모들이 매우 훌륭한 사람이어서 소년이 학교에서 어떻게 생활하는지에 대해 종종 묻기 때문이다. 결국 나는 소년의 어머니에게 학교에 오라고 공식적으로 요청했다. 그리하여 소년이 20실링을 훔친 것이 확인되었다. 어머니는 이 일에 단단히 화가 났으며, 집안에서 약간의 돈이 없어진 것이 몇 차례 있었다는 것을 기억해냈다. 나는 학교에서 종종 이런 일을 목격했다. 아이는 자신이 거짓말을 했다는 증거 앞에서 아주 멍청한 표정을 지었다. 그래서 사람들이 아이가 정신적 장애를 겪는 것이 아닌가 하는 인상을 받게 된다."

"그의 어머니가 교장실에서 울음을 터뜨렸을 때, 아이도 그 자리에 있었다. 아이는 가볍게 꾸지람을 들었다. 그런 다음에 아이는 교실로 보내졌다. 아이는 교실에서 묘기를 부려 모든 학생들을 웃겼다. 어머니는 아들의 소행에 크게 놀랐으며 남편이 알면 아이를 죽이려 들 것이라고 말했다. 그래서 우리는 아이의 어머니에게 남편에겐 당분간 말하지 말라고 조언했다. 다음날 아버지가 학교로 왔다. 어머니가 남편에게 모든 것을 다 털어놓은 것이다. 그래도 그는 아이를 처벌하지 않았다."

"아버지는 그 탓을 아이보다 나이 많은 다른 소년에게로 돌렸다. 나이 많은 이 소년이 아이에게 훔치는 것을 가르쳤다는 주장이었다. 이 소년은 학교에 다니지 않고 있다. 짐작컨대 D 고등학교에 등록되어 있는 것 같다."

여기서 몇 가지 세부사항을 확인할 수 있다. 이 세부사항 모두에서 똑같은 내용이 읽힌다. 소년은 무질서하다. 아마 소년의 뒤에 물건들을 정리해 주는 누군가가 있을 것이다. 학교에서 아이가 배우는 속도가 더디다. 이 소년의 삶의 양식은 애지중지 버릇없이 큰 아이의 유형이다. 다른 사실들도 그 점을 암시한다. 아이는 언제나 다른 사람들이 자신에게 관심을 쏟을 것을 원한다. 학교에선 자신이 두드러져 보이길 원한다. 그가 비행(훔치는 행위)을 가장 빈번하게 저지르는 때를 정확히 아는 것이 특별히 유용할 수 있다. 이제 우리는 개인 심리학에 근거해서 결론을 내려야 한다.

지난 2년 동안 어머니는 집에 없다. 아이는 할머니와 지내고 있으며, 그런 상황에 불만을 느끼는 것 같다. 아이는 박탈감을 느끼고, 어머니가 주었던 많은 것을 누리지 못하고 있다. 아이의 내면에서 자기 자신을 풍요롭게 만들려는 경향이 보인다. 훔치는 것은 자신이 잃은 것을 대체하기 위한 보상이다. 우리는 또한 다른 소년이 부추긴다는 아이의 말도 고려해야 한다. 자신의 행동에 대해 변명을 제시하지 않거나, 자신의 행동을 덜 심각하게 보이게 할 어떤 정당화를 찾지 않는 범죄자나 비행 소년은 절대로 없는 법이다. 이것은 소년이 사회의 경로에서, 말하자면 사회적 감정의 경로에서 벗어나 있다는 사실을 잘 알고 있음을 보여준다.

그가 훔치는 이유는 자신을 더욱 커 보이게 하기 위해서이다. 그는 절도 외에는 다른 방법을 발견하지 못했다. 아이는 어머니와의 동행에 익숙했는데, 그때 할머니와 함께 지내면서 자신이 보다 어려운 상황에 처해 있다는 사실을 깨달았다. 할머니는 아이에게 어머니와 똑같은 태도를 보일 수 없었다. 할머니는 어머니보다 더 엄했다. 아이는 할머니와 싸웠다. 둘 사이에 긴장이 조성되었다. 타인에게 기대는 버릇이 있는 아이는 자신이 덫에 갇혔다는 느낌을 받았다.

아이의 삶의 양식은 이미 고착되었으며, 아이는 언제나 자신에게 관심을 기울여줄 누군가를 원한다. 그는 집에서 관심을 더 이상 받을 수 없게 되었다. 그가 훔치기 시작한 것이 바로 이 시점이었을 것이라고 나는 상상한다.

무엇이 아이가 훔치지 않도록 막을 수 있었을까? 만일 학교에서 아이가 인정을 제대로 받는다고 느낄 그런 위치에 있었다면 절도가 일어나지 않았을 수도 있다.

그러나 그런 위치는 응석받이로 큰 아이들이 기대하기 어려운 것이다. 만일 이런 아이가 어머니와 함께 지낼 때처럼 모든 것을 갖기로 결정한다면, 아이는 지적으로 행동하고 있으며 정신이 박약한 아이가 아니다.

지금 아이는 선생님 앞에 완전히 노출되어 있다. 아이는 부드럽게 다뤄지는 데 익숙하다. 아버지는 화가 가라앉았고, 따라서 소년은 모든 것이 다시 정리되었다고 믿는다. 아이는 온갖 박탈과 온갖 좌절 앞에서 다시 자신을 부유하게 하려고 시도할 것이다. 아이가 2년 전에 도둑질을 시작했을 것이라고 나는 믿는다. 그래서 아이의 과거 속으로 조금 더 깊이 들어가야 한다. 사라진 2실링으로는 뭘 했을까? 아마 캔디를 샀을 것이다. (선생님은 아이가 소시지를 샀다고 말한다.) 아이가 다른 소년이 자기를 부추긴다는 생각은 어떻게 떠올렸을까? 나이 많은 소년이 다른 아이를 엉뚱한 길로 빠지도록 할 수 있다는 것은 어떻게 알았을까? 혹시 어머니가 아들에게 "그 소년은 절대로 만나지 않도록 해라. 그가 너를 나쁜 길로 끌고 갈 수 있어."라는 식으로 말한 탓에 아이가 자신의 책임을 느끼지 못하게 되지 않았는지 확인하는 것도 좋은 아이디어일 것이다. 아니면 아이에게 호감을 산 나이 많은 소년이 정말 있는지를 확인하는 것도 좋은 아이디어이다.

만일 아이가 그 돈을 꽤 오랫동안 갖고 있었다면, 다른 목적이 있을 수 있다. 아마 자신이 의지할 무엇인가를 갖기를 원했을 수도 있을 것이다. 우리는 아이의 어머니에게 이런 것을 물어야 한다. 또한 응석받이로 큰 아이들에게서 흔히 발견되는 다른 징후들도 찾아야 한다. 아마 아이는 겁이 많고, 혼자 있는 것을 좋아하지 않을 수도 있다. 만약에 그렇다면, 아이가 다른 나이 많은 소년과 친하게 지내는 이유가 이해된다. 반드시 그렇지는 않겠지만, 우리는 개인 심리학을 근거로 그런 결론을 끌어낼 수 있다. 또한 아이는 밤에 울 수도 있다. 어머니는 또 아이가 예전에 훔치려는 경향을 보였는지도 말해줄 것이다.

아이는 다른 사람들에게 그다지 관심을 주지 않고 있으며, 아이가 타인들을 대하는 태도는 옳지 않다. 아이는 친구를 사귀지 못한다. 다른 아이들과 함께 놀 때면 아이는 언제나 자신이 두목이 되길 원한다.

아이는 자기보다 나이가 많거나 어린 아이들과 어울리는 경향이 있다. 외동아이들 사이에서 나이 많은 사람들을 좋아하는 아이들이 종종 보인다. 이 아이들이 언제나 나이가 많은 아이들 틈에서 살기 때문이다.

여기서 우리는 어머니에게 영향력을 행사할 수 있는 길을 찾아야한다. 또한 소년이 학교에서 향상을 꾀하도록 도와야 하고, 아이에게 용기를 불어넣어야 한다. 소년에게 학교에서 중요한 역할을 맡고 관심을 끌 수 있다는 희망을 갖도록 해야 한다.

나는 여러분에게 행동 범위를 파악하는 기술을 익힐 것을 권하고 싶다. 문제아의 경우에, 이 행동 범위가 언제나 좁다. 우리는 아이의 행동 범위를 넓혀주도록 노력해야 한다. 아이가 용기를 더 많이 갖고 또 자신도 무엇인가를 성취할 수 있다는 믿음을 갖게 될 때에만, 행동 범위가 확장될 수 있다. 행동 범위가 넓어지면, 아이가 행동 영역을 완전히 바꿔놓을 기회가 생길 수 있다. 지금 처해 있는 외진 구석에선 아이가 비밀리에 스스로를 부유하게 만들면서 거짓말을 통해 자신의 지위와 자긍심의 상실을 막는 것 외에는 할 것이 하나도 없다.

선생님의 보고는 이렇게 이어진다.

"아이는 서체와 철자 과목만 성적이 좋지 않다. 그 외엔 학교에서 호감을 사고 있다. 아이들도 소년을 좋아하고, 아이가 미움을 사지 않는 것이 분명하다. 유급을 한 적이 한 번도 없다. 아이는 더디긴 하지만 그래도 잘 배운다."

우리는 지금 아이가 학교에서 만족하지 못하는 이유를 밝히려고 노력하고 있다. 중요한 이유 하나는 아이가 언제나 관심의 중심에 서길 원한다는 점이다. 그런 아이는 어릿광대 노릇을 하거나 타인들을 친절하게 다룸으로써 관심의 중심에 다가서려고 노력한다.

아이는 언제나 자신의 이익에만 관심을 둔다. 이 소년은 자신이 원하는 모든 것을 교활하게 얻으려고 노력한다. 아이는 무엇인가를 성취하기 위해 "거칠게" 구는 아이들과 다르다. 이 아이는 자신의 매력을 이용해 자기 마음에 드는 것이면 무엇이든 얻기를 원한다. 아이는 언제나 애지중지 키운 어머니의 태도 때문에 그런 식으로 성장했다.

다른 선생이 비슷한 경험을 털어놓는다.

"나에게도 물건을 훔치는 학생이 하나 있다. 이 아이는 다른 아이로부터 1실링을 훔치다가 나에게 걸렸다. 이 아이는 다른 아이들은 모든 것을 갖고 있는데 자기 아버지는 가난한 탓에 자신에게 아무것도 주지 않았다고 말했다. 아이는 다른 아이들처럼 모든 것을 갖기를 원했다. 나는 이 아이에게 약간의 돈을 줘서 무엇인가를 사도록 했다. 몇 번 그렇게 했는데, 그 이후론 그 아이가 훔친다는 소리가 들리지 않고 있다."

아이를 향상시키는 데 정해진 규칙 같은 것은 없다. 우리의 치료도 아이마다 효과가 다르게 나타난다. 언제나 똑같이 적용할 수 있는 방법 같은 것은 없다. 이 아이는 약간의 돈 외에 소속감까지 받은 셈이다. 이 소속감이 중요한 효과를 발휘한다. 누군가가 나에게 "아이를 때렸는데, 그 이후론 더 이상 도둑질을 하지 않는다."라고 말해도 나는 놀라지 않을 것이다. 이런 일들은 너무나 복잡하기 때문에 일률적으로 말하기 어렵다. 우리가 바라는 것은 무엇보다 먼저 아이를 이해하는 것이다.

이 특별한 아이는 자신이 모든 것을, 그것도 아무런 노력을 들이지 않고 즉시 가질 권리를 갖고 있다는 생각을 품은 상태에서 세상을 살아가고 있다. 이 같은 생각은 잘못이며, 우리는 아이에게 이 잘못에 대해 설명함으로써 아이가 그것을 바로잡도록 해야 한다.

  앞의 보고서를 작성한 선생님과 아이의 부모가 아들러 박사를 만났다.

> **선생**: 아이의 가족 상황은 좋은 편입니다.
>
> **아들러 박사**: 당신의 학교에서 보면 대체로 가난한 가정의 아이들은 공부가 더딘 집단에 속하고 부유한 가정의 아이들은 공부가 빠른 집단에 속하는가요?
>
> 선생은 그렇다고 대답한다.
>
> **아들러 박사**: 깊이 파고들면, 삶을 살면서 어느 때에 뭔가를 훔쳐보지 않은 사람은 하나도 없다는 것이 확인될 것입니다. 과일을 훔친 사람도 있고, 캔디를 훔친 사람도 있고, 아주 사소한 것을 훔친 사람도 있지요. 나의 연구에서 이것이 거의 사실이라는 것이 확인되었어요.
>
> **아들러 박사(부모에게)**: 당신의 아들에 대해 말하고 싶군요. 아이의 나쁜 버릇을 없앨 수 있어요. 아이는 여러 모로 특이한 아이인 것 같아요. 아이가 애정을 추구하고 있다는 사실을 눈치 채지 못했습니까? 아이는 언제나 어머니와 함께 있을 기회를 찾아내고 있지요? 아이는 누군가가 자신을 대신해서 무엇이든 해 주기를 바라고 있습니다. 아이가 식사 시간에 말썽을 피웁니까?
>
> (어머니는 아이가 음식 투정을 부린다고 말한다. 그러나 지난해 이후론 아이의 음식 먹는 태도가 괜찮아졌다고 한다.)
>
> **아들러 박사**: 아이가 아팠어요? 혹시 오줌을 싸던가요?
>
> **어머니**: 아이는 언제나 아픈 것처럼 보였어요. 늘 배가 아프다고 그

랬어요.

아들러 박사: 아이가 무서워합니까? 혼자 있는 것을 무서워해요? 아이는 유치원에 다녔어요? 놀 때 아이는 어떤 역할을 하던가요? 아이에게 친구가 많아요?

아버지: 그런 것은 모르겠습니다. 아이는 겁이 없었어요. 그러나 아이가 바보 같은 질문을 합니다. 뭔지 잘 알면서도 "엄마, 저거 뭐야?"라고 묻곤 하지요. 아이는 그냥 엄마를 괴롭히고 싶어 합니다.

아들러 박사: 숙제는 어떤 식으로 하는가요? 아이 혼자 합니까, 아니면 도움을 필요로 합니까?

아버지: 아이는 누군가가 지켜보고 있으면 아주 잘 합니다. 아이는 옛 독일어 서체는 좋아하지 않아요. 그보단 라틴어 글자를 더 좋아하지요. 아이는 어른들 틈에 끼어 있기를 좋아합니다. 어른들이 아이에게 더 친절하니까요.

아들러 박사: 아이는 수영을 할 줄 압니까? 혹시 악몽을 꾸던가요? 미신을 믿거나? 체육을 좋아합니까?

아버지: 아이는 수영을 매우 좋아했습니다. 그러나 언젠가 한 번 크게 놀란 이후로는 수영을 더 이상 하지 않으려 하지요. 아이는 체육을 아주 좋아합니다. 작년에는 체육관에 규칙적으로 다녔습니다. 악몽을 꾸지는 않아요. 겁도 없습니다. 제가 신경이 아주 예민하다 보니, 아이가 저를 약간 무서워합니다.

아들러 박사: 아이에게 다정하게 대해 주세요. 그리고 아이와 산책도 해 보세요. 그러면 아이와 아빠 사이에 우정이 형성되고, 아이는 아빠가 원하는 것을 무서워서가 아니라 사랑과 우정의 차원에서 하게 될 것입니다. 아이가 서체와 철자에 어려움을 겪지 않습니까? 혹시 아이

가 왼손잡이가 아닌지 살펴보았습니까? 아이가 왼손잡이로 태어났을지도 모릅니다.

(부모는 아이가 왼손잡이인지 알지 못하고 있다. 어머니가 왼손잡이인 것 같다.)

(어머니는 아들이 물건을 훔치도록 부추기는 소년의 이름을 제대로 밝히지 않고 엉터리 이름을 말한다고 다시 불평했다.)

아들러 박사: 아이는 다른 아이들의 집에 가지 않아요? 옷을 입거나 몸을 씻거나 머리 빗질을 혼자서 합니까?

아버지: 아이가 어울려 놀던 친구가 있었는데 죽고 말았지요.

어머니: 아이가 옷을 입을 때, 내가 끝까지 거들어줘야 합니다.

아들러 박사: 아이를 거들어줄 필요 없어요. 중요한 것은 아이를 점진적으로, 매우 부드럽게 독립적인 존재로 키우는 것입니다. 나의 도움이 필요하다면, 언제든 말씀하세요. 아이를 한 번 바꿔 보겠어요. 아이는 학교에 가는 것을 좋아합니까? 나중에 커서 뭐가 되고 싶다고 하던가요? 아이에게 자만심이 있지 않아요? 잠자는 자세는 어떤가요? 손톱을 물어뜯어요? 코를 후빕니까?

(부모의 말에 따르면, 아이는 자만심이 대단하고, 나중에 커서 목수가 되기를 원하고, 손톱을 물어뜯곤 한다. 부모의 눈에는 그 외에 특별한 것은 띄지 않은 것 같다. 아이는 학교도 별 불평없이 다닌다.)

아들러 박사: 아이를 보다 독립적으로 키우세요. 그러면 아이가 학교에 관심을 더 많이 보이고 학교에서 스스로 자기 자리를 만들어 나갈 것입니다. 그러면 아이가 지금 처한 것과 비슷한 문제를 일으키지 않을 것입니다. 아이를 협박해서는 안 됩니다. 이제 이 문제에 대해선 아이에게 더 이상 말하지 마세요. 배가 자주 아프다는 아이가 소시지

같은 것을 산다는 사실은 매우 흥미롭습니다. 아이를 더 이상 나무라지 말고, 아이가 독립적으로 행동하게 만들어 보세요.

이 아이는 응석받이로 큰 아이의 전형적인 모습이 아닙니다. 아이는 느슨한 분위기에서 자란 탓에 뒤틀리게 되었어요. 지속적으로 보살핌을 받으며 자란 아이와 혼자 있는 데 익숙한 아이를 보면 둘 사이에 큰 차이가 있어요.

(그 사이에 소년이 들어오자, 아들러 박사는 아이에게 말을 건다.)

아들러 박사: 나중에 커서 뭐가 되고 싶니?

아이: 목수가 되고 싶어요.

아들러 박사: 목수가 되면 뭘 할 건데?

아이: 대패질을 할 거예요.

아들러 박사: 친구는 몇 명이나 있나?

아이: 3명.

아들러 박사: 친구들은 뭘 하니?

아이: 도둑질을 해요.

아들러 박사: 그 아이들을 만나면 "그런 짓을 해서 뭐가 되려고 하니?"라고 묻고 싶구나. 넌 친구들의 말에 잘 복종하니?

아이: 아뇨.

아들러 박사: 그렇다면 네가 이 아이들의 말을 그대로 따르는 이유가 뭐냐? 너는 네가 훔치는 것을 아무도 모른다고 생각하고 있는 것 같구나. 넌 그 돈으로 뭔가를 사고 싶어 하지? 넌 겁이 많아? 넌 용감한 아이야. 그러니 학교에서도 용감하게 행동해야 해. 너는 이미 다 컸어. 무엇이든 스스로 할 수 있어. 옷도 혼자 입을 줄 알고, 세수도 혼자 할 줄 알아. 그런 일을 너는 스스로 하니, 아니면 엄마가 도와줘야 하

니? 너는 엄마한테 일거리를 더 많이 주고 싶어 하는구나. 이젠 모든 걸 너 혼자 할 수 있으니, 엄마가 도와줄 때까지 기다리지 않도록 해라. 너의 서체는 어떠냐? 별도로 노력을 기울이도록 해라. 그러면 훨씬 더 나아질 거야.(이 아이도 왼손잡이다.) 다른 사람이 너를 엉뚱한 길로 끌고 간다는 식의 터무니없는 말은 믿지 않도록 해라. 너는 네가 길을 잃도록 내버려둬서는 안 돼. 한 달 후에 다시 오너라. 그때 네가 모든 일을 스스로 처리한다고 말할 수 있었으면 좋겠다. 또 서체 연습을 열심히 하고 다른 사람들이 너를 이끌도록 했다는 이야기도 들려줬으면 좋겠구나. (아들러 박사는 아이를 내보낸다.)

왼손잡이 아이들은 자신이 다른 아이들에 비해서 문제 해결 능력이 떨어진다는 인상을 받는다. 왼손잡이 아이들은 오른손으로 일을 처리하려고 노력한다. 그러다 그것이 여의치 않다는 생각이 들면, 왼손잡이 아이들은 자신은 언제나 일을 제대로 처리하지 못한다는 느낌을 받는다. 많은 징후들을 바탕으로 왼손잡이를 진단하는 것이 가능하다. 아이가 읽기나 쓰기 등에서 어려움을 겪는다면, 그 아이는 왼손잡이일 확률이 있다. 대부분의 예를 보면 얼굴의 왼쪽 반이 오른쪽 반보다 더 잘 발달되어 있다.

많은 왼손잡이 아이들은 어려움을 겪는다. 왼손잡이 아이들 중에서 향상에 대한 희망을 포기하는 아이들이 많다. 왼손잡이 아이들의 필체는 영원히 나쁠 것이다. 그렇지 않으면 반대로 특별한 노력을 기울여서 오른손잡이만큼 잘 쓰는 방법을 배울 수도 있다. 이런 사람들이 바로 왼손잡이를 극복한 사람들이며, 이들은 그런 성취를 이루는 과정에 엄청난 소질을 개발하게 된다.

이들 중에 예술가들이 더러 나온다. 오른손으로 멋진 서체를 성취한 사람들 중에서 왼손잡이가 많다는 사실을 기억하라. 빈 시민들 중에서 35% 내지 50%가 왼손잡이일 것이다. 그들은 막연히 자신이 왼손잡이가 아닐까 하는 생각을 품고 있다.

우리가 살피고 있는 소년은 병약하고, 외동이고, 어머니에게 응석받이로 컸고, 아버지에게 거칠게 다뤄지고 있다. 아버지의 이런 행태는 아이가 엄마한테서 피난처를 찾도록 더욱 몰아붙이고 있다. 아버지는 아이의 양육을 둘러싸고 어머니와 조화를 이뤄야 한다. 지금 아이가 맞을 준비가 되어 있지 않은 새로운 상황이 일어났다. 아이는 할머니와 함께 살기 위해 할머니 댁으로 갔으며, 할머니와 잘 지내지 못하고 있다. 아이의 할머니는 마음의 평화와 고요를 원한다.

학교에서 아이는 꽤 향상을 보이고 있지만 여전히 규범을 어기고 있다. 아이가 학교에서 향상을 이루고 있는 이유는 그가 거기서 그렇게 할 수 있기 때문이다. 그는 보상을 찾고 있다. 그래서 그는 선생을 방해하고 아이들을 웃게 만들고 있다. 그것으로 충분하지 않으면, 아이는 훔치고 싶어 한다.

아이가 다른 소년의 부추김을 받고 있다고 가정해 보자. 이것은 그의 목적에 부합했다. 아이는 서체 연습에서는 다른 사람의 명령을 따르지 않았다. 아이는 자신이 예전처럼 따스하게 대접받지 못하고 있다는 인상을 받고 있다. 어쩌면 아이는 지금 더 유리한 상황에 놓여 있을지 모르지만, 그는 희망을 품지 못하고 있다. 아마 아이는 예전에 학교에서 지금처럼 친절하게 대접받지 못했을 것이다.

아이에게 용기를 불어넣는 측면에서 생각해야 한다. 아이를 압박해서는 안 된다. 이 아이를 대할 때엔 인내심이 필요하다. 아이에게 이렇게 말할 필요가 있다. "곧 모든 것이 잘 될 거야. 난 네가 다시 최고의 학생이 될 것이라고 믿어." 아이는 언제나 선생이 자신에게 관심을 쏟아주기를 원했다. 아이가 다시 나쁜 행동을 할 경우에, 나라면 이런 식으로 말할 것이다. "그런 일은 너에게 문제가 될 가치조차 없는 거야. 우리 모두 너에게 관심이 많아." 이런 식의 격려라면 아이에게 강한 인상을 남길 것이다.

7장
용기를 잃은
막내

"에밀은 열네 살이다."

딱 사춘기이다. 사춘기 "문제"는 다양한 전문가들에 의해 다각도로 연구되고 있다. 일부 전문가들은 이 나이에 아이가 악마에 씌거나 내면의 어떤 독(毒)의 영향을 받게 된다고 주장했다.

그러나 오늘날 우리는 그 어떤 것도 이미 잠재적인 형태로 존재하지 않은 상태에서는 겉으로 드러날 수 없다는 점을 잘 알고 있다. 주요 요인은 사춘기가 되면 아이들이 자신이 어른이고 더 이상 아이가 아니라는 점을 과시하고 싶은 충동을 갖는다는 점이다.

예를 들어 내가 더 이상 아이가 아니라는 점을 과시하길 원한다고 가정하자. 그러면 나는 언제나 지나치게 멀리 나아가게 될 것이다. 과장된 움직임을 보일 것이고, 모든 면에서 어른들을 흉내 내려 들 것이다. 의사 과정을 거치지 않은 심리학자들은 생식선이 사춘기까지 발달하지 않는다고 주장하는데, 그런 의견은 받아들여질 수 없다.

"소년은 여섯 아이 중 막내이다. 다른 다섯 아이들은 열일곱 살에서 스물여섯 살 사이이다. 초등학교 때 소년은 언제나 가장 우수한 학생 축에 들었다. 그러나 중학교에 들어간 이후로 뒤로 처졌으며 지금은 제적당할 위기에 처해 있다."

이것은 막내가 우호적인 상황에서 승리를 쟁취하기 위해 벌이는 전형적인 노력이다. 그러나 상황이 변하면, 막내는 새로운 상황에 제대로 준비가 되어 있지 않다는 사실이 드러난다. 막내는 자신이 지도자 중 하나로 꼽힐 수 있는 한에서만 적응을 제대로 할 수 있다.

"그는 1년을 유급했으며, 그 이후로는 진전이 정말 힘들었다."

틀림없이 문제는 그보다 일찍, 그가 중학교에 들어갈 때 시작되었다. 그는 새로운 상황에 제대로 대처하지 못하고 있다. 중학교는 나름대로 자격을 요구한다. 선생들은 모두 그에게 새로운 얼굴들이다. 선생들은 이 옛 왕자에 대해 아는 것이 하나도 없으며, 애정 어린 눈으로 아이를 다루지 않는다. 아이는 마음에 상처를 입고 뒷전으로 밀려난다. 초등학교에 다닐 때에는 모든 것이 쉬웠으며, 따라서 아이는 거기서 높이 평가를 받았다. 지금 그는 어려움에 빠져 있으며, 더 이상 발전을 이루지 못하고 있다.

"그는 더 이상 학교가 좋지 않다고 말한다. 즐거움보다 고통을 더 많이 안겨주기 때문이다."

이는 지금까지 우리가 말한 내용을 달리 표현한 것에 지나지 않는다. 그는 자신이 만족할 수 있을 때에만, 자신이 지도자가 될 수 있을 때에만 편안함을 느낀다.

"중학교는 그에게 특별히 더 지겨워 보인다. 그의 초등학교 동창 하나가 초등학교 때 별로 잘하지 못했으면서도 용케 유급을 피할 수 있어서 지금 그보다 한 학년 위이기 때문이다."

막내는 누군가가 자기 앞에 서 있는 것을 견뎌내지 못한다. 그는 다른 사람들을 능가하기 위해 먼 길을 여행했으며, 많은 어려움과 맞서 싸웠다.

"그는 학교에서 받는 나쁜 대우에 대해 불만을 터뜨린다. 그 탓의 대부분을 담임선생에게로 돌리고 있다. (그의 말에 따르면) 이 선생이 적의를 품고 그의 삶을 힘들게 만들고 있다고 한다."

따라서 누군가가 응석을 받아주지 않으면, 그는 즉시 나쁜 기질을 보인다.

"어머니는 그가 중학교에 들어가자마자 모든 면에서 나쁜 쪽으로 바뀌었다고 말한다."

우리가 종종 제기하는 근본적인 질문은 다음과 같다. 아이가 어떤 상황에서 불평의 근거를 제시했으며, 구체적으로 어느 시점에 잘못이 나타났는가? 중학교는 하나의 테스트가 될 수 있다. 그가 중학교에 들어온 이후로 완전히 변했다는 사실은 그가 이 상황에 준비가 제대로 되어 있지 않다는 점을 암시한다. 두 번째 질문은 이것이다. 왜 이 소년이 준비를 부적절하게 했는가? 그는 막내이고, 막내 아이는 대체로 응석받이로 성장한다. 따라서 우리는 조사 과정에 그가 실제로 응석받이로 큰 아이인지를 확인할 필요가 있다.

"그는 신경이 예민하고 짜증을 잘 낸다."

그는 마치 어떤 상황에 억눌리고 있는 것처럼 보인다.

"흥분을 잘하고, 전반적으로 순종적이지 않은 편이다."

그의 행동이 집에서 그렇게 나쁜 이유를 우리는 이해할 수 있다. 어떤 사람이 성공을 어느 정도 거두고 일이 제대로 잘 돌아가는 동안에는, 그 성공의 반향이 다른 영역에서도 느껴질 것이다. 만일 이 소년이 학교에서 성공을 거두고 있다면, 그 같은 사실이 집에서도 드러날 것이다. 그의 행동은 직장에서 비판 받거나 욕을 들을 문제를 일으킨 날 저녁에 집으로 퇴근해서 아내나 자식들과 싸움을 벌이는 회사원의 행동과 비슷하다. 흔히 있는 일이다. 이 소년은 적어도 집에서만이라도 맨 꼭대기에 서기를 좋아할 것이다. 그리고 그 욕망이 그가 반항적이라는 사실에서 확인되고 있다.

"소년의 어머니에 따르면, 소년은 착한 아이이고 선한 본성과 애정 어린 행동으로 가족을 휘어잡는 법을 알고 있다."

응석받이로 큰 아이들 중에서 타인들을 사로잡거나 타인들의 애정을 받는 데 탁월한 아이가 종종 발견된다. 응석받이로 큰 아이들에게선 특별한 매력 같은 것이 느껴지기도 한다.

"자기 어머니가 울거나 힘들어할 때면, 소년은 어머니를 위해서 무엇이든 한다."

여기서 보는 소년은 베푸는 모습이다. 이런 모습은 그가 자신의 목표를, 말하자면 어머니에 대한 지배를 이미 성취했기 때문에 가능하다. 더욱이 이런 식의 행동은 대단히 지능적이다. 아이가 냉담하게 행동했다면 아마 기숙학교에 보내졌을 것이다. 아이를 기숙학교에 보내버리면 가족들이 형편없는 그의 공부뿐만 아니라 그의 냉담함에 따른 고통을 당하지 않아도 될 테니까. 그러면 그가 게임에서 지는 결과가 될 것이다.

이 아이가 아직 희망을 갖고 있다는 점이 확인되고 있다. 희망을 포기했다면 아마 아이는 상냥함과 감정을 보이지 않을 것이다. 어머니의 호의를 지키고 어머니의 지원을 받는 것이 그의 의도임에 틀림없다. 우리는 그의 친절을 미덕으로 여기지 않고 그보다는 끈을 세게 당기다가 끊어지는 경우를 피하기 위해 쓰는 속임수 정도로 본다.

"아버지는 3년 동안 집에서 떨어져 지내고 있다."

학교를 대하는 그의 태도에 변화를 일으킨 것이 바로 이 환경일지도 모른다. 아버지의 부재가 중학교에 들어갈 준비를 할 시기와 일치할 수 있다. 또 아버지의 떠남이 아이에게 깊은 인상을 남겼을 수도 있다. 아마 그는 자기 아버지와 함께 떠나기를 원했을 것이다. 아버지의 떠남이 새로운 환경이 시작된 시기였을 것이다. 그를 사랑하면서도 그에게 제한을 가했던 아버지는 지금 집에 없다. 지금 아이는 "거물" 행세를 하길 원한다.

"어머니의 의견엔 억센 손이 실종된 상태이다."

이것은 어머니의 삶의 양식에 관한 이야기를 들려주는 소중한 정보이다. 아이의 어머니는 분명히 이 상황에서 여자는 너무 약하며 남자만이 결과를 끌어낼 수 있다는 믿음을 갖고 있다. 내가 소년의 어머니의 말에서 열등감을 확인한다면, 많은 사람들이 나의 해석을 이해하지 못할 것이다. 그럼에도 그녀가 "지금 아들을 돌볼 억센 손이 없어."라고 말할 때, 그건 "나는 지나치게 약해서 성공을 거두지 못해."라는 말이나 다름없다. 그녀에겐 고통을 겪는 모습을 보여주는 그 이상으로 할 수 있는 것이 하나도 없다.

"그녀는 자신은 소년을 다루지 못한다고 주장한다."

"지난 6개월 동안 소년은 어머니의 방에서 잠을 자고 있다."

아마 소년은 힘들여 노력한 끝에 이것을 성취해 냈을 것이다. 아니면 어머니가 아들을 옆에 둘 필요성을 느꼈을 수도 있다. 어떤 경우든 이것은 강력하지만 과도한 애착을 보여준다. 소년이 이미 열네 살이란 점을 감안한다면 그렇게 보지 않을 수가 없다.

"그는 언제나 강요해야만 음식을 먹는다."

응석받이로 큰 아이들에게 공통적으로 나타나는 징후는 먹는 데 어려움을 겪는다는 점이다.

"대체로 소년은 지시를 따르지 않는다. 아이는 9시까지 침대에 누워 뒹굴다가 학교에 늦는다."

이런 식으로 빈둥거리는 이유는 그가 자신과 학교 사이에 거리를 느끼고 있기 때문이다. 아이가 학교에 지각한다면, 그것은 대체로 아이가 학교를 좋지 않게 여기고 있다는 점을 암시한다.

"그런 경우엔 아이는 아침도 먹지 않으며, 종종 점심 도시락도 도로 집으로 갖고 온다."

여기서 우리는 어머니의 약점을 확인하고 있다. 아이는 그것을 매우 정확히 탐지해냈으며, 그걸 가지고 어머니를 고문하고 있다. 어머니는 음식을 지나치게 강조했으며, 그렇게 함으로써 스스로 아이에게 약점을 드러내고 말았다. 지금 아이는 어머니의 약점을 물고 늘어지고 있다.

"소년의 어머니에 따르면, 소년은 보통 때는 거짓말을 안 하며, 가끔 돈 문제와 관련해 거짓말을 한다."

어머니는 여기서 의견을 분명하게 표현하지 않고 있다. 그럼에도 불구하고 그것도 어디까지나 거짓말의 문제이다.

"소년의 야심은 다른 영역에서도 드러나는 것 같다."

이것은 내가 앞에서 탐지했다고 생각한 것을 뒷받침하고 있다. 그는 어딘가에서 리더가 되고 싶어 한다. 그는 희망을 포기하지 않았으며, 이것을 성취하기 위해 주변을 둘러보고 있다.

"그는 규모가 큰 교회 성가대의 첫 번째 독주자이다."

따라서 우리는 그가 그럭저럭 지도자가 되고 있는 것을 보고 있다. 이제 이런 문제가 제기된다. 왜 그는 이것으로 만족하지 못할까? (이 대목에서 우리는 그에게 탁월한 가수로 콘서트까지 여는 형이 있다는 사실을 지적해야 한다.) 그에겐 성가대의 첫 번째 독주자가 되는 것으로 성이 차지 않는다. 그의 야망이 별로 채워지지 않고 있다. 아마 아이는 더 높이 올라가기를 원하고 있을 것이다. 그렇게만 되면 그는 학교에서 제대로 처신할 것이다.

그는 아직 희망을 완전히 잃지 않았다. 그는 아직 경주를 포기하지 않았다. 그러나 그가 용기를 완전히 잃어버릴 경우에 그에게 어떤 현상이 나타날까? 그는 범죄를 저지르거나 신경증 환자가 될 수 있다. 만일 지금 접근 가능한 정보를 바탕으로 이 문제를 보다 깊이 파고들길 원한다면, 우리는 꽤 어려운 상황에 처하게 될 것이다.

불안의 다른 징후들은 보이지 않는다. 그가 공격적이라는 것도 확인되지 않는다. 따라서 그가 신경증 환자가 될 가능성이 크다. 만일 그가 활동적이라면, 또 그가 다른 사람들에게 해를 입히거나 다른 사람들을 공격하는 경향이 있다면, 우리는 그가 범죄자의 길을 걷게 될 것이라고 짐작할 수 있다. 그가 돈과 관련해서 거짓말을 한다는 사실은 우리에게 별다른 이야기를 들려주지 않는다. 그가 희망을 잃게 되면 신경증 환자가 될 확률이 높다.

"한동안 그는 자전거 타기에 특별히 뛰어났다."

이 소년은 막내라고 했다. 그가 자전거를 잘 탄다는 사실은 그가 훗날 자전거 경주에 참여할 수 있을 것이라는 믿음을 갖게 한다.

"지금 당장 그의 가장 큰 욕망은 자전거를 갖는 것이다. 그의 어머니에 따르면, 그는 돈을 아주 자유롭게 쓴다."

이것이 사실이라면, 소년이 희망을 잃을 경우에 도둑질을 할 가능성이 있을 것이다.

"그는 자기 마음대로 쓸 수 있는 돈을 꽤 갖고 있다."

이 설명은 아마 과장되어 있을 것이다.

"그에겐 다른 학교에 다니는 친구가 몇 명 있는데, 그의 어머니는 이 친구들을 좋아하지 않는다."

그가 실패를 겪고 있는 곳에서 친구들을 사귀고 있지 않고 그가 꼭대기에 서 있던 시기의 친구들을 추구하고 있다는 사실은 흥미를 불러일으킨다.

"그는 영국에 있는 아버지를 방문했던 동안에 행복했다."

아버지가 있으면, 아이의 행동이 매우 온순하고 점잖았음에 틀림없다. 그가 유쾌한 상황에 있고 더 이상 학교의 부담을 느끼지 않아도 되었기 때문이다.

"이것은 아마 그가 학교에 가지 않아도 되기 때문일 것이다."

"최근에 그는 조금 단정해진 것 같다."

단정치 못한 것은 응석받이 아이의 신호이다.

"학교가 실시한 조사는 가족 전체가 아이의 경솔에 책임이 있다는 점을 보여준다."

"그들은 모두 정오까지 잠자리에서 일어나지 않는다."

나 자신이 매우 중요하다고 생각하는 한 관찰에 대해 언급하고 싶다. 우리 세대에는 아버지가 힘들여 일하는 것은 기본이었다. 대부분의 경우엔 어머니도 고된 일을 해야 했다. 그것은 곧 가족이 한자리에

모일 기회가 매우 적다는 뜻이다.

내가 볼 때, 가족 전체가 아침 7시(학교 수업 시간을 고려할 때)에 함께 모여 식사를 같이 하는 것이 훗날 아이에게 특별히 중요한 것 같다. 가족이 함께 아침을 먹지 않는 가족의 경우에 어려움이 많이 생겨난다는 사실이 확인될 것이다. 처음부터 식탁에서 함께 행동하는 방법을 훈련시키지 않는 가족의 경우에 올바른 사회적 발달의 뿌리들이 애초부터 실종된 것이나 마찬가지이다. 식탁이야말로 멋진 유머와 즐거운 대화가 오가고 공개적인 토론이 일어나는 곳이다. 그러나 형편없는 점수를 놓고 꾸중하는 그런 자리가 되어서는 안 된다. 그런 문제는 다른 시간대로 미뤄야 한다. 가족이 한자리에 모여 아침식사를 함께 하는 습관의 이점에 대해선 아무리 강조해도 지나치지 않다.

나는 이 조언을 20년 동안 강조해오고 있다. 이에 대해 의심스럽다는 투로 미소를 짓는 사람들이 많다. 많은 사람은 이 조언을 받아들이지 않는다. 그러나 나는 이 습관이 정착하지 못한 가족들 사이에 어떤 결함이 나타난다는 점을 강조하지 않을 수 없다. 오전 내내 침대에서 뒹구는 사람이 밤에 잠을 쉽게 이루지 못하는 것은 너무 당연한 일이다. 그런 경우에 자연적인 피로가 생기지 않는다. 아이들이 집을 나가거나 밤에 술집이나 영화관에 간다는 불평이 들릴 때, 우리는 그 원인을 앞에 소개한 상황에서 찾을 수 있다. 실천하기 아주 쉬운 이 방법을 택하면, 말하자면 가족이 함께 모여 아침식사를 같이 하게 되면 많은 문제를 피할 수 있게 된다.

"선생에 따르면, 가족 모두가 거짓말을 한다. 그리고 가족들로부터 정보를 모으는 데에도 어느 정도 신중을 기해야 한다. 특히 어머니가 과시욕 때문에 진실을 말하지 않기 때문이다."

지금까지 드러난 것들을 고려할 때, 어머니가 심하게 과시한다고 말하기 어렵다. 소년이 똑똑하고 좋은 목소리를 갖고 있는 것은 명백한 사실이다. 이는 아마 어머니에게 많은 것을 의미할 것이지만, 나는 그녀의 말을 과시로 해석하지 않을 것이다.

"대부분의 선생들은 소년이 거짓말쟁이이고, 부주의하고, 게으르고, 수줍어한다는 데에 동의한다.

이것은 가혹하다. 이 같은 묘사가 정확하다 할지라도, 여전히 좀 가혹한 비난이다. 소년은 선생들 모두를 적으로 느낄 것 같다. 이런 특성들은 영원한 전투나 다름없는 적대적인 징후들이다.

"그러나 선생들은 소년이 우둔하지 않고 또 보다 유리한 상황에 처하게 되면 학교의 요구사항을 충족시킬 수 있다는 확신을 품고 있다. 지금 당장은 아이는 요구사항을 충족시키지 못하고 있다."

언제나 리더가 되기를 원하는 소년은 어려운 상황에 직면하기만 하면 더 이상 학교의 기준을 충족시키지 못한다. 여기서 우리는 우세한 힘에 맞서고 있는 전사의 성격적 특성을 확인할 것이다.

"그는 네 과목, 즉 수학과 역사, 지리, 종교에서 진도를 제대로 따라잡지 못한다."

그가 종교에서 제대로 하지 못하고 있다는 점이 놀랍다. 그러나 그가 선생과 잘 지내지 못할 수도 있다. 학교에서 그의 공부가 얼마나 뒤처져 있는지를 보는 것도 흥미롭다. 수학에 대해 말하자면, 응석받이로 큰 아이들 대부분이 어려워하는 과목이 바로 수학이다. 그러기에 아이는 수학 선생과도 전투를 벌이고 있을 가능성이 크다.

모두가 소년에 대해 똑똑하다고 말한다. 그렇다면, 우리는 이제 어떤 조치를 취할 것인지 고민해야 한다. 치료는 자연히 앞에서 말한 내용에서 나온다. 이 아이를 설득시킬 수 있는 사람을 발견해야 한다. 아이에게 용기를 불어넣고, 아이가 급우들과 교과 과목에 대한 관심을 발달시키도록 도울 수 있는 사람이어야 한다. 이 사람은 아이와 솔직히 대화하고 아이가 지금까지 막연히 파악한 것들을 충분히 이해할 수 있도록 도와야 한다. 이 단계에 이르게 되면, 아이는 그릇된 태도를 최소화할 것이다.

이 사람은 아이에게 모두가 어려움을 겪고 있으며 사람은 이런 어려움 앞에서 강해져야 한다고 일러줘야 한다. 그러나 소년이 신뢰하는 사람만이 이 임무를 성공적으로 완수할 수 있다. 소년이 여자를 자기 어머니 대할 때와 똑같이 대할 것이기 때문에, 남자가 더 적절할 것 같다. 우리는 소년이 자기 아버지에겐 매우 다르게 행동한다는 사실을 잘 알고 있다. 그의 아버지가 그에게 더 이상 관심을 줄 수 없게 되었을 때 그의 태도가 나빠졌기 때문이다.

형이 전체 상황을 정확히 이해할 수 있다면 아마 소년의 신뢰를 얻을 수 있을 것이다. 형이 그런 역할을 맡는다면 동생을 비판할 것이 아니라 과거를 완전히 잊고 삶을 다시 시작할 것을 제안해야 한다. 형은 소년이 가수가 되고 싶어 하는 은밀한 욕망을 이해할 수 있도록 해 줘야 한다. 또 형은 소년이 학교에 관심을 잃게 된 것은 그가 중요한 역할을 할 수 있는 길이 가수밖에 없다고 생각하기 때문이라는 점을 소년에게 설득시켜야 한다. 형은 선생들에게도 소년에게 일종의 유예 기간 같은 것을 주도록 부탁해야 한다. 형이 동생을 바로잡으려 노력하더라도, 동생이 학교에서 좋지 않은 점수를 받으면 결과가 다시 나빠질 것이기 때문이다. 지금 아이의 학교 공부가 엉망인 것은 학교에 대한 반감 때문일 수 있다.

8장
정신박약아일까,
문제아일까?

아이나 아이의 어머니를 만나기 전에 먼저 구체적인 그 사례에 대한 그림을 아주 정확하게 그리는 것이 개인 심리학자들 사이에 매우 중요하다. 여러분에게 한 아이의 병력을 읽어줄 것이다. 그러면 여러분은 내가 모든 정보에서 어떤 식으로 결론을 끌어내는지를 볼 수 있을 것이다.

"유치원에 들어갈 때, B는 보살핌을 거의 받지 못하고 있었으며 육체적으로나 정신적으로 발달이 아주 늦은 상태였다."

이 정보를 근거로 아무도 아이에게 관심을 주지 않고 있다는 추론이 가능하다. 아이가 정신적 발달을 이루는 데에는 아이가 자신의 마음을 연습할 수 있도록 누군가와 밀접히 연결되는 것이 근본적으로 필요하다.

"아이는 영양 상태가 나빴고, 단정하지 못하고, 옷도 형편없이 입었으며, 겨울인데도 신발조차 없었다."

아이는 나쁜 상황에 처한 매우 가난한 집안의 자녀임이 분명했다.

"또한 아이는 정신적으로 발달이 늦었으며, 거의 말을 하지 못했다." 아이는 사회적 관계 속에서만 언어를 발달시킬 수 있다. 사회적 관계가 결여된 상태라면, 아이는 말을 발달시키지 못한다. 이 대목에서 우리는 아이의 정신이 박약한 상태가 아닌지를 점검해야 한다. 이것은 오직 가설일 뿐이며, 검사는 신중하게 이뤄져야 한다. 정신박약이라는 진단을 제시할 경우에 아이의 운명에 그런 딱지가 낙인처럼 붙어 다니게 되기 때문이다. 사실은 그렇지 않은데도 정신박약이라고 부르게 된다면, 그것은 용서할 수 없는 실수가 될 것이다.

"누군가가 말을 걸면, 아이는 숨거나 울고, 몸을 뒤튼다."

어떤 사람이 접촉을 시도하면, 아이는 접촉을 차단한다. 이 아이는 세 번째 범주의 아이들에 속할 것이다. 부모가 원하지 않았거나 혼외 관계에서 태어났거나 장애를 가진 아이들의 집단을 뜻한다. 아이가 주변 사람들을 대하는 태도에 적의가 뚜렷이 느껴진다.

"아이는 매우 소심했다."

인간은 소속감을 느낄 때에만 용기를 발휘할 수 있다.

"아이는 다른 아이들을 공격하면서도 언제나 그 아이들에게 공격당할까봐 두려워하고 있었다."

"아이는 식사 시간에 도움을 필요로 했으며 늘 누군가가 떠먹여줄 때까지 기다렸다."

이 정보에는 간이 약간 쳐져 있음에 틀림없다. 음식 먹는 것을 힘들어하는 아이들은 대체로 응석받이로 큰 아이들이다. 그러나 아이가 음식 먹는 일에서도 어떤 적대적인 태도를 예상하고 있을 수 있다. 정말이지, 부모가 원하지 않은 아이라면 엄마나 아빠가 빨리 아이를 그 자리에서 내보내기 위해서 떠먹여줄 수 있다. 그 결과, 그런 아이는 먹는 방법을 배우지 못한다.

"그러나 아이는 종종 배가 고프면서도 음식을 거부했다."

아이는 마치 적지에 있는 것처럼 행동한다. 그러나 우리는 아이가 정신박약의 징후를 보이고 있는 것은 아닌지 면밀히 조사해야 한다.

"아이가 차분해지면서 먹기 시작하는 것은 한바탕 소란을 떤 다음이다(이 소란을 아이의 주변 사람들은 완전히 무시했다). 음식을 먹기 시작했다 하면 게걸스레 먹는다."

따라서 아이는 어쨌든 음식을 꽤 잘 먹을 수 있다는 것이 드러난다.

"그는 합법적인 관계에서 태어난 아이이다. 걸음과 말을 배우는 것이 매우 느리며, 지금까지도 정확히 말하는 것을 배우지 못했다."

아이가 말을 배우는 데 어려움을 겪는 것은 충분히 이해된다. 그러나 걸음은 왜 그럴까? 관심을 받고 있는 아이들은 걸음을 배울 때 어려움을 별로 느끼지 않는다. 그렇다면 신체기관의 결함을 고려해 봐야 한다. 아마 아이가 구루병으로 힘들어 하고 또 이 병 때문에 이빨이 늦게 났을 수도 있다.

"그는 정말 말썽꾸러기였다."

그러나 아이는 주변에 누군가가 있을 때에만 말썽을 피울 수 있다. 놀라운 정보가 아닐 수 없다. 아이가 방치되고 있는 것은 아마 부모의 절망 때문일 수 있다. 가족 중에 아이를 돌본 사람이 있었을 것이다. 할머니나 삼촌 아니면 누나였을 것이다. 여기서 우리는 결론을 끌어낼 수 있으며 아울러 아이가 유치원에서 그런 식으로 행동한 이유를 이해할 수 있다. 우리의 이론이 입증되지 않는다면, 우리는 기꺼이 이 이론을 수정할 것이다.

"아이는 약간의 자극에도 곧잘 반항했다."

가족이 아이를 엄하게 다루지 않았을 수 있다. 저항하는 것은 반항의 한 방법인데, 대체로 보면 주변 사람들이 특별히 강할 때엔 아이가 반항하지 않는다. 아마 예전에 아이가 상당한 애정을 받았던 시기가 있었을 것이며, 그때는 이런 문제가 일어나지 않았을 것이다. 조사를 계속하기 위해 이 점을 기억해야 한다.

"아이는 발로 차고, 마룻바닥에 뒹굴고, 비명을 지르고, 가까이 오는 아무 사람이나 때린다."

이 같은 행동은 그의 환경이 예전보다 더 나빠졌다는 점을 암시하는 것 같다. 그의 상황에 변화가 일어났음에 틀림없다. 우리의 두 가지 짐작이 맞았다. 처음에 응석받이로 자라다가 가족들로부터 무시당하는 상황이 벌어진 것이다. 이 같은 상황이 아이가 난폭하게 굴고 적대감을 품도록 만들었다.

"아이는 지속적으로 오줌을 싼다."

이 정보는 아이가 누군가를 괴롭히길 원하고 나쁜 방향으로 행동함으로써 관심을 끌려고 노력한다는 점을 암시한다.

"아이는 손톱을 깨문다."

고집이 센 아이들에겐 거의 언제나 이런 버릇이 나타난다. 이런 아이들은 손톱을 깨물지 말라는 소리를 지속적으로 듣게 된다. 그렇기 때문에 아이들이 주변의 나무람에도 불구하고 손톱을 계속 깨무는 것은 반항의 뜻을 보여주는 것이다.

"아이는 식사 시간에 대단히 탐욕스럽게 굴었다. 점심을 먹는 시간에 아이가 다른 아이의 음식을 빼앗아 먹는 경우도 간혹 있었다."

아이는 사회적 감정을 그다지 발달시키지 못했으며, 이 같은 사실은 이 대목에서 분명히 드러난다.

"아이는 구루병으로 힘들어했으며, 정신적으로 약간 뒤떨어졌다."

이것도 우리의 가설을 뒷받침하는 증거이다.

"아이는 붙임성이 없었으며 사람들과 잘 어울리지 못했다."

이것은 미움을 사는 아이뿐만 아니라 응석받이로 큰 아이에게도 통하는 말이다.

"아이는 동물과 사람을 곧잘 고문한다."

이것 또한 두 가지 유형 모두에서 발견된다. 이 유형의 아이들은 그런 행동을 통해서 자신의 권력을 과시하길 원한다.

"아이는 파리를 밟아 죽이는 일에 대단한 쾌감을 느꼈다.

아시다시피, 아이는 약자를 상대로 자신이 강하다는 점을 증명하고 있다.

"아이는 언제나 일등이 되기를 원했다."

아이가 원래 응석받이로 컸다는 의견이 여기서 입증되고 있다. 그의 부모는 예전에 아마 훨씬 더 좋은 상황에 있었을 것이다. 그런데 상황이 변했다. 그 이후로 아이는 사랑과 온기를 별로 느끼지 못했다.

"아이는 언제나 명령을 내렸다. 그러다 마음대로 되지 않으면 아이는 급우들을 때리고 책상과 의자를 엎고 마룻바닥을 뒹굴고 타이르는 소리를 듣지 않으려 했다."

이런 것들은 언제나 관심의 중심에 서길 원하는, 응석받이로 큰 아이들의 특징이다.

"지금 아이는 유치원에 잘 다니고 있으며, 내가 선물로 준 손수건을 챙겼는지 늘 확인하려 한다."

아이는 지금 적응을 시작하고 있다. 여기서 아이가 이미 유치원 선생과 어떤 관계를 맺었다는 식으로 결론을 내려도 좋다. 유치원 선생이 아이를 자기편으로 만들고 또 소중히 여기는 그런 유쾌한 상황이 다시 만들어지고 있는 것이 관찰된다. 아이는 이런 인상을 받는다. '난 내가 원했던 그런 유쾌한 상황을 다시 맞게 되었어.' 아이의 내면에서 지금까지 잠자고 있던, 타인들에 대한 관심이 다시 일깨워졌다.

"아이는 유치원에서 일어나는 일에 흥미를 느낀다. 아이는 무엇인가를 하고 있을 때 행복해 한다. 새에게 모이를 주거나 꽃에 물을 주거나 청소를 하거나 자기보다 어린 아이들이 신발 신는 것을 도와줄 때가 그런 예이다."

아이가 정신박약일 수 있다는 짐작이 힘을 잃기 시작한다. 분명히 아이는 적응하고 있으며, 유치원 선생과의 접촉을 확고히 했으며, 똑똑하게 처신하고 있다. 내가 볼 때 정신박약 진단을 내리기엔 근거가 불충분하다. 이 아이를 두고 정신박약 운운하는 것은 더 이상 가능하지 않다.

"아이의 가족 상황은 대단히 열악하다. 아버지는 결핵으로 세상을 떠났고, 어머니는 미숙련 공장 노동자여서 아이의 교육에 전혀 신경을 쓸 여유가 없다."

그렇다면 아이를 응석받이로 키운 사람은 어디 있는가? 아마 아버지가 죽기 전에 아이를 그런 식으로 키웠을 것이다.

"아이의 어머니는 종종 아이가 입는 옷까지 팔았으며(그녀는 아이의 겨울 코트와 신발만 아니라 우리가 준 물건까지 팔았다), 유치원에 올 때 아이의 옷차림은 정말 형편없다."

주변에서 원하지 않는 상태에서 사랑과 온기를 느끼지 못한 채 자라고 있는 이 아이의 처지를 상상해 보라.

"소년은 막내이다. 다른 아이들은 10세, 15세, 19세 소년들이다."

이 형들 중 하나가 아이를 특별히 보살폈을 것 같다. 아이의 발달을 고려할 때, 막내라는 가족 내 위치를 잊지 말아야 한다. 아이가 응석받이로 자랐다는 사실을 기억한다면, 아이가 막내로서 어떤 권력을 누렸을 것임에 틀림없다. 아이는 형을 셋 두었으며, 형들처럼 되기를 원했다. 그는 다른 형들이 자기가 가진 권력보다 더 큰 권력을 갖는 것을 원하지 않았다. 그는 맨 앞에서 리드하기를 원했고, 맨 위에 서기를 원했다.

"그는 자주 울지만 반대의 뜻을 나타내거나 화가 날 때에만 운다."

울음은 특별히 효과적인 무기이다. 울어봐야 아무 소용이 없다는 것을 알게 될 때, 아이들은 울음을 그친다. 아이는 주위 사람들의 관심을 끄는 데에 눈물을 이용한다.

농아인 부부가 있었다. 이들의 아들은 청력도 괜찮았고 말도 잘했다. 이 아이도 다치기라도 하면 울긴 했지만 소리는 내지 않았다. 그냥 눈물만 흘리는 것이다. 우리는 이 같은 사실을 충분히 이해할 수 있다. 이 소년이 자기 부모에겐 소리가 아무런 의미를 지니지 않는다는 것을 잘 알고 있었기 때문이다. 사람은 언제나 환경에 강한 인상을 주길 원한다.

"아이가 좋아하는 놀이는 체조와 블록 쌓기이다."

이 아이는 생각하는 것 만큼 서투르지도 않고 뒤처져 있지도 않다.

"아이가 가장 좋아하는 이야기는 '룸펠슈틸츠헨'(Rumpelstiltskin)과 '잠자는 숲 속의 미녀'(The Sleeping Beauty)이다."

이런 동화에서도 매우 유익한 결론을 끌어낼 수 있다. '룸펠슈틸츠

헨'은 어떤 영리함이 다른 종류의 영리함에 눌린다는 내용을 담고 있다. '잠자는 숲 속의 미녀'를 선택한 것은 이해가 훨씬 더 쉽게 된다. 아이가 이 동화를 좋아하는 이유는 틀림없이 이 작품이 예외적인 용기로 성공을 거두겠다는 희망을 표현하고 있기 때문일 것이다. 이 동화의 어떤 요소들이 특별히 아이에게 호소력을 발휘하는지를 알아내기 위해 이 문제를 더욱 깊이 파고들어야 한다. 이 소년에 대해 더 잘 알게 될 때, 우리는 또한 그가 이 두 가지 동화를 좋아하는 이유를 더 분명하게 이해하게 될 것이다.

"아이는 종종 공상에 빠진다."

이 말이 아이가 공상을 즐긴다는 뜻이라면, 이 정보는 역시 잠을 자는 '숲 속의 미녀'를 생각하게 한다. 아마 거기서 이 아이를 더 잘 이해할 어떤 연결을 발견할지도 모른다.

"얼마 전까지만 해도 아이는 그야말로 약한 상태에서 잠에 들곤 했다. 저러다 영영 깨어나지 못하게 되는 것은 아닌가 하는 두려움을 불러일으킬 정도였다."

아마 이 약함은 '잠자는 숲 속의 미녀'라는 생각과 연결되어 있었을 것이다. 이런 부류의 아이가 다른 아이들에 비해 잠에 관심이 더 많은 이유를 나는 알고 있다. '잠자는 숲 속의 미녀' 같은 이야기를 아주 좋아하기 때문이다.

"틀림없이 아이는 구타를 당하고 있었다."

아마 어머니가 구타를 삼가지 않았을 것이다.

"아이는 모든 사람에게 거부당하고 있다는 느낌을 받고 있으며, 관심을 요구하고 있다."

주위 사람들에게 등을 돌리며 달아나길 바라는 미움 받는 아이에겐 이 같은 특징이 발견되지 않는다. 언제나 관심을 요구하는 아이는 응석받이 아이이다.

"이 아이에겐 칭송이 가장 소중하다. 아이에게 '너, 용감한 아이로구나.'라고 말하면, 아이의 눈빛이 금방 달라지며 그런 순간엔 모든 것이 잘 돌아간다."

아이는 응석받이로 큰 아이의 인격을 갖고 있다. 아이는 이와 비슷한 상황에 있으면 편안함을 느낀다. 그것이 그의 삶의 목표이고 노력의 목표이다.

"아이는 어떤 일을 시작하기만 하면 끝을 본다. 그것을 보고 누가 칭찬이라도 하면, 아이는 그 일을 기꺼이 다시 하려 든다."

바로 이것이 이 소년을 다룰 수 있는 지레다. 아이가 처음에 어떤 일을 시작하는 것은 그것이 칭송의 소리를 듣고 호감을 살 수 있는 길을 열어주기 때문이다. 따라서 이 상황을 잘 이용해야 한다. 아이가 즉각적인 칭송을 기대하지 않고도 스스로 유익한 존재가 될 수 있도록 유도해야 한다. 즉각적인 칭송보다는 이런 식으로 말하는 것이 더 바람직하다. "맞아, 그걸 그런 식으로 하면 아주 멋지게 될 거야."

"아이는 두 살짜리 아이처럼 행동한다. 아이는 자신이 어리석게 굴거나 아기처럼 행동하면 사람들이 자기를 돌봐주고 애지중지할 것이라고 생각하면서 그런 식으로 행동한다."

응석받이로 큰 아이들만 아니라 어른들도 아기처럼 행동한다. 그런 사람들은 종종 어린아이처럼 혀짧배기 말을 한다. 그들은 옛날의 상황을 갈망한다. 낙원처럼 여겨지는 그런 어린 시절로 돌아가기를 원하는 것이다.

이 소년은 병에 걸렸을 때 응석받이로 자랐을 수 있다. 아이가 병에 걸리면 아이의 응석을 받아줄 수밖에 없는 그런 결정적인 상황이 따르게 마련이다. 그러다 보니 응석을 부리고, 노력에 대해 칭송을 듣고, 사랑 받고 싶어 하는 욕망이 아이에게 남았을 수 있다. 아이는 그점을 모르지만 그것이 그가 살아가는 방식이다. 따라서 이 점을 아이에게 제대로 설명하면 아이의 향상이 가능해진다.

"아이는 말하는 능력이 매우 떨어진다. 육체는 꽤 튼튼하지만 귀에 약간의 문제가 있다."

아마 중이염일 텐데, 아직 치료를 받지 않고 있다. 아이가 이 병으로도 심각한 손상을 입지 않았다면, 아이는 다른 아이들에 비해 듣기와 음악에 더 뛰어나다고 볼 수 있다. 아이의 귀가 평균적인 귀에 비해 훨씬 더 예민할 것이기 때문이다. 모든 아이가 중이염에 걸리지는 않는다. 아마 이 같은 조건 때문에 그에게 새로운 영역이 열릴 수도 있다. 성가대에서 악기를 연주하거나 노래를 함으로써 사회와 더욱 밀접하게 접촉할 수 있을 것 같다.

"아이는 정신적으로 늦으며, 3세 아이처럼 행동한다."

3세 아이의 역할을 하기를 원하면서 지능이 떨어진다는 인상을 주는 5세 소년은 주변 사람들에게 정신박약아라는 인상을 주기 쉽다. 그러나 정신박약아라고 결론을 내리기 전에 반드시 아이를 철저히 검사해야 한다.

"대체로 아이는 친숙하지 않은 사람에게는 가까이 다가가지 않으려 한다."

응석받이로 큰 아이의 특징이다.

"아이의 성취는 주로 육체적인 영역에서 이뤄진다. 기계체조와 리듬체조가 그가 좋아하는 활동이며, 아이는 체조에서 탁월한 실력을 보인다."

　나로서는 최종적인 결론을 끌어낼 수 있는 상황이 아니라는 느낌이 든다. 정신박약아 중에서 리듬 감각이 중요한 체조에 탁월한 아이가 있다는 소리는 좀처럼 들리지 않는다. 아이가 체조에서 체계적인 동작을 제대로 익히고 좋은 결과를 낼 수 있다는 사실은 정신박약아가 갖기 어려운 그런 조화를 성취하고 있다는 점을 암시한다.

9장

다섯 자녀 중 막내가
엉뚱한 방향으로 야망을 키우다

어느 선생이 다음과 같은 보고서를 보내왔다.

"M은 9세이며 초등학교 4학년이다. 다섯 자녀 중에서 막내이다. 오빠와 언니의 나이는 25세, 23세, 15세, 14세이다. 첫째 언니는 이미 결혼해서 몇 개월 된 아기까지 두고 있다. 막내이고 예쁘고 쾌활한 성격 때문에, M은 부모만 아니라 언니와 오빠들로부터도 특별히 애지중지 키워졌다. 그녀를 키우고 돌보는 일은 주로 오빠와 언니의 몫이었다. 부모가 하루 종일 일을 했기 때문이다. 아버지는 무역회사에 다니기 때문에 오전 7시부터 저녁 6시까지 집 밖에서 지낸다. 옷가게를 하는 어머니도 마찬가지로 하루 종일 바쁘다."

"학교에 들어갈 때, 아이는 학급에서 좋지 않은 방향으로 두드러졌다. 잡담이 많았고, 과도할 정도로 활발했고, 태도가 거만했고, 툭하면 싸우려 들며 거칠게 굴었다. 1학년 선생은 그녀를 '앙팡 테리블'

(무서운 아이)이라고 불렀다. 아이는 똑똑했지만 기분에 따라 어떤 때는 매우 성실하고 어떤 때는 매우 게으른 모습을 보인다는 것이 선생의 평이다.”

"나는 2학년이 된 이후로 이 소녀를 줄곧 알고 있다. 그 경험을 바탕으로 보면, 소녀는 게으른 것 같지는 않다. 반대로 소녀는 공부를 나무랄 데 없이 잘하고, 작문에 꽤 뛰어나고, 상상력이 풍부하며, 자신을 잘 표현하고, 암송을 잘하고, 서체가 좋으며, 몸가짐이 단정하다. 그녀는 주변의 감탄을 끌어내길 좋아한다. 숙제를 특별히 잘 했다 싶을 때엔 수업이 시작하기도 전에 반드시 노트를 나에게 보여주면서 '선생님, 보세요! 제가 한 거예요.'라고 자랑하듯 말한다. 소녀는 누군가가 칭찬해주는 것을 대단히 좋아한다. 소녀는 용기와 기술로 일을 잘 처리한다. 체육에서도 마찬가지로 기술이 매우 뛰어나고 용감하다. 소녀는 자전거와 수영을 스스로 배웠다. 올해는 스케이트를 배우겠다는 목표를 세워놓고 있다. 이런 것이 그녀의 장점이다.”

"그러나 자신의 의견을 내세우는 경향이 지나치게 강하다. 소녀는 끊임없이 주목받기를 원한다. 이건 30명이나 되는 아이들 집단에서는 거의 불가능한 일이다. 소녀는 자신이 주목을 받지 못하게 되면 자제력을 발휘하지 못하고 다른 아이들을 간섭함으로써 수업을 방해한다. 그런 문제로 몇 차례 징계를 받았음에도 좀처럼 개선되지 않고 있다. 소녀는 호기심을 주체하지 못한다. 내가 다른 학생의 노트에서 실수를 지적하면, 소녀는 급우의 실수를 확인하기 위해 자리를 뜬다. 그녀는 금지된 것들에 특별히 강하게 끌린다. 지난해엔 교장이 옆 교실에 있는 1학년 아이들이 놀랄 수 있다는 이유로 할로윈데이 전에는 어떠한 변장도 하지 못하도록 금지시켰다. 그런데 그 다음날 쉬는 시간에 M은 화장실에서 악마 복장으로 바꿔 입고 교실로 뛰어 들어 오면서 쇠스랑을 휘두르고 아이들을 밀치고 소리를 질렀다. 그래서 나는 그녀를 꾸짖으면서 변장을 금지시켰다는 사실을 아는지 물었다. 이 질문에 소녀는 아무 대답을 하지 않았다."

"소녀는 누가 꾸지람을 하면 언제나 그런 식의 반응을 보인다. 소녀가 사람의 눈을 똑바로 보는 예가 없다는 사실을 지적해야 할 것 같다. 선생인 내가 소녀를 한동안 바라보고 있으면, 소녀는 대단히 불안해하는 모습을 보인다. 그럴 때면 소녀는 당황해하며 다른 곳으로 눈길을 주다가 내가 아직도 자기를 바라보고 있는지를 곁눈으로 살핀다. 그렇다고 그녀가 정직하지 않다는 말은 아니다. 그녀의 어머니도 딸이 거짓말을 한 적이 한 번도 없다고 말한다."

"인정받고 싶어 하는 욕구는 다음 사건에서 두드러지게 나타났다. 작년에 학교 감독관이 나의 수업 시간 뒤에 있었던 노래 수업을 참관한 적이 있다. M은 그 전에 이미 이 수업 시간에 잡담을 해서 징계 차원에서 쫓겨난 예가 몇 차례 있었다. 그럼에도 소녀는 다시 수업에 들어가도록 허용되었다. 그녀는 다른 아이들과 똑같은 연습을 거치지 않았기 때문에 당연히 뛰어난 실력을 발휘할 수 없는 상황이었다. 그런데도 그녀는 단순히 다른 아이들과 똑같이 해야만 한다는 생각을 견딜 수 없었다. 그래서 그녀는 쉬는 시간에 선생과 대화를 하고 있던 감독관에게로 가서 자신이 잘하는 재주넘기를 해 보였다."

"그녀는 속임수를 곧잘 쓴다. 하루는 그녀가 땅 주인이 안뜰에 놓아두었던 새장의 새를 날려 보냈다고 나에게 털어놓았다. 그녀는 땅 주인이 누가 그런 짓을 했는지를 모른다는 사실에 대단히 즐거워했다. 그녀는 날카로운 소리로 울던 새가 불쌍하게 느껴졌다고 주장했다. 방학 동안에는 길에서 놀다가 자기 집 건너편에 위치한 정육점의 철제 셔터를 내렸다. 정육점 주인의 아내가 밖으로 나와서 M을 때리자, 그녀의 어머니도 가게에서 나와서 정육점 주인의 아내를 때렸다. 이 일로 소송이 걸렸고, 그녀의 어머니는 벌금으로 10실링을 물어야 했다."

"어머니는 집에서 자신을 괴롭히는 아이를 엄하게 다뤄달라고 나에게 부탁했다. 소녀는 고집이 세고, 어머니가 뭘 하라고 하면 '안 할 거야!'라는 식으로 대꾸한다. 대체로 소녀는 힘에만 복종한다. 어머니는 경제적으로 여유가 있었다면 다른 사람을 고용해서 아이를 돌보게 했을 것이다. 소녀의 오빠와 언니에 대해 말하자면, 그들은 소녀를 사랑하고 매우 귀여워하지만 훈육 면에서는 소녀를 전혀 건드리지 않는다. 소녀는 학교에서도 집에서와 똑같이 행동한다. 그녀가 급우를 때리지 않거나 아무런 이유도 없이 스스로 땅바닥에 넘어지는 일 없이 넘어가는 날은 하루도 없다. 두 명의 작은 소녀가 그녀에게 벽으로 밀쳐지거나 벤치에서 밀려 떨어져 다치기도 했다. 소녀는 등굣길에 급우들의 머리카락을 잡아당기고, 학교에 와서는 수업이 끝나고 나면 때려주겠다고 급우들을 협박한다. 이런 모든 일들 때문에 다른 아이들은 그녀를 무서워하며 그녀와 같은 반이 되는 것을 싫어한다. 수업 도중에 옆에 앉은 아이가 조용히 하라고 말하면, 소녀는 아이를 때리고 꼬집고 책상 밑으로 발로 찬다. 상담을 하기 위해 부모를 불렀지만 지금까지 아무런 효과가 없다. 학교를 찾는 사람은 언제나 어머니이며, 그녀는 아이를 응석받이로 키우고 있는 것이 아버지라고 불평한다. 나는 개인적으로 아버지를 면담할 기회를 한 번도 갖지 못했지만 소녀의 어머니는 오늘 남편을 데리고 오기로 약속했다."

아이에 관한 보고서 내용이 아주 상세하다. 소녀의 발달에 관한 핵심적인 사항이 아주 분명하게 강조되고 있다. 이 어린 소녀는 자기주장을 엉뚱한 방향으로 키우고 있다. 소녀는 막내이고 응석받이로 자라고 있다. 소녀의 자기주장이 그렇게 강한 이유이다. 소녀는 막내로서 다른 사람들을 능가하길 원한다. 그러나 학교 공부를 꽤 잘하는 측면이 있는가 하면, 심각한 결함도 많다.

우리는 아이의 행동이 점점 더 나빠지고 있는 이유를 이해할 수 있다. 소녀는 마치 덫에 갇힌 것처럼 행동하기 때문에 자신의 운명에서 빠져나오지 못할 것이다. 그녀는 관심의 초점에 서기를 원하지만 너무나 나쁜 방향으로 행동하기 때문에 이미 온 곳에서 저항에 봉착하고 있다. 그런데도 그녀는 더 나아가고 싶은 유혹을 느끼고 있다. 꼼꼼하게 기록한 보고서 중에서 아이의 행동 노선을 말해주는 것들을 간단히 요약할 생각이다.

소녀는 다른 사람들 위에 서려고 노력하고 있다. 학교에서 그녀는 부분적으로만 성공했으며, 나머지 부분을 수업을 방해하거나 공격하거나 어머니를 괴롭히는 것으로 채우려고 노력했다. 그녀도 학급에서 최고 자리에 오른다면 행동이 완전히 바뀔 것이다. 그런 경우에도 그녀 자신은 변하지 않고 그녀의 상황만 나아질 것이다.

주위의 인정을 받으려는 그녀의 노력 때문에 집에서나 학교에서의 생활이 엉망이다. 학교에선 급우들이 그녀와 싸우지 않을 수 없게 되기 때문이다. 그녀는 이 투쟁에서 승자가 되기를 원할 것이다. 때리거나 처벌함으로써 이 소녀의 행동 방식을 바꿔놓는 것은 불가능하다. 처벌이 무서워 더 이상 공개적으로 주변에 피해를 입힐 수 없는 상황에 처하게 될 경우에, 소녀는 아무도 모르게 그런 짓을 할 것이다. 그런 상황은 아이가 거짓말쟁이가 되도록 격려하는 것이나 다를 바가 없다.

그녀가 새장에서 새를 놓아준 진짜 동기는 그녀의 주장대로 동정심이 아니고 다른 사람의 재산을 공격함으로써 느끼는 어떤 쾌감이라고 나는 믿는다. 그녀가 선생님으로부터 꾸지람을 듣는 급우의 노트를 들여다보는 것도 똑같은 이유에서다. 그녀는 다른 사람의 실수에서 느끼는 악의적인 쾌감에서 자신의 우월성을 발견한다. 그러면서 그녀는 자신이 다른 사람들보다 더 우수하다고 믿는다.

그녀가 어쩌다 늘 승리를 거둔다 하더라도, 그것은 그녀의 삶에 아무런 도움을 주지 않을 것이다. 그러나 그녀가 늘 승리를 거둘 가능성을 제시할 사람은 절대로 발견되지 않을 것이다.

문제를 뿌리부터 공격할 필요가 있다. 아이가 자신이 저지르고 있는 실수를 이해하도록 만들어야 한다. 그녀가 다른 사람들보다 우월하려는 경향을 과도하게 보이고 있으며, 또 이 우월을 유익한 길로 성취할 수 없을 때엔 쓸모없는 방향으로 자신을 내세우려고 노력한다는 점을 직시하도록 해 줘야 한다.

그러나 이 설명이 소녀를 비난하는 형식으로 이뤄져서는 안 된다. 왜냐하면 그런 식으로 접근할 경우에 소녀가 다시 투쟁의 자세를 취할 것이기 때문이다. 이런 부류의 아이에게 꾸지람은 "앞으론 더 그럴 거야!"라고 생각하는 그런 심리 상태를 낳는다. 아이는 어쨌든 자신이 가장 강하다는 점을 증명하길 원한다.

단 한 번의 대화로 이 아이의 실수가 제거될 것이라고 나는 믿지 않는다. 그녀에게 필요한 것은 그녀와 아무런 관계가 없는 외부 사람이 다정하게 몇 가지 조언을 하면서 그녀의 내면에서 벌어지고 있는 일을 분명하게 보여주는 것이다. 그녀는 자기 어머니가 자신을 옹호한다는 사실을 알고 있으며 다른 곳으로 보내버리겠다는 어머니의 위협을 심각하게 받아들이지 않는다. 그녀는 똑똑한 아이이기에 선생이 결코 넘어설 수 없는 한계를 잘 알고 있다.

소녀가 부모나 오빠, 언니를 고문하고 사악하게 다룸에도 불구하고, 그녀의 부모도 그녀를 사랑하고, 오빠와 언니도 그녀를 사랑한다. 소녀는 타인들을 지배하려고 노력하지만 그것이 그녀의 오빠와 언니에게 언제나 먹혀드는 것은 아니다. 그래서 그녀가 공격성을 보이기도 한다.

어디서나 똑같은 리듬과 똑같은 구조가 발견되고 있다. 어머니의 위협은 전혀 소용이 없다. 이런 아이를 거칠게 다뤄서는 아무런 결과를 끌어내지 못한다. 그녀는 어떠한 경우든 아버지가 자기편이라는 사실을 알고 있다. 게다가, 아이가 응석받이로 크고 있는 것이 전적으로 아버지의 책임이 아닐 수도 있다. 대체로 보면 이런 문제에 대한 책임을 놓고 가족이 서로를 탓하는 경향을 보이기 때문이다.

엄격히 따지면 아이에겐 이 문제에 대한 책임이 없다는 점을 부모에게 암시할 필요가 있다. 이유는 지금까지 소녀가 할 수 있었던 것은 어린 시절 초기에 확립된 삶의 양식을 그대로 따르는 것밖에 없기 때문이다. 그러기에 소녀가 엉터리 목표를 계속 고수하는 한, 다시 말해 언제나 일등이 되고 관심의 중심에 서기를 원하는 한, 변화의 희망은 절대로 있을 수 없다.

어머니뿐만 아니라 아이를 교화하는 최선의 길은 막내의 경우에 종종 관심의 중심에 서기를 원하게 되어 있다는 점을 지적해주는 것이다.

아들러 박사: (부모에게) 아이와 싸워봐야 아무 소득이 없어요. 아이들이 언제나 더 강하기 때문이지요. 아이에게 상냥한 말투를 써야 합니다. 딸이 다른 사람들을 지배하려고 노력하는 것이 다시 보이면(막내에게는 이런 노력이 자주 눈에 띈다), 딸에게 거기엔 잘못된 게 하나도 없다고 말해주세요. 소녀도 자신이 언제나 관심의 중심에 서려고 드는 은밀한 충동이 어떻게 해서 생기는지를 충분히 이해해야 합니다.

(선생에게 하는 조언) 아이가 다시 바람직하지 못한 행동을 하거든, 그때는 넓은 마음으로 이해하면서 편안한 미소를 지으며 아이에게 "네가 다시 관심의 중심에 서려고 노력하는 것이 보이네."라고 말하세요.

아들러 박사: (계속 울고 있는 아이에게) 너도 최고의 학생이 되고 싶지? 너는 많은 것을 아주 잘하고 있어. 넌 똑똑한 아이야. 하지만 다른 사람들이 늘 너에게 관심을 쏟게 하는 버릇을 극복해야 해. 너는 막내이고 또 언제나 네가 두목이라는 점을 보여주고 싶어 해. 막내는 종종 그런 식으로 생각한단다. 그건 너의 잘못이 아니야. 우리 모두는 그게 네 탓이 아니라는 것을 알고 있어. 이것 봐. 너의 서체는 아주 훌륭해. 체조도 잘하고. 그런데 다른 소녀들을 집적거리는 이유가 뭐야? 너에겐 훌륭한 어머니와 아버지가 있어. 너는 행복할 수 있어. 그런데 네가 언제나 가장 중요한 인물이 되어야 하는 이유가 있니? 내가 너보고 울 필요가 없다고 했지? 그 말 믿지? 넌 여기 벌을 받으러 온 게 아니야. 네가 저지르고 있는 실수를 알려주기 위해서 너를 여기 데려온 거야. 넌 언제나 집에서 네가 두목이라는 점을 보여주길 원하고 있어. 그럴 필요가 하나도 없어. 너도 다른 사람들이 아는 만큼 알고 있

어. 네 스스로 이렇게 말해 봐. "나는 두목이 될 필요가 없어. 불쾌해지고 싶지 않아. 어머니에게 나를 지켜보게 함으로써 어머니를 괴롭힐 필요도 없어." 어머니를 기쁘게 해 드리도록 노력해 보렴. 넌 할 수 있어. 그러면서 너에게 이렇게 말하도록 해. "나는 막내이지만 모든 사람이 나를 사랑해." 어떨 것 같니? 할 수 있을 것 같니? 아니면 계속 "나를 봐줘!"라고 말하는 사람처럼 행동하길 원하는 거니?

한 달 뒤에 보자.

10장
미움 받는 아이

"아이는 팔삭둥이다. 혼외 관계에서 태어났다."

앞부분 정보는 조심스럽게 다뤄야 한다. 8개월 만에 태어나는 아이가 정상적으로 태어나는 아이와 언제나 쉽게 구분되는 것은 아니며, 그 진단이 언제나 정확하다는 보장도 없다. 중요한 것은 아이는 그런 사실에 대해 아무것도 듣지 않는다는 점이다. 실제로 보면, 그 같은 사실은 전혀 중요하지 않다.

　"아이는 9개월째에 이미 걷고 있었으며, 12개월 들어서는 떠듬떠듬 말을 하기 시작했다. 아이는 12개월째에 젖니가 났다."

　아이의 젖니는 6개월째에 났어야 했다.

　"다른 이빨들은 정상적으로 나왔다. 아이는 홍역에 걸린 적이 있다. 어머니는 아이가 앓았을지 모르는 다른 병에 대한 정보를 제시하지 못했다. 아이가 양부모와 지냈기 때문이다. 당시에 아이의 아버지는 웨이터였다. 지금 그는 도시 밖에서 살고 있으며 양부모에게 양육비를 지급한다. 어머니는 아이의 생부에 대한 추가 정보를 갖고 있지 않다. 그는 상스럽고, 악하고, 알코올 중독자였다. 어머니는 폐에 문제가 있으며, 어머니에 따르면 가족에 유전병은 없다."

정신적인 특성에 관한 한, 유전적인 요소를 심각하게 고려해서는 안 된다.

"아이의 어머니는 미숙련 노동자와 결혼했다. 그들의 가족생활은 괜찮은 것으로 여겨진다. 이 결혼에서 아이가 둘 태어났는데, 하나는 한 살 때 죽고 다른 하나는 지금 3세이다."

"소년은 양부모에게 맡겨졌다. 양아버지는 가스 공장의 배관공이다. 그는 알코올 중독자이며 아주 사납다. 양부모는 17세 된 소년과 2세 된 소녀를 두고 있다. 이 집의 맏이인 17세 소년은 이 아이와 잘 어울리지 않는다. 이 맏이는 소년을 자극하고, 흥분하게 만들고, 괴롭히고, 학대하고, 조금만 귀찮게 굴어도 때린다. 따라서 아이는 매우 나쁜 본보기를 옆에 두고 있다. 양아버지가 술에 취했을 때에는 정말 불행한 본보기가 된다. 그럴 때면 정말 무서운 일이 벌어진다. 양아버지는 아내와 아이들을 구타하고, 어느 날엔 어린 소년을 공처럼 밖으로 집어던졌다는 이야기도 있다.

"미움 받는 아이"가 된다는 것이 무슨 의미인지 모두가 잘 알고 있을 것이다.

이런 인상이 아이에게 깊은 상처를 남긴다는 사실을 나 자신이 개인적으로 확인할 기회가 있었다. 어느 날 나는 어떤 소년이 모래밭에서 노는 것을 보고는 그 아이에게 "바지에 먼지 묻지 않도록 조심해. 바지를 더럽히면 어머니가 꾸짖지 않을까."라고 말했다. 이 말에 아이는 이렇게 대답했다. "나의 양아버지는 언제나 양어머니와 나를 나무랐어요. 어떤 때는 벨트로 때리기도 하고. 그러면 어머니가 비명을 질러요."

"아버지가 술에 취한 동안에, 가족생활의 실상이 가족 앞에 펼쳐졌다. 이 같은 사실은 아이가 페니스를 갖고 장난을 친다는 어머니의 진술과 연결될 수 있다."

이런 일은 아이들에게서 흔히 발견되는 징후들이다.

"어머니는 소년이 3세 된 동생과 함께 침대에서 자신의 페니스와 동생의 페니스를 갖고 장난을 치는 것을 본 사실에 대해 말한다. 소년은 매우 흥분했고 호흡이 빨랐다고 한다. 이 일에 대한 소년의 언어적 표현은 놀랄 만하다. 소년에겐 동물을 학대하는 성향이 있다. 소년은 곤충들을 짓밟아 죽이기 위해 창문에 붙은 파리나 벌레들을 잡는다. 한번은 아이가 손가락을 무엇인가로 감고 있는 것을 보았는데, 유심히 살펴보니 지렁이였다."

아이가 동물들을 학대한다는 사실은 아이에게 약한 것들에 적대감을 보이는 태도가 있음을 보여준다. 아이는 세상을 자신에게 적의를 품고 있는 것으로 보고 있다.

"4월 이후로 소년은 자기 생모와 함께 있지만 어머니가 한 달 동안 병원에 입원을 해야 했기 때문에 다시 환경이 바뀌는 것을 경험해야 했다. 아이는 아동보호 시설에 맡겨졌으며 이틀 동안엔 어떤 가족과 함께 지냈다. 9월 25일에 아이는 유치원에 들어갔다. 아이는 육체적으로 방치되고 왜소하지만 신체기관에 이상은 없다. 아이의 몸은 습진으로 덮여 있으며 머리엔 이가 있다. 유치원에서 아이는 진료소로 보내졌다. 어머니도 치료 과정을 거치도록 했으나 제대로 따르지 않고 있으며, 아이의 회복은 더디기만 하다. 어머니는 자신이 아이를 좋아하지 않는다는 사실을 숨기지 않는다."

어머니의 미움을 받는, 혼외 자식이다.

"나와의 첫 번째 면담에서 어머니는 나에게 이렇게 말했다. '아이를 엄하게 다뤄주세요. 나도 아이를 혼내고 있어요. 무섭게 말하지 않으면, 아이가 따르지 않을 거예요. 아이는 거칠게 다루는 데 이골이 났어요. 아이는 지금까지 언제나 그런 식으로 다뤄졌어요. 혼외 자식이라서 양부모 밑에서 자랐어요. [이 엄마는 아이가 혼외 자식으로 태어난 것이 마치 아이의 책임인 것처럼 생각하고 있다는 인상을 풍긴다.] 아이는 나를 존경하지만 나의 남편을 나보다 더 사랑해요. 내가 가까이 다가가기만 하면 아이는 울기 시작합니다. 아이는 항상 나를 바쁘게 만들고 있어요. 아이는 불안정하고 무모하고 언제나 나의 일을 방해하지요. 내가 일을 하는 동안이나 식사 시간에 아이는 침묵을 견디지 못합니다. 주의를 끌기 위해서 아이는 훌쩍이는 소리를 내기도 하고 발을 구르기도 하고 의자를 시끄럽게 옮기기도 하고 테이블을 차기도 합니다.'"

이건 믿기 어려운 이야기다. 아이가 두들겨 맞거나 겁을 먹을 때 성적 흥분을 일으키는 경우가 아니곤 이런 일은 상상이 되지 않는다. 이런 부류의 아이들은 교묘하게 구타를 유발한다. 이 소년은 성적으로 흥분할 수 있는 것으로 확인되고 있는데, 그렇다면 이 아이가 그런 부류일 수 있다.

"내가 조용히 하라고 요구하면, 아이는 나를 비웃으며 계속 시끄럽게 군다. 그러다 내가 관심을 주지 않으면, 아이는 더 심하게 행동한다. 가끔은 땅바닥으로 몸을 날리기도 하고, 뚜렷한 이유 없이 울기도 한다.”

아이가 주위 사람들을 자극하기를 원한다는 인상이 느껴진다. 아이는 그 뒤로 벌어질 일을 잘 알고 있다.

“아이의 반항은 집단 안에서 나쁜 본보기가 된다. 내가 아이들 모두에게 평소 하던 대로 지시를 하면 이 아이는 ‘아니야! 나는 안 할 거야!’라고 외친다.”

이 같은 행동은 그의 호전적인 태도를 보여준다. 아이는 자신을 친절한 마음으로 돌봐주는 사람이 있다는 사실을 알지 못한다.

“나는 아이의 반항을 다른 아이들의 반항과 다르게 다룬다. 그러나 집단 안에서 이 점을 이용하면서 이 아이의 예를 모방하는 아이들이 있다.”

이런 종류의 행동은 가끔 전염된다. 문제가 되고 있는 아이들이 열등감을 강하게 느끼면서 자기 자신을 내세우려고 할 때, 전염성이 특히 더 강해진다. 아이들은 평등해지길 원한다. 학교에서 어떤 아이가 졸도를 하면, 다른 아이들 두세 명이 덩달아 졸도하는 일이 벌어지기도 한다.

“이 아이에겐 사회적 감정이 전혀 없다. 이 아이는 다른 아이들을 자극하고 또 다른 아이들의 장난감이나 블록을 갖고 간다. 자기한테도 똑같은 장난감이 있을 때에도 그런 짓을 한다. 아이는 아무런 이유도 없이 다른 아이들을 학대하고 꼬집고 때린다.”

그는 마치 적처럼 행동하고 있다.

“아이는 자신의 것과 남의 것에 대한 개념이 그리 분명하지 않다.”

이런 개념은 타인들에 대해 관심을 가질 때에만 명확해진다.

“예를 들면 이렇다. 소년이 다른 아이의 호각을 갖고 갔다. 그러자 다른 아이가 나에게 와서 불만을 터뜨렸다. 나는 사태를 부드럽게 해결하려 노력하면서 이 아이에게 호각을 소년에게 잠시 빌려주라고 조언했다. 그러나 아이는 한사코 자신의 권리를 주장했다. 그래서 나는 소년에게 이리로 오라고 손짓을 했지만 소년은 놀이터 구석으로 숨어 버렸다. 소년은 결국엔 나에게로 와서는 놀이터 바닥에 뒹굴었다. 나는 조용히 소년을 타일렀다. '당장 일어나서 호각을 돌려줘. 다른 아이도 그걸 잠시 갖고 놀고 싶어 하잖아. 조금 있으면 다시 너에게 빌려줄 거야.' 이 말 끝에 소년은 비명을 지르고 발을 구르며 나를 때리려 들었다. 놀이터에서 무슨 일이 벌어지고 있다는 사실을 알고 많은 아이들이 몰려들었다. 다른 집단의 아이들도 있었다. 소년이 말을 듣지 않을 것이기 때문에, 나는 그를 놀이터에서 일으켜 세워 교실 안으로 들어갔다. 잠시 후 소년이 진정되고, 나는 소년에게 '다른 아이들이 너의 물건을 가져가면 너도 기분이 좋지 않을 것'이라는 점을 이해시키려고 노력했다. 아이의 반응이 놀라웠다. 마치 오한에 떨 듯, 소년의 이빨이 부딪히는 소리가 나기 시작했다. 소년은 그날 내내 나의 손을 꼭 잡으면서 내 곁에 머물렀다. 그러면서 나의 손에 몇 차례 입을 맞추기도 했다. 훗날 소년의 어머니와 대화하면서, 나는 소년의 양부모가 소년이 선물로 받은 것까지 빼앗아가서는 돌려주지 않았다는 사실을 알게 되었다."

이 장면에서 그가 대단히 순종적으로 행동했다는 사실이 매우 놀랍다. 어쨌든 그는 호각을 빼앗겼다. 그런데 그가 왜 그렇게 감사하는 마음을 품게 되었는지 그 이유를 찾기가 어렵다. 그가 그 순간에 성적 흥분을 느껴서 그랬을까? 아니면 두들겨 맞지 않은 데 대해 감사한다는 뜻이었을까?

"낮잠 시간은 아주 힘든 시간 중 하나이다. 소년이 급우들을 매우 짜증나게 만든다. 소년은 아무 이유도 없이 소리를 지르고, 벌떡 일어나 침대를 꿀렁거리고, 혼자 큰 소리로 말을 함으로써 조용한 분위기를 깨뜨려 놓는다. 그러면 잠을 자려고 하거나 이미 잠든 다른 아이들이 깨어나게 된다."

소년은 마치 성난 적처럼 행동하고 있다.

"어머니는 다음과 같은 정보를 내놓았다. 아이는 자다가 오줌을 싼 적이 한 번도 없었다. 코를 고는 경우도 무척 드물다. 아이는 아버지와 함께 자고 아버지 가까이서 자기를 좋아한다."

이것은 그가 성적으로 흥분을 느낄 수 있다는 가설을 뒷받침하는 것처럼 보인다.

"소년은 8시에 침대에 뉘어진다. 그의 수면은 혼란스러우며, 호흡이 빨라지는 때도 있고 힘들어지는 때도 있다. 꼭 새벽 한 시에 잠에서 깨며, 그러면 잠을 다시 들려 하지 않는다. 부모는 소년이 다시 잠을 자도록 하기 위해 온갖 수단을 다 동원한다(손바닥으로 때리는 방법이 가장 빈번하게 쓰인다). 정오에 집에 있으면, 소년은 동생과 함께 침대에 뉘어진다. 이때 형제는 각각 침대의 귀퉁이에 자리 잡는다. 엄마한테 엉덩이를 조금 맞은 뒤에 소년은 잠을 잔다. 이것도 이 소년이 얼마나 깊은 좌절에 빠져 있고 또 가까이하기가 얼마나 어려운지를 잘 보여준다. 나는 소년의 작은 성취를 칭송함으로써 아이를 바꿔놓으려고 노력했다. 아이는 일시적으로 반응을 보이지만 공부를 향상시키는 방향으로 자극을 받지는 않는다. 유치원에 처음 입학하고 며칠 동안, 내가 다른 아이의 등을 두드려주면 이 아이가 놀이를 중단하는 것 같은 느낌이 들었다. 그때 소년과 나 사이에 거리가 제법 멀었는데도 소년에게선 그런 모습이 보였다."

그때 소년은 어린 동생이 자기보다 더 따뜻하게 보살핌을 받는 그런 상황에, 말하자면 그가 어린 동생과의 사이에서 이미 여러 차례 경험한 그런 상황에 처해 있었다는 사실을 우리는 기억해야 한다.

"아이는 나를 뚫어져라 바라보면서 못 박힌 듯 서 있었다. 다음날 나는 아이와 가까운 거리에서 일부러 똑같은 제스처를 하기 시작했다. 그러자 다시 아이는 마비된 듯 서서 우리를 응시했다. 나는 이 제스처가 아이에게 깊은 인상을 남긴다는 것을 눈으로 확인할 수 있었다. 그래도 그의 애정을 얻으려는 나의 노력은 별다른 성공을 거두지 못하고 있다. 그 같은 행동은 어쩌면 아이가 집중을 하지 못하는 것과 관계있을지도 모른다. 아이의 모든 행동에서 집중력 부족 현상이 분명히 드러나고 있다."

아이가 타인들과의 소통을 추구하지 않은 탓에 아이의 기능이 제대로 발달하지 못했다는 사실을 여기서 다시 확인한다.

"아이의 말은 조리가 부족하다. 아이가 청소를 시작한다고 가정해 보자. 그런 경우에 아이는 비질을 겨우 몇 번 한 다음에 빗자루를 내려놓고 인형을 어지르기 시작할 것이다. 식사 시간에도 이런 경향이 처음에 매우 두드러졌다. 이 소년은 정상적인 식사, 즉 차분히 앉아서 하는 식사는 본 바가 없는 것처럼 행동했다. 아이는 옷을 입거나 벗을 때에도 도움의 손길을 필요로 한다. 최근에 나는 아이가 옳은 일과 그른 일을 구분하는 법을 배우기 시작했다는 사실을 확인할 수 있었다. 그가 잘못한 아이에게 다가가서 꾸짖는 것이 보였기 때문이다."

아이는 선생과의 접촉을 추구하고 있다.

"이 소년이 다른 아이들이 처벌 받는 모습을 보고 싶어 하지 않아서 아이들에게 잘못된 것을 미리 말해주었는지, 나로서는 확실히 모르겠다."

"아이는 유치원에 가는 것을 좋아한다. 어머니는 일요일에도 아이가 학교로 가자고 요구한다고 말한다. 유치원에 들어가기 전에 아이는 특별한 재미있어 하는 것을 전혀 보이지 않았다. 유치원에 입학하고 첫 며칠 동안에 아이는 집에 돌아가는 것을 싫어하기도 했다."

이는 아이가 유치원에서 더 편안함을 느낀다는 점을 분명히 보여준다. 이런 식으로 아이가 향상을 이룰 수 있을 것이라는 점을 나는 믿어 의심치 않는다.

"아이는 많이 울고, 바닥에 드러눕곤 했다. 다음날 또 유치원에 오게 될 것이라는 약속이 있은 뒤에야, 아이는 일어나서 이웃의 다른 소녀와 함께 집으로 돌아갔다. '집'에 대한 아이의 두려움은 더 이상 그렇게 분명하게 드러나지 않았다. 그러나 집으로 가야 할 때가 되면, 아이는 안절부절못하는 것처럼 보였다."

"아이는 경계심 많은 아이 같다는 인상을 준다. 아이는 일들을 자기 방식대로 꽤 잘 이해하며, 행동하고 싶어 하는 충동에 크게 휘둘린다. 아이는 관대하다. 예를 들면, 아이는 점심으로 가져온 자두를 나에게 하나 준 다음에 조금 있다가 다시 하나를 더 주면서 '한 개 더 잡수세요. 그러면 두 개를 잡수신 거예요.'라고 했다. 대체로, 아이는 자신이 가진 것을 잘 준다."

아이가 어느 정도의 사회적 감정을 얻기 시작하고 있다는 점을 뒷받침하는 증거이다. 이 소년과 같은 아이가 사회적으로 눈을 뜨기까지는 어느 정도 시간이 필요하다. 이 아이에게 그런 일은 단시간에 일어나지 않는다. 그러므로 이런 아이들 앞에서 인내심을 발휘할 수 있어야 한다. 그런 다음에야 다른 문제들이 극복될 수 있다. 나는 어머니에게 소년이 자기를 때리도록 유도하지 않았는지 묻고 싶어진다. 그러나 그렇다고 다른 뜻이 있는 것은 아니다. 어머니가 아이가 자기도 다른 사람들만큼 가치 있는 존재라는 감정을 싹틔울 수 있도록 해 줘야 한다는 점을 깊이 이해해 주었으면 하는 마음이 간절하다.

11장

외동아이가
어떤 역할을 추구하다

어느 선생이 11세 소년에 관해 보고한 내용이다. 누구와도 잘 지내지 못하고 또 학교 수업을 끊임없이 방해하는 소년이다. 소년은 어머니의 지갑에서 돈을 훔치기도 했다. 주된 불만은 아이가 다른 아이들과 어울릴 때마다 싸움을 벌이고 언제나 주도적인 역할을 하려 든다는 점이다. 소년은 외동아이이다.

학교 공부는 평균 정도이고, 아이는 이해력을 발휘하는 것 같다.

가족 상황에 관한 정보는 전혀 없다.

주변의 지나친 관심 때문에 응석받이로 자라게 된 외동아이 소년은 다른 아이들과 연결을 맺지 못한다. 이 때문에 아이가 사회적 감정을 발달시키지 못하고 있다. 나는 어머니와 이야기를 나누고 싶다.

어머니는 소년이 훌륭한 자질을 갖고 있지만 다른 사람들의 영향을 지나치게 많이 받는다고 말한다. 소년이 전혀 복종하지 않는 경우도 더러 있다. 다른 소년들이 소년의 어머니에게 소년이 "난 엄마가 하라는 일은 절대로 안 할 거야!"라는 식으로 말한다고 일러주었다. 소년은 어머니에게 자주 거짓말을 한다. 그러면 어머니는 아들을 처벌한다. 가끔은 어머니의 손이 "그냥 날아가고", 또 가끔은 소년이 좋아하는 것을 빼앗는 방법으로 처벌한다.

소년은 한동안 양부모와 지냈다. 거기서 그는 대접을 잘 받았다. 집에선 소년은 그보다 대접을 훨씬 더 잘 받고 있으며, 부족한 것이 하나도 없다. 예전에는 벌을 받을 때면 소년은 사과를 하곤 했다. 그러던 것이 지금은 부루퉁한 표정을 짓거나 콧방귀 뀌듯 건성으로 대답한다. 소년은 집에서 주인 역할을 맡길 원하고, 허풍떠는 경향을 어느 정도 보인다.

어머니의 현재 남편은 아이의 생부가 아니지만 그래도 아이에게 매우 다정하게 대한다. 소년은 그가 자기 아버지가 아니라는 사실을 모르고 있다. 아버지가 집에 있을 때, 소년의 행동은 더욱 나빠진다. 아버지가 소년에게 지나치게 관대하게 대하기 때문이다. 선생들은 소년의 부모에게 엄격하게 양육하라고 조언했다. 소년에겐 친구가 없다. 소년이 다른 아이들과 잘 어울리지 못하기 때문이다. 소년은 지배하려 들고, 다른 아이들은 그런 그를 좋아하지 않는다. 소년은 숙제를 혼자서 한다.

지난주에 어머니는 핸드백에서 동전 몇 개가 사라진 것을 발견했다. 그녀는 아들의 짓이라고 확신했다. 소년은 돈을 훔친 사실이 없다고 잡아뗐지만 어머니는 소년에게서 그 돈을 찾아냈다. 그녀는 아들이 돈을 훔친 이유를 도무지 알 수 없었다.

소년은 종이와 그림, 연필 같은 잡다한 물건들을 교환하고 수집하는 일에 재미를 붙이고 있다. 소년의 어머니는 아들에게 이런 "물물교환"을 중단하면 약간의 용돈을 주겠다고 제안했다. 이것이 소년을 대단히 기쁘게 만들었다. 다른 문제에서는 소년은 순종적이고, 어머니를 기꺼이 도우려 하고, 자신감도 상당히 강하다.

소년의 꿈에 대해 어머니는 이런 이야기를 들려준다. 배를 타고 도나우 강을 여행하던 어느 날, 소년이 매우 불길한 꿈을 꾸었다. 현실과 너무나 비슷한 꿈이었기 때문에, 소년은 배의 선교(船橋)까지 돌아다니다가 발견되었다. 소년이 굴뚝 위에 앉아 있는 상태에서 떨어질까 두려워하는 내용이었다. 아이는 난간을 붙잡고 있다가 발견되었다. 소년은 배의 선장이 되고 싶다는 욕망을 표현했다. 그러면서 이렇게 말했다. "선박 전체를 지휘하는 일은 대단히 재미있는 일일 거예요."

소년은 검소하다. 소년의 어머니는 아들의 거짓말과 비사교성에 불만이 많다. 그녀는 처벌로 종종 손바닥으로 아이를 때린다.

소년의 어머니에게 이런 조언을 했다. 소년이 약간의 돈을 훔쳤다는 사실은 그렇게 심각한 일이 아니다. 그 문제에 대해 아들에게 더 이상 말하지 않는 것이 좋다. 아이에게 용돈을 주는 것은 매우 훌륭한 아이디어다. 용돈에 의존할 수 있다는 사실을 알면, 소년도 차분해질 것이다. 개인적인 의견을 덧붙이자면, 나라면 아이를 절대로 때리지 않을 것이다. 소년은 거짓말과 허풍을 통해서 다른 사람들의 관심을 끌 것이며, 따라서 관심의 중심에 설 수 있다고 믿는다. 어머니가 처벌 방식을 바꾸든가 아예 처벌 자체를 포기하든가 하는 것이 바람직할 것이다. 아울러 아이가 자신의 미래에 대해 생각하도록 만들고, 아들에게 선장은 그냥 어른이 된다고 되는 것이 아니라는 점을 이해시켜야 한다. 아들이 혼자 힘으로 모든 것을 하도록 하고 아이가 독립적인 존재가 되는지 지켜보도록 하라. 내가 만일 당신이라면, 나는 아들을 그처럼 극진히 보살피지 않을 것이다. 아이가 체조를 좋아하면, 체조에 열심히 참여하도록 해 주라. 그러면 아이가 다른 아이들과 섞일 수 있다. 나는 소년에게 더 이상 아이가 아니라는 사실을 느끼도록 만들 것이다. 그러면 아이가 자신감을 더 많이 갖게 될 것이다. 아이는 자신이 갇혀 있다는 인상을 받고 있다. 최근의 사건도 바로 그런 인상 때문에 일어난 것이다. 소년은 자신이 비중 있는 존재라는 느낌을 받고 싶어 한다. 아울러 자신이 의미 있는 역할을 하고 있다는 확신을 품고 싶어 한다.

아들러 박사: (어머니가 떠난 뒤 청중을 향해서) 이 소년은 어떤 역할을 맡고 싶어 하지만, 어머니에 의해 저지당하고 있어요.

아들러 박사: (소년에게) 너는 산수에 뛰어나구나. 나중에 뭐가 되고 싶니?

소년: 정기 여객선의 선장이 꿈이에요. 함부르크로 떠나고 싶어요.

아들러 박사: 선장이 되려면 먼저 선실 담당인 캐빈 보이부터 시작하는 거야. 몇 살에 함부르크로 떠날 수 있을 것 같니?

소년: 스무 살.

아들러 박사: 15세나 16세가 되면 할 수 있어. 하지만 그때까지, 그리고 선장이 되기 전까지 너는 많은 것을 배워야 해. 넌 그 직업을 아주 좋아하니? 배를 타본 적 있어? 어떤 점이 그렇게 좋더냐?

소년: 주위의 다른 사람들에게 명령을 내릴 수 있어요.

아들러 박사: 지금은 네가 어디서 명령을 내리고 있니? 너의 어머니

에게 명령하고 학교에서 명령하고 있지 않아?

소년: 아이들에게 명령하고 있어요.

아들러 박사: 선장이 되고 싶다면, 너는 현명한 명령을 내릴 줄 알아야 한단다. 그래야만 모든 사람들이 네가 옳은 일을 하고 있다고 말할 수 있거든. 그러나 학교의 아이들 사이에선 너는 선장이 아니야. 학교에서 네가 명령을 내리는 것은 적절하지 않은 행동이야. 나는 네가 학교에서 명령을 내리길 원하는 이유를 이해할 수 없구나. 명령을 내리려 드는 태도 때문에, 너에겐 아마 친구가 하나도 없을 거야. 다른 아이들의 말이 맞아. 아이들은 너에게 명령이나 받으려고 학교에 오는 것이 아니야. 너는 나중에 명령을 내릴 수 있어. 지금은 다정하도록 노력하면서 친구들을 사귀도록 해야 한다. 배의 선장은 당연히 승객들에게 친절해야 해. 선장은 명령을 하는 것 외에 다른 것들도 많이 알아야 해. 당연히 친구도 많아야 하지. 다른 사람들이 선장을 좋아하지 않거나 증오한다면 선장에게 복종하지 않을 거야. 너는 다른 아이들에게 친절하게 대하는 방법을 배워야 해. 명령하는 것은 일종의 허풍이야. 너는 물건들을 거래하고 사는 것을 좋아하잖아. 너는 중요한 일을 하고 싶어 하잖아. 너는 다른 사람들이 너를 보면서 훌륭한 선장이라고 생각해주길 원하잖아. 아주 어렸을 때 일어난 일들 중에서 너에게 특별히 깊은 인상을 남긴 것이 있니?

소년: 언젠가 사람들이 탑 꼭대기에 종을 올리는 것을 본 적이 있어요. 세 살인가 네 살 때 일로 기억해요.

아들러 박사: 그게 보기 좋았니?

소년: 사람들이 어떻게 거기에 매달려 종을 다는지 정말 신기했어요.

아들러 박사: 네가 높이 올라가는 것이 보고 싶니? 네가 친구를 몇 명

가졌으면 좋겠다. 아동 보호 센터에 나가는 것은 어떨까? 너의 어머니도 네가 체조를 배우길 원할 텐데. 사람은 무엇이든 배울 수 있어. 너는 아동 보호 센터에서 숙제를 할 수 있고, 그것이 더 즐거울 거야. 네가 저축하는 돈으로는 뭘 하려고 그러니?

소년: 훗날 곤궁할 때, 무엇인가를 살 수 있을 거예요.

아들러 박사: 너는 가난해질까봐 무섭니? 추락하게 될까 무서워? 부지런한 근로자가 되는 것이 가난을 피하는 최상의 방법이란다. 너도 알겠지만, 돈을 많이 갖는 것이 안전을 지키는 가장 중요한 방법은 아니란다. 너는 자랑하길 좋아하니?

소년: 예.

아들러 박사: 그 버릇도 버려야 한다. 선장이 되기를 원하는 사람은 거짓말을 하면 안 돼. 너의 어머니와 선생님은 너를 사랑한단다. 네가 잘 배워서 품위 있는 사람이 되면, 너는 네가 원하는 무엇이든 될 수 있어. 선장이 되기를 원한다면, 반드시 좋은 토대를 닦아야 한단다.

한 달 뒤에 와서 친구를 사귀었는지, 수업 시간에 선생님을 방해하는 일을 그만두었는지, 또 아직도 명령하고 싶어 하는지 등에 대해 말해주렴.

12장

맏이가
왕관을 잃다

"아들이 둘이다. 각각 일곱 살과 아홉 살이다. 그런데도 막내의 행동에 대한 판단이 서지 않는다. 막내는 초등학교 1학년이다."

두 아들, 즉 장남과 차남이 있다. 같은 가정에 자라는 아이도 서로 다른 조건에서 성장한다는 사실을 우리는 잘 알고 있다. 같은 가족의 아이들이라고 해서 모두가 똑같은 상황에서 자란다고 단정하면 곤란하다. 이 경우에 장남은 2년 동안 외동아이였다. 외동아이로 자라는 동안에, 장남은 아마 관심의 중심이었고 응석받이로 컸을 것이다. 가족 전체가 그가 시키는 대로 움직였을 것이다. 그러다 갑자기 둘째가 나타나고, 상황이 완전히 바뀌었다.

그때까지 장남은 왕처럼 모든 것을 자기 마음대로 할 수 있다는 것을 경험을 통해 배웠다. 그런데 갑자기 어머니의 관심이 둘째 아이에게로 완전히 쏠리게 되었다. 어머니는 큰 아들에게 예전만큼 관심을 쏟을 수 없다. 장남이 동생의 출생에 미리 대비하는 것은 결코 쉬운 일이 아니다. 그렇기 때문에 이 소년도 준비가 되어 있지 않다는 사실이 확인될 것이다. 이 소년은 어려운 테스트에 직면해 있다. 그런 시기에 많은 아이들은 질투를 느끼고, 부모의 관심을 되찾고 이전의 호의적인 상황을 회복하기 위해 투쟁을 벌이기 시작한다.

둘째는 이와 완전히 다른 상황에 놓여 있다. 차남의 경우엔 절대로 혼자일 수가 없는 것이다. 둘째는 언제나 자신이 따를 수 있는 누군가를 앞에 두고 있다. 따르고 싶은 존재나 따라 잡아야 할 존재를 늘 앞에 두고 있는 것이다. 언젠가 한 아이가 나에게 이렇게 말했다. "슬픈 일이 있다면, 그건 나 자신이 절대로 큰 형만큼 나이가 많을 수 없다는 사실이에요."

둘째가 태어날 때, 장남은 정말로 비극을 경험했다. 만일 장남이 자기 동생이 자신을 따라잡거나 능가할까 봐 두렵다거나 모든 희망을 잃었다는 식으로 말한다면, 그 같은 태도는 그가 이미 익힌 자동적인 사고방식 때문이라는 것을 우리는 이해할 것이다. 이때 장남의 영혼에는 이런 인상이 새겨진다. "돌연 누군가가 나타나서 나에게서 모든 것을 빼앗아 가 버렸어."

이때 태도는 아이에 따라 다 다를 것이다. 이 태도는 다음과 같은 요소들에 좌우될 것이다. 첫째, 아이의 삶의 양식이 그 시점까지 어느 정도 넓게 발달했는가, 또 삶의 양식을 바꾸는 것이 어느 정도 어렵거나 쉬운가 하는 점이다. 둘째로 동생의 행동이 있고, 셋째로 부모의 행동이 있다. 마지막으로, 부모가 맏이를 어느 정도 준비시켰는가, 말하자면 맏이가 다른 사람들에게 사회적 감정을 느끼도록 훈련을 어느 정도 시켰는가 하는 점이다. 이런 것들은 개인 심리학이 고려해야 하는 중요한 요소들이다.

이제 장남이 어떤 식으로 발달하고 있는지를 보도록 하자.

"내가 볼 때, 장남은 배움이 느리다."

이것은 망설이는 태도를 말한다. 이 정보를 바탕으로, 소년은 자신이 발전을 제대로 이루지 못한다고 믿고 있다는 식의 추론이 가능하다. 말하자면 소년이 용기를 잃었다고 할 수 있다. 소년은 자신이 삶의 유리한 면에서 앞으로 나아가지 못한다고 알고 있다. 그래서 주위의 인정을 받으려는 아이의 노력은 쓸모없는 측면에서 이뤄질 것이다. 아이의 더딤은 어떤 의미를 지닌다.

"아이는 나에게 어려움을 안긴다. 따라서 나는 아이에게 관심을 주지 않을 수 없다."

아이는 왜곡된 방법으로 자신이 언제나 원하는 것을, 말하자면 더 많은 관심을 끌고 다른 사람들이 자신에게 더 많은 시간을 쏟도록 한다는 목표를 성취했다.

배움이 더디다는 것은 주어진 과제의 해결까지의 거리를 의미한다. 그것은 망설임의 태도이다. 게으른 아이들의 삶의 양식이 자동적이라는 점을 고려한다면, 그런 아이들의 행동이 자신감에 차 있는 아이들의 행동과 많이 다르다는 것이 확인될 것이다. 그런 아이들은 당신에게 이런 식으로 종종 말할 것이다. "나 자신이 다른 사람들만큼 어리석다고는 생각하지 않지만, 나는 그냥 관심이 없어요." 이 소년이 성공을 기대한다면 공부를 게을리 해서는 안 될 것이다. 게으름은 자신에 대한 평가가 낮다는 것을 암시한다.

게으름은 또한 인정을 얻으려는 노력의 일환이다. 게으른 아이들은 대체로 관심의 중심에 선다. 게으른 아이들은 스스로 야심찬 과제를 떠안는다. 주변 사람들이 자신에게 더 많은 관심을 쏟도록 유도하는 것이 그 과제이다. 이런 유형의 아이가 자신의 게으름에 대해 지적을 받은 뒤에 이런 식으로 대꾸한다고 하더라도 놀랄 일이 못된다. "안 보여요? 나는 학급에서 가장 게으른 아이이지만 사람들이 언제나 나에게 관심을 보이고 있어요. 사람들이 언제나 나에게 친절하고 상냥하게 대하고 있어요. 옆자리 아이는 열심히 공부하지만, 아무도 그 아이에게 관심을 주지 않아요." 이렇듯, 소년은 자신의 게으름을 이용하고 있다.

이 소년이 하는 훌륭한 일은 아무리 사소해도 즉시 칭송을 듣는다. 이 아이가 일을 제대로 처리하지 못하면, 사람들은 그에게 이런 식으로 말한다. "게으르지만 않다면 너도 최고가 될 수 있을 텐데." 게으른 아이가 자신이 최고일 수 있다는 감정에서 느끼는 만족감의 크기를 보면 정말 놀랍다. 그런 아이는 심지어 노력조차 하지 않으려 한다. 여기서도 다시, 주위의 인정을 받으려는 노력이 삶의 무익한 측면에서 일어나고 있는 것이 확인된다.

"애정 어린 것이든 엄격한 것이든, 지금까지 그 어떤 권고도 효과를 발휘하지 못했다."

소년은 자신의 내면에서 일어나고 있는 일에 대해 알지 못한다. 소년은 자신의 삶의 양식에 맞춰 행동하고 있다. 소년은 덫에 갇힌 사람과 비슷하다. 소년이 훈계를 듣는다는 사실은 단지 그가 실제로 관심의 중심이 되기를 원한다는 것을 보여줄 뿐이다. 어떤 아이들은 아버지를 화나게 만들어 승리감을 느끼기 위해 아버지의 채찍질까지 기꺼이 받아들이려 할 것이다. 어떤 아이들은 심지어 두들겨 맞는 데에서 쾌감을 경험하기도 한다. 이 쾌감은 간혹 성적인 측면을 보이기도 한다.

"소년은 더 열심히 공부하겠다고 약속만 한다."

여기서 우리는 "공부를 하길 원하는" 소년의 마음을 읽을 수 있다.

"그러나 소년은 열심히 하려는 노력을 보이지 않는다. 작문 시간이 되면, 아이는 온갖 사람 혹은 온갖 사물로 주의를 준다."

소년은 자신이 공부를 통해서 다른 사람의 평가를 받는 것은 어려운 일이라고 느끼고 있다. 그래서 그는 다른 경로를 따르고 있다.

"그는 숙제를 제외한 모든 것에 관심을 두고 있다. 아이가 공부를 조금이라도 쉽게 하도록 하기 위해, 나는 아이에게 학교에서 배운 것을 보고하도록 했다."

여기서 또 다시 우리는 아이가 전면으로 나오고 있는 것을 보고 있다. 매일 밤 아이는 자기 아버지와 대화한다.

"그러나 내가 밤에 집으로 돌아올 때, 아이는 약속을 지키기 위해 애를 쓰느라 모습을 드러내지도 않는다."

아버지는 그런 사실을 미리 예상했어야 한다.

"내가 직접 아이에게 묻지 않으면, 아이는 나에게 말을 하지 않는다. 내가 물을 때에도 아이는 '몰라요.'라고만 대답한다."

아이는 공부에선 자신이 어떠한 인정도 받지 못할 것이라고 믿고 있다. 우리는 아이에게 용기를 북돋워주고 아울러 어려움을 받아들이면 공부에서도 두드러진 결과를 얻을 수 있다는 점을 반드시 보여줘야 한다.

"아이가 가장 힘들어 하는 과목은 문법과 산수, 서체이다. 아이는 이 과목들을 가장 싫어한다."

그의 열등감을 깊게 만드는 한 가지 요소는 그가 왼손잡이라는 사실이다.

왼손잡이인지 여부는 반드시 밝혀야 할 만큼 중요한 요소이다. 산수에 어려움을 겪는 아이들 사이에 응석받이로 큰 아이들, 말하자면 버팀목을 필요로 하는 아이들이 많다는 사실에 관심을 기울일 것을 부탁하고 싶다. 다른 모든 과목의 경우에는 아이에게 어느 정도 도움을 줄 수 있는 길이 있다. 그러나 산수에서는 모두가 독립적으로 문제를 풀고 독립적으로 사고를 해야 한다. 응석받이 아이들은 대체로 산수 과목을 배울 준비가 잘 되어 있지 않다.

"아이가 공부를 하길 꺼리는 가장 큰 이유는 이 과목들을 아주 싫어하기 때문인 것으로 드러났다. 아이는 자연사에 관심이 더 많은 것 같다. 아이는 또 그림 그리기를 좋아하는 것 같다. 그러나 아이가 그리는 그림은 형편없다. 그림에 재능이 없는 것이 확실하다."

아이는 아마 왼손잡이일 것이다.

"아이는 허공을 바라보면서 몇 시간이고 앉아 있거나 누워 있을 수 있다."

자기 자신에 대한 평가가 형편없는 아이들에겐 시간이야말로 가장 큰 적이다. 이 소년은 시간을 보낼 방법을 발견했다. "허공을 바라보는 것"이다.

"아이에겐 책이 많다. 아이는 책을 몇 권 읽으려 했지만 그 중에서 다 읽은 책은 하나도 없다."

인내심도 전혀 없고, 끈기도 전혀 없다. 아무도 이 소년에 대해 걱정하지 않는다. 그러므로 소년은 다른 사람들에게 아무것도 기대하지 못한다.

"소년은 장난감을 찾아 두리번거린다. 그러다 조금 시간이 지나면 장난감에 전혀 재미를 느끼지 못하면서 포기해 버린다."

"이 아이, 아니 두 아이의 사회적 상황은 매우 좋지는 않다. 그렇다고 배고픔으로 고통을 당할 정도는 아니다."

"아이들의 삶에서 가장 슬픈 일은 아마 그들이 낮 시간을 아동 보호 시설에서 보낸다는 사실일 것이다."

이것은 위험한 가정이다. 진짜 상황을 파악한 다음에 소년을 격려하는 것이 바람직하다.

"아동 보호 시설의 여자 책임자는 나의 장남에게 특별히 적대감을 품고 있다. 이유는 그녀가 열광적인 신자인데 우리가 어느 교회에도 나가지 않기 때문이다. 그녀는 나에게 아이가 거짓말을 하고, 야비하고, 게으르다고 일러주었다. 그러면서 아이가 교회 밖에서 커서 그렇게 되었다는 식으로 설명했다."

아이가 이 같은 태도를 갖게 된 것은 틀림없이 아이가 희망을 잃었기 때문이다. 교회에 다니지 않는 소년이 교회가 운영하는 어린이 집에서 개선을 이룰 수 있다 하더라도 아이가 먼저 용기를 갖기 전에는 향상이 불가능하다. 만일 어린이 집의 여자 책임자가 소년의 태도에 대해 교회 밖에서 키워졌기 때문이라는 식으로 말한다면, 그녀는 이 아이의 약점을 발견하는 데 필요한 이해력을 갖추고 있지 않다.

아버지는 이런 말을 덧붙인다. "진실을 말하자면, 큰 아이는 온갖 나쁜 성격적 특징들을 다 갖고 있는 반면에 둘째는 결함을 전혀 갖고 있지 않은 것 같다. 사람들은 둘째에 대해서는 좋은 말만 한다. 사람들의 불만은 모두 큰 아들에 관한 것이다."

이 모든 것들은 큰 아이가 동생에 의해 뒤쪽으로 밀려나고 있다는 사실을 보여주고 있다.

장남이 그릇된 방향으로 발달하고 차남이 옳은 방향으로 발달하는 것이 단지 운(運)의 문제에 지나지 않을까? 장남은 자신이 그때까지 누리던 유쾌한 상황에서 동생에 의해 쫓겨났다고 믿고 있다. 그리고 소년이 우정과 사랑을 잃을수록, 그의 용기도 더욱 작아지게 된다. 현재 승자인 둘째는 자신이 유리한 상황에 있다는 사실을 잘 알고 있으며 호의적이지 않은 주의를 끌 필요성을 전혀 느끼지 않고 있다.

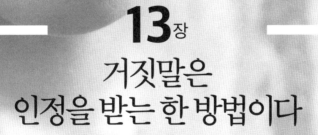

13장
거짓말은
인정을 받는 한 방법이다

여기선 개인 심리학을 다소 아는 어머니를 둔 아이의 문제를 소개할
것이다. 그러면 여러분은 이 아이의 어머니가 문제를 어떤 식으로 다
루는지, 그녀의 이해가 어느 정도 깊은지, 그녀가 개인 심리학자와 어
떤 식으로 협력하는지를 볼 수 있을 것이다. 아이의 어머니는 아이의
문제를 해결하기 위해 개인 심리학자들과 함께 노력하는 것이 쉬운
일이 아니라는 사실을 알고 있다.

"9세인 나의 아들 필립은 사람들이 흔히 말하는 문제아이다."

이는 아마 아이가 그녀에게 문제가 되고 있다는 것을, 그녀가 아이
때문에 골치를 앓고 있다는 것을, 아이가 사회적 감정과 양립할 수 없
는 행동을 한다는 것을 의미할 것이다. 만일 아이의 사회적 감정이 이
런 종류의 실패 앞에서 반항을 하지 않는다면, 우리가 굳이 머리를 싸
매고 아이를 교육시켜야 할 이유가 전혀 없을 것이다.

만일 이 어머니가 "아들이 신경질을 부린다"는 이야기를 들려준다 하더라도, 그건 큰 의미를 지니지 않는다. 사람들이 이런 식으로 말할 때, 그 뜻은 대체로 아이가 침착하지 못하고 다루기 어렵다는 의미일 뿐이기 때문이다. 지나친 신경과민이 신경증의 가장 중요한 요소라는 사실에 관심을 기울여 달라고 부탁하고 싶다. 이런 신경과민이 언제나 신경과민으로 겉으로 드러나지는 않으며, 그보다는 결과에서 드러날 것이다. 여기서 우리가 다루고 있는 소년은 후자에 속한다.

우리는 이 아이의 내면에서 신경과민의 결과가 자신의 중요성을 높이려는 시도로 나타나는 것을 확인하게 될 것이다. 이것이 미국에서 "우월 콤플렉스"라고 부르는 바로 그것이다. 물론 이것은 두 번째 단계, 즉 "열등 콤플렉스"의 결과이다. 우월 콤플렉스와 열등 콤플렉스 사이에 과민반응이라는 것이 작동하고 있는 것이다. 매우 예민한 아이는 자신의 상황을 하나의 패배로 여길 것이다. 따라서 그 아이는 패배에서 벗어날 길을 찾으려고 노력할 것이다. 그는 보상을 찾을 것이며, 이 같은 노력이 우월감을 낳을 것이다.

"아이는 이상할 만큼 침착하지 못하다."

이 정보는 아이가 자신이 처한 상황에서 마음의 평안을 찾지 못한다는 사실을 뒷받침한다.

"아이는 아무것도 배우지 않는다."

이것은 다소 혼란스러우며 다른 의미로 이해되고 해석되어야 한다. 소년은 자신이 학교의 요구사항을 충족시키지 못한다고 느끼고 있으며 따라서 학교에서 어떠한 노력도 하지 않는다.

"그러나 아이는 우둔하지 않다. 아이는 가끔 현명한 판단으로 사람들을 놀라게 만들기도 한다."

개인 심리학자들은 이것을 잘 이해한다. 이 아이는 학교의 요구사항 앞에서 자신이 무능하다고 느끼고 있다. 그래도 아이에겐 다른 문제를 다룰 능력은 있다. 우리가 아는 한, 소년은 용기 있는 아이들 축에 속하지 않는다. 용기가 부족한 아이들은 다른 사람들에게 별로 관심을 두지 않으며 자기 자신에게만 관심을 쏟는다.

"아이는 길거리에서 벌어지는 일은 하나도 놓치지 않는다."

나는 많은 현대 심리학자들이 이런 정보를 무시하는 경향이 있지 않나 하고 걱정한다. 시각적인 모든 것에 관심을 가진 아이라고 단정해도 무리가 없을 것 같다. 이 같은 사실은 아주 많은 것을 설명해준다. 아이의 관심이 시각적인 것에만 한정된다면, 그것이 표현 과목에서는 유리하게 작용할 것이다. 그러나 아이에게 들으려는 경향이 약할 수 있다. 이것은 학교에서 아주 중요하며, 학생들의 실패가 이 메커니즘 때문에 일어나는 경우가 많다.

무엇보다 먼저 소년은 자신의 시각적 성향을 충족시키는 아이라는 사실을 염두에 둬야 할 것이다. 사물들을 보는 데서만 만족하는 사람이 할 수 있는 일은 무엇일까? 유익한 일을 그다지 많이 하지 못할 것이란 대답이 불가피하다. 그런 사람이라면 어떻든 사회적 감정이 중요한 분야에서는 많은 일을 해내지 못할 것이다. 여러분은 아마 설계나 그림을 떠올리고 또 눈에 보이는 세상을 더 잘 이해할 것이라고 생각할 것이다. 만일 누군가가 삶의 한 가지 측면을 이 정도로까지 강조한다면, 문제는 간단하지 않다. 실제로 이런 조건에서는 생존의 다른 조건에 대한 관심이 충분하지 않을 수 있으며, 그 사람은 이런 방향으로 더 이상 발달하지 못할 수 있다.

이 소년은 학교에 다닐 준비를 제대로 갖추지 못했지만, 그것은 절대로 아이의 잘못이 아니다. 그러나 아이는 자신의 눈에 보이는 모든 것에, 말하자면 온갖 외양에 지대한 관심을 갖고 있다. 우리의 분석이 제대로 이뤄지고 있다고 본다면, 아이의 삶에 대한 묘사가 완전하지 못한 상태에서도 개인 심리학의 가설들이 입증될 것이라고 예상할 수 있다.

"아이는 어른들이 하는 말을 모두 기억한다."

이 사실을 강조해야 한다. 어른의 모든 것에 관심이 크다는 점을 보여주고 있다. 여기서 주위의 인정을 받으려는 노력이 선명히 보인다. 아이가 큰 존재가 되고 싶어 하는 욕구가 드러나고 있는 것이다.

"아이는 어른이 한 말을 적시에 그대로 반복할 줄 안다."

아홉 살인 이 소년의 삶의 양식을 말해주는 정보가 나타나기 시작한다.

"그러나 아이는 소심하다."

이것은 개인 심리학자들에게 새로운 이야기가 아니다.

"아이는 모든 것을 두려워하며 온갖 위험으로부터 달아나려 한다."

아이는 자신감이 전혀 없다. 여기서 우리는 어머니가 중요한 역할을 맡고 있다고 단정할 수 있다. 아이는 독립적이지 않으며, 자신의 문제를 해결하려 들지도 않는다. 게다가 아이에겐 문제를 직시할 뜻이 전혀 없다. 지금까지 아이가 자기 뒤에 어머니가 버티고 있는 상황에 익숙해 있기 때문이다.

이 대목에서 개인 심리학은 다른 심리학 학파들에 비해 소년이 응석받이로 큰 아이라는 사실을 더 쉽게 확인할 수 있다. 문제아들 중에 이런 아이들이 많으며, 신경증을 앓는 개인들이나 잠재적 자살자, 범죄자, 성도착자들 중에도 어렸을 때 이런 식으로 자란 사람들이 많다.

아이가 응석받이로 자랐다는 사실은 아주 중요하다. 그래서 나는 "응석받이 아이"에 대해 몇 마디 더 하면서 정의를 확실히 내리고 싶다. (어머니들은 종종 "가끔 아이를 때린다."고 말한다. 그러면서 어머니들은 자신이 아이를 응석받이로 키웠다는 의심을 피할 수 있을 것이라고 짐작한다.) 응석받이 아이라는 표현은 어떠한 성적 애착도 암시하지 않는다는 점부터 먼저 밝혀야 한다. 응석받이로 큰 아이는 독립적으로 기능할 기회를 박탈당한 아이이다. 다른 사람이 아이를 위해 대신 말해주고, 위험한 상황을 대신 파악하고 아이를 그 위험으로부터 보호해주는 그런 환경에서 큰 아이가 바로 응석받이로 큰 아이이다. 한 마디로 말하면, 그런 아이는 다른 누군가에게 끌려다니는 아이이다. 그런 아이에겐 언제나 부릴 수 있는 사람이 옆에 있으며, 자신의 삶을 옆에 있는 사람과 공생관계 속에서 구축한다. 그런 아이는 기생(寄生)하는 특징을 보이며, 자신이 원하는 모든 것을 어머니의 도움을 통해 얻으려고 한다.

"아이는 소심함이 좋은 특성이 아니라는 것을 매우 잘 알고 있으며, 지금 최악의 거짓말을 꾸미고 있다."

이 거짓말이 어떤 종류인지 짐작이 가능하다. 아이가 주위에 훌륭하게 보이고 인정을 받고 칭송의 소리를 듣고 싶어 하는 충동을 느끼고 있기 때문이다. 아이가 어른이 하는 말을 반복한다는 사실을 감안한다면, 아이는 거짓말 속에서 틀림없이 영웅의 역할을 할 것이다.

"예를 들면, 아이는 이런 식으로 말한다. '영국에 간 적이 있는데 거기서 어떤 벽의 귀퉁이를 보다가 호랑이를 보았어.'"

이것 자체로 큰 거짓말이다. 그러나 나의 관심을 특별히 끄는 것은 그가 그냥 보는 것이 아니라 "어떤 벽의 귀퉁이"를 본다는 점이다. 이것은 일종의 기교이다. 모두가 다 할 수 있는 것이 아니다. 이것은 우리에게 그보다 더 많은 이야기를 들려준다. 소년의 관심이 특별히 두드러져 보이고, 소년은 어려움을, 말하자면 다른 사람들은 절대로 극복하지 못할 어려움들을 정복하길 갈망하고 있다는 점이 확인되고 있다. 이 맥락에서, 우리는 이런 경우에 대체로 시각기관의 결함으로 힘들어한 아이들을 다루고 있다는 점을 명심해야 한다.

지금 여기서 내가 이 소년이 내사시(內斜視)라는 점을 밝힌다면, 여러분은 이 소년이 시각적인 모든 것에 관심을 보이는 이유를 이해할 수 있을 것이다. 이 소년이 현대의 전문 용어로 '직관상(直觀像)을 보는 사람'이라 불리는 이유를 이해할 수 있다는 뜻이다. 직관상을 보는 소년이 시각 영역에서 곡예 같은 묘기를 성취하려 드는 충동은 벽의 귀퉁이를 보길 원하는 표현 속에서 드러나고 있다.

"한번은 내가 집에 왔는데 문이 열려 있었다. 벽장 안에 도둑이 있었기 때문에, 아무도 안으로 들어가려 하지 않았다. 그래서 내가 손도끼를 들고 도둑을 죽였다."

여기서 다시 아이는 무엇인가를 "보고" 영웅의 행동을 성취한다. 어머니가 정확히 묘사하고 있다.

"아이는 언제나 영웅의 역할을 하길 원한다. 아이는 모두가 존경하고 무엇이든 할 수 있는 그런 인물이 되기를 원한다. 만일 아이가 '오늘 학교에서 어떤 문제를 나 외에는 아무도 풀지 못했어.'라고 말한다면, 나는 학교에서 일이 잘못 돌아갔구나 하고 확신한다. 그런데 나의 판단이 언제나 맞는 것으로 드러난다."

이 대목에서 나는 아직 충분히 나타나고 있지는 않지만 그래도 아이의 보상 유형에 대해 설명하고 싶다. 그는 상상 속에서 보상을 하고 있으며, 따라서 모든 것이 허공 속으로 사라져버리는 것처럼 보인다. 그는 보상에 적극적이지 않다. 이것은 우리가 앞에서 표현한 것, 말하자면 그가 소심하다는 점을 보여주는 또 하나의 예이다. 아이는 자신을 위해 모든 것을 대신해주는 어머니의 도움을 받는 데 익숙하다.

"나는 아이를 이해한다. 아이는 훌륭한 학생이 되고 싶어 하고 용감한 소년이 되고 싶어 한다. 나는 아이가 자신의 '인격감'을 높이기를 원한 때에만 거짓말을 한다는 것을 이미 알고 있다."

이 의견에서 개인 심리학의 관점이 이미 확인되고 있다.

"나는 아이를 처벌하지 않는다."

우리도 어머니의 의견에 완전히 동의한다. 지식과 힘의 모든 측면에서 절망하고 있는 소년이 처벌을 받아야 할 이유는 전혀 없다. 무엇인가를 성취해야 할 때면 언제나 심연의 가장자리에 선 것 같은 느낌을 받으며 뒤로 물러서는 아이에겐 나름의 이유가 충분히 있다. 이 아이를 어떻게 다뤄야 하는지를 우리는 이미 확인했다. 아이가 다시 용기를 갖게 하고 또 문제는 풀릴 수 있다는 사실 때문에 문제라 불린다는 사실을 배울 수 있도록 해야 한다. 이 아이도 앞으로 나아가기로 마음을 먹기만 하면 발전을 이룰 수 있다.

그러나 아이의 목표가 삶의 쓸모없는 측면에서 인정을 얻는 것인 한, 또 삶의 유익한 측면에서 문제를 해결하려는 노력을 회피하는 한, 그 어떤 것도 성취될 수 없다. 소년은 자신이 유익한 측면에서 할 수 있는 것은 아무것도 없다는 점을 입증하기 위해 모든 것을 동원할 것이다. 이런 아이를 처벌하면 안 되는 이유를 우리는 이해하고 있다. 이 아이에게 처벌은 단지 아이의 무능력을 증명하는 것에 지나지 않을 것이다. 그러면 아이는 처벌을 피함과 동시에 심연으로부터 뒤로 물러날 다른 길을 찾을 것이다.

"나는 귀여운 아들을 사랑한다."

이것은 우리가 찾고 있던 바로 그 증거이다. 어머니가 아이를 애지중지 키웠다는 사실이 확인되고 있다.

"나는 아이를 진정으로 사랑하고 있는데, 아이는 거짓말을 하고 있다. 갈수록 거짓말 횟수가 늘어나고 있다. 아이는 자신의 거짓말이 발각될까 봐 두려워하고 있다."

여기서 우리는 어떤 희망이 나타나고 있는 것을 본다. 언젠가 아이가 두려움 때문에 거짓말을 그만하고 진실에 접근할 가능성이 엿보이는 것이다. 그러나 진실을 직시할 경우에 소년의 우월 목표는 어떻게 되는가? 이것이 그런 소년이 끌어낼 수 있는 유일한 결론인가? 그렇지 않다. 다른 결론도 있다. 절대로 발각되지 않도록 거짓말을 더욱 정교하게 다듬자는 결론도 나올 수 있다. 이것이 소년이 취해야 하는 경로이다. 다른 경로는 없다. 왜냐하면 소년으로서는 인격감을 완전히 상실할 수는 없기 때문이다.

소년은 무엇인가를 보여주기 위해 거짓말쟁이가 되었다. 그러므로 우리는 아이가 거짓말을 포기할 수도 없고 또 "무가치한 존재"로 비칠 위험을 감수할 수도 없다는 점을 이해한다. 실제로 아이는 더욱 정교한 거짓말에 의지하게 될 것이다.

"나의 남편은 자기가 아들을 망치고 있다고 말한다."

이런 말을 여러분은 언제나 접하게 될 것이다. 여러분이 치료 대상이 된 환자의 삶의 양식을 어렵사리 찾아내고 나면, 환자의 주변에서 이미 환자의 삶의 양식을 정확히 밝히는 사람이 언제나 있다는 사실이 확인될 것이다. 이 말은 꽤 맞는 말이다. 아이는 애지중지 버릇없이 컸다. 그러나 아이의 아버지가 그 같은 연결을 이해하고 있을까? 아이의 아버지가 모든 아이들이 인정을 받으려고 노력한다는 것을 알고 있다면, 아이의 내면에서 그런 충동이 어떤 식으로 일어나는지 그 과정까지 충분히 분석하고 있을까?

단순히 아이가 버릇없이 컸다고 말하는 것은 이 문제와 관련해 성취한 것에 대해서는 아무런 이야기를 들려주지 않는다. 사람들은 응석받이라는 단어를 어떤 식으로 받아들일 것인지에 대해 잘 모르고 있다. 어머니들이 "어떻게 하면 아이를 응석받이로 키우지 않을 수 있을까?"라고 질문을 던지는 것은 적절하다. 그러나 이런 물음이 타당할 수 있는 것은 어디까지나 이 소년의 예에서처럼 어머니가 아직 그 맥락을 파악하지 못하고 있을 때까지 만이다.

"나의 남편은 아이가 대단히 불안정한 모습을 보이고 거짓말을 하는 것이 아이의 응석을 다 받아주었기 때문이라고 주장하고 있다. 더 나아가 남편은 나의 아버지가 사촌과 결혼했기 때문에 '아이의 머리가 약간 이상해졌다'고 생각한다."

조부모 사이에 혈연관계가 확인되고 있다. 이 아이의 아버지처럼 단순히 아이를 응석받이로 버릇없이 큰 아이로 본다고 해서 달라지는 것은 아무것도 없다고 주장한다면, 그런 나의 의견이 틀렸을까? 실제로 보면 소년의 아버지는 아이가 응석받이로 컸다는 사실을 정작 믿지 않으며 그보다 더 설득력 있는 두 번째 이유를 찾고 있다. 그는 아이가 불안정한 성격을 갖게 된 원인을 외조부모 사이의 혈연관계에서 찾으려 하고 있다. 여기서 과학이 아버지의 부담을 많이 덜어주고 있다는 사실이 확인된다. 아버지는 그렇게 함으로써 아이의 실패에 대한 책임을 어머니의 탓으로 돌리며 자신은 책임에서 벗어나려 하고 있다.

"친척끼리 한 부모의 결혼은 나의 인생의 저주이다. 남편은 끊임없이 그 문제를 끄집어낸다. 다른 가족들 중에도 한 아이가 다른 아이에 비해 조금 더 힘든 경우가 있다. 그러나 나의 남편은 친척끼리의 결혼이 원인이라는 입장을 꺾지 않는다. 나는 남편에게 그것이 사실이 아니라는 점을 증명해 보여야 한다. 그러기 위해서 나는 이 아들을 출세시켜야 한다. 이 아들은 나쁘지 않다. 오히려 마음씨가 곱다."

마음씨가 고운 것은 아이의 소심함의 한 측면에 불과할 수 있다. 어떤 삶의 양식의 여러 측면들 중에서 한 가지 요소만을 따로 분리시켜 생각하는 것은 불가능한 일이고, 또 모든 것은 여러 측면을 갖게 마련이라는 것이 개인 심리학의 기본 입장이다. 친절함이 부정적인 무엇인가를 나타내고 있을 수도 있다. "아름다움이 추함이 되고, 추함이 아름다움이 된다"는 말도 있지 않은가. 어떤 사람의 삶의 양식을 먼저 파악하지 않고는 그 사람의 내면에서 일어나는 일을 이해할 수 없는 것은 바로 이런 다양성 때문이다.

"아이는 단순히 다른 아이들의 호의를 얻으려는 목적으로 자신의 소유물을 아이들에게 준다."

이런 친절에는 이기심이 담겨 있다. 아이는 다른 아이들에게 좋은 대접을 받기 위해서 뇌물을 먹이려 하고 있다.

"아이는 소중한 것까지도 아이들에게 준다. 아버지가 아들을 따뜻하게 대하지 않는데도 불구하고, 아이는 아버지를 사랑한다."

이 대목에서 나는 소년이 이미 자기 어머니뿐만 아니라 다른 아이들에게까지도 승리를 거두기를 원하는 단계에 와 있다는 점을 확인한다. 이미 강조한 바와 같이, 소년은 자신을 보호하려고 노력하고 또 다른 사람들로부터 높이 평가 받고 칭송의 소리를 듣길 원한다. 이것이 아이가 거짓말을 하는 목적이기도 하다.

"박사님께 조언을 청하고 싶다. 아이에게 엄격하게 대해야 하는가? 그렇게 해도 결과가 나아질 것이라는 믿음이 서지 않는다. 아이는 울면서 온갖 것을 약속해놓고도 10분만 지나면 그런 약속 따위에 대해서는 까맣게 잊어버린다."

어머니는 아들을 엄하게 다루려고 노력했지만 뚜렷한 효과가 나타나지 않았다. 유일하게 가능한 방법은 아이가 삶의 양식을 구축하면서 저지른 실수를 이해하도록 하는 것이기 때문이다. 실제로 보면, 이것은 아이를 독립적이고 자율적인 존재로 성장시키고 또 아이의 자신감을 일깨워준다는 뜻이다. 이것이 성취되지 않는 한, 물론 개인 심리학에선 친절을 선호하지만 친절함이나 엄격함이나 똑같이 아무런 소용이 없다.

이 소년은 준비가 되어 있지 않다. 준비가 되어 있지 않은 소년에게 무엇인가를 요구하는 것은 가혹하다. 동물들을 상대로 한다면, 우리는 동물들이 할 수 있는 것을 정확히 측정할 준비가 되어 있으며 그 이상을 요구하지도 않고 강요하지도 않는다. 그러나 인간을 상대로 할 때엔 우리는 그들이 할 수 있는 것이 정확히 어느 정도인지에 대해 별로 걱정을 하지 않는다.

아이들의 준비 상황이 저마다 다 다른 학교에 이 말을 적용한다고 잠시 생각해보자. 이 말의 중요성이 절실히 느껴질 것이다. 기본적으로 아이의 소질을 측정하는 것이 아니라 아이의 준비 상황을 평가하는 학점 체계를 채택하는 것은 "학생들을 모두 같은 배에 태우는 것"이나 마찬가지이다.

"지금 아이는 거짓말을 하지 않을 수 없는 상황에 처해 있다. 아이가 거짓말에 더욱 복잡하게 얽히게 되었기 때문이다."

아이의 어머니는 자신의 의견에 대해선 분명히 밝히지 않은 가운데 아들이 높이 평가받을 수 있는 다른 길을 발견하지 못한다는 식으로 결론을 내리고 있다.

그녀는 조언을 청했다. 그래서 나는 앞에서 여러분에게 간단히 암시한 그대로 그녀에게 조언했다.

그러나 보고서의 나머지 내용 중에서 중요한 사항이 더 있을지 모른다.

"최근에 아이가 다시 거짓말을 시작했을 때, 나는 그것을 농담으로 받아들이며 아이가 거짓말을 하는 이유를 웃으며 설명했다."

여기서 말하는 "이유"에서 여러분은 내가 아이의 어머니에게 암시한 바를 짐작할 것이다.

"필립은 자신의 거짓말을 인정하면서 당혹감을 감추지 못한 채 웃기 시작했다."

소년은 자신의 거짓말이 거짓말이라는 것을 깊이 자각하고 있다. 아이는 거짓말을 잘 알고 있다. 나는 지금 의식과 무의식의 차이를 확실히 알아냈다고 주장하면서 나쁜 본능은 무의식에서 발견되어 검열관을 거친 다음에 베일에 가려진 채로 의식 속으로 침투한다고 믿고 있는 그런 심리학자들에게 문제를 하나 낼 생각이다. 이 거짓말은 무엇을 의미하는가? 만일 의식을 제대로 이해하면서 거짓말을 단순한 거짓말로 받아들이지 않는다면, 우리는 거짓말이 관심을 끄는 하나의 수단이라는 것을 알게 된다. 이 소년의 무의식을 깊이 분석하면, 거기에 깊은 열등감이 자리 잡고 있으면서 스스로 해방될 길을 찾고 있다는 것이 확인될 것이다. 인정을 받으려는 소년의 노력은 바로 이 열등감에서 비롯되고 있다. 그러므로 소년의 열등감은 우리가 소년의 의식에서 확인하는 것, 즉 인정을 받으려는 노력과 절대로 다르지 않다.

"물론 나도 실수를 한다. 최근에 필립이 아버지에게 공동묘지로 데려가 달라고 부탁했다. 학교에 제출할 에세이를 쓰기 위해서였다. 남편이 거절했기 때문에, 가정부가 아이를 공동묘지로 데려갔다. 다음 날 아들의 에세이가 매우 우수하다는 평가를 받았지만, 거기엔 사실과 부합하는 내용은 단 한 줄도 없었다."

말이 난 김에 하는 말이지만, 작문은 반드시 사실일 필요가 없다. 그러나 아이의 어머니가 아이의 작문에서 아이가 현실에서 하는 행동 패턴과 똑같은 패턴을 발견했다면, 그녀의 판단이 옳다.

"아이는 자기 아버지와 공동묘지에 가게 된 사연과 아버지가 운 것에 대해 상세하게 묘사했다. 마지막에 아이는 이렇게 적었다. '나는 울지 않았다. 남자는 울지 않는 법이니까.'"

상상 속이긴 하지만, 아이는 자기 아버지를 능가했다. 그의 어머니는 그 점을 잘 이해한다.

"그래서 아이는 거짓말을 통해서 아버지를 미천한 존재로 그림으로써 자기 자신을 중요한 존재로 부각시키고 있다."

"아이는 아버지를 미천한 존재로 그림으로써 자기 자신을 중요한 존재로 부각시킨다." 동시대인 중에서 소위 오이디푸스 콤플렉스를 모르는 사람이 있을까? 지금 질문은 이것이다. 소년이 무의식에 오이디푸스 콤플렉스를 갖고 있는가? 소년이 자기 아버지를 미천하게 묘사하고 공동묘지에서 우는 것으로 쓴 이유가 바로 이 오이디푸스 콤플렉스 때문인가? 아니면 자기 자신을 중요한 인물로 만들면서 자신에게 저항하고 있는 아버지를 능가하기 위한 것인가? 여기 의식에도 자리 잡고 있는 오이디푸스 콤플렉스에서 조숙한 성적 관념들이 발달할 수도 있지 않은가? 이것은 많은 생각을 하게 만드는 질문이다. 그러나 개인 심리학자들로서 우리는 망설이지 않는다. 우리는 아이가 펼치는 노력의 노선이 아래에서 위로, 또 평생 동안 이어지고 있으며, 이 노선은 성욕의 발달까지 포함한다는 것을 확인한다.

"그러나 작문은 훌륭했다. 선생은 필립을 크게 칭찬했으며, 학교에서 돌아온 뒤 아이는 그것을 나에게 읽어주었다. 나는 아이에게 감동할 생각이 별로 없었다. 나는 아무 말을 하지 않으면서 관심을 주지 않는 척 꾸몄다."

문제의 소년에 관한 보고서는 이렇게 끝을 맺고 있다. 소년은 매우 흔한 유형에 속한다. 자신을 중요한 존재처럼 보이기를 원하는 거짓말쟁이 유형이다. 이 같은 노력은 아이들 사이에서 체구가 작은 까닭에 매우 흔하게 나타나는 경향이다.

여기서 잠깐 동안 이 소년의 기본적인 상황에 대해 생각해 보자. 어머니로부터 애지중지 사랑을 받으면서도 아이는 집에서 아버지 때문에 늘 두 번째 자리를 차지하고 있다. 아이가 자기 어머니에게서 받을 수 있는 것은 가족의 울타리 밖에서는 아무런 가치를 지니지 않는다.

또 사시가 있는 아이들은 특별히 호감을 사지 못한다는 점도 지적해야 한다. 그런 아이들은 이런 사실을 재빨리 배우며, 따라서 세상을 적대적으로 볼 것이다. 이 소년이 아주 일찍부터 이 같은 저항을 자각하고 또 바깥 세상은 자기 어머니와 함께 하는 세상과 다르다는 사실에 눈을 뜬다 하더라도 전혀 이상할 게 없다.

이런 사실에 대한 아이의 반응은 도피였다. 어느 누구도 우월을 추구하려는 욕구로부터 달아나지 못하기 때문에, 아이도 행동의 기준이 되어줄 삶의 노선을 발견해야 했다. 그 노선이 바로 허풍과 거짓말이다. 물론 다른 형식도 있다. 그러나 그 모든 형식에서 열등한 위치에서 빠져나오고(예를 들어, 처벌받을 위험에 처할 때 사실들을 왜곡시키는 행위), 속임수로 자신의 중요성을 회복하고, 다시 상승하려는 노력이 발견될 것이다. 다른 거짓말과 허풍에서도 아이가 공상을 통해 스스로를 무능하다고 느끼게 만드는 일들로부터 벗어나려고 노력하는 것이 확인된다. 그것은 마치 아이가 발끝으로 서려고 노력하는 것과 비슷하다.

아이가 진정한 필요에서 이런 노력을 펴고 있는데, 그런 아이를 엄하게 처벌하는 것은 터무니없는 짓이라는 것이 이해될 것이다. 유일하게 효과를 발휘하는 것은 설명이다. "너는 달아날 필요도 없고, 거짓말에 기댈 필요도 없고, 허풍을 떨 필요도 없단다. 네가 진정으로 노력을 기울이길 원한다면, 너는 유익한 일을 함으로써 인정받고 싶은 욕구를 충족시킬 수 있어. 그러니 바보 같은 속임수를 써야 할 이유가 전혀 없단다."

14장
현실의 성취 대신에
공상 속 영웅의 역할에 빠지다

선생은 이 장에서 논할 아이가 초등학고 2학년 소년이라고 보고한다. 이 소년은 9세이며, 공격적인 행동을 보이고 있다.

　이 정보는 아이가 2학년에 처음 올라갈 때 9세였는지에 대해 분명히 밝히지 않고 있다. 9세 소년이라면 이미 3학년에 올라가야 할 나이인데.

　"학교에 입학할 때, 소년은 글을 아무렇게나 휘갈기는 수준이었다. 소년은 글 쓰는 것을 정말 더디게 배웠다."

　소년의 행동이 거칠다. 어쩌면 전사의 기질을 갖고 있을지도 모르겠다. 소년은 영웅의 이상을, 말하자면 "명예 규율" 같은 것을 지키는 사람들의 범주에 속하는 것 같다. 이 소년이 글을 쓰는 것을 그렇게 어려워한 이유는 무엇일까? 소년이 왼손잡이일 가능성이 있지만 확실하지 않다.

"소년의 최대 약점은 산수이다."

여기서 다시, 우리는 확실한 바탕 위에 서지 못하고 있다. 아마 소년은 버팀목이 전혀 제시되지 않는 산수에 어려움을 겪는 많은 응석받이 아이들 중 한 명일 것이다. 다른 과목의 경우에는 외우면 조금이라도 배울 수 있다. 그러나 산수에선 구구단을 제외하고는 외우는 것이 아무 소용이 없다. 응석받이로 큰 아이들은 무엇이든 스스로의 힘으로 하길 원하지 않기 때문에, 그런 아이들 중에 산수를 못하는 아이들이 많다 해도 놀랄 일이 전혀 아니다. 이를 통계적으로 증명할 수 있다면, "산수 재능"에 대한 믿음이 크게 훼손될 것이다.

"소년은 산수에서 보충 수업을 듣고 있다."

이것은 아이가 응석받이로 컸다는 점을 증명하고 있다.

"소년은 이 보충 수업 시간을 대단히 좋아한다."

그 이유를 우리는 모른다. 아마 선생이 매우 친절할 수 있을 것이다. 아니면 소년이 학급에서 원하던 조건이, 말하자면 응석을 부릴 수 있는 조건이 이 수업에서 조성되고 있다는 것을 깨달았을 수도 있다.

"소년은 자신에게 관심이 특별히 많이 쏟아지는 것을 좋아한다."

이 정보는 소년이 응석받이로 커기를 원하는 아이라는 점을 처음으로 뒷받침한다. 다른 증거도 따를 것이다.

"소년은 옷을 입을 때에도 도움이 필요하다. 어른들이 소년을 학교에 데려다주고 데려온다. 소년이 혼자서 등교하거나 하교하는 예는 절대로 없다. 그래도 소년은 덩치가 크고 나이에 비해 잘 발달되어 있다. 머리카락이 붉은색이다."

빨강머리를 가진 아이들은 급우들의 집적거림에 시달린다는 사실은 잘 알려져 있다. 이 집적거림이 빨강머리 아이에게는 고통스러울 수밖에 없다. 이는 소녀보다 소년에게 더 강하게 적용된다. 소녀의 경우에 빨강머리가 종종 아름답게 여겨지기 때문이다. 반대로 머리카락이 빨간색인 소년은 특별히 미움을 산다. 이런 것들은 미신의 성격이 강한 케케묵은 태도이며, 빨간 머리를 가진 아이들에게 심각한 피해를 안긴다. 실패를 겪는 아이들 사이에 빨간 머리 아이가 종종 발견되기 때문이다. 이것은 내가 여러 자료에서 확인한 하나의 사실이다. 그러나 빨간 머리 아이가 경험하는 실패는 심각한 성격의 실패가 아니다. 장기적으로 보면 빨간 머리 소년들은 자신의 어려움을 극복한다. 집 밖에서 집적거림의 대상이 되는 것은 특별히 유쾌한 일이 아니지만, 가족 안에서는 상황이 많이 달라진다. 열등감은 그다지 강하게 드러나지 않는다.

"소년이 일을 제대로 처리하지 못하면 어머니가 아들을 나무라는데, 그러면 아이는 분노를 표현한다."

이는 아이가 자신과 어머니의 관계를 어머니가 아들에게 의존하는 관계로 정착시켰다는 것을 의미한다. 아이는 분노를 통해 이런 관계를 확립한다. 그런데 아이들이 이런 식으로 분노를 표현하는 일이 자주 일어난다. 응석받이로 큰 아이들의 경우에 반드시 응석받이가 끝나는 시점이 오기 때문이다. 그래서 응석받이로 큰 아이들은 성장하면서 자신의 상황이 악화될 때 자연히 위협을 느끼게 되어 있다.

"소년은 칭찬의 소리를 들으면 모든 것이 잘 될 것이라고 생각하면서 스스로를 격려한다."

여기선 아이가 완전히 낙담하지는 않았음을 뒷받침하는 증거가 보인다.

"아이는 정상적으로 말하고 걷는 법을 배웠다."

이 사실을 근거로, 우리는 아이가 신체기관의 발달에서 어려움을 겪지는 않았다는 결론을 내릴 수 있다.

"18개월 이후로 아이는 분노를 자주 표현해 왔다."

이 관찰이 정확하다면, 이 점을 반드시 기억해야 한다. 개인적으로 나는 6개월 된 아이에게서도 이런 신호를 읽어낼 수 있었다. 이 소년은 아기 때 우유를 먹고 자랐으며, 당시에 아기는 발육이 매우 양호하고 규칙적으로 먹으며 육체적으로 아무런 문제를 보이지 않았다. 이 소년이 생후 6개월 되었을 때, 다음과 같은 특이점이 관찰되었다. 잠에서 깨어나자마자, 아기는 낮은 소리로 울곤 했다. 그때 우유병을 들고 가서 아기에게 건네면, 아기는 다시 완벽하게 행동했다. 그러나 우유병을 들고 가지 않으면, 아기는 분노의 표시를 분명히 보이면서 비명을 지르기 시작하곤 했다. 그러다 가족이 아기에게 갈 때마다 우유병을 들고 가는 버릇이 생기게 되었다.

"처음에 소년은 학교에서 매우 우울해 보였다."

우리는 이 점을 쉽게 이해할 수 있다. 소년이 다른 사람들이 자신을 애지중지해줄 상황을 찾고 있었던 것이다. 소년은 관심의 중심에 서기를, 주변을 지배하기를 원했다. 학교에선 소년에게 그럴 기회가 전혀 주어지지 않는다. 따라서 아이는 우울하게 행동하게 되어 있다. 그 것은 응석받이 아이의 신호이다. 개인 심리학의 도움으로, 선생들은 아이의 내면 풍경을 매우 쉽게 그릴 수 있다.

"아이는 상상력이 대단하다."

이 정보를 근거로, 아이가 억제적인 성격이 강한 현실과 관계를 부드럽게 맺지 못하고 있다는 결론이 가능하다. 아이는 스스로 상상의 세상을 건설하고 있으며, 그 안에서 아이는 편안함을 느끼고 있다. 그 세상에서 소년은 마음의 평화를 찾고, 막강한 존재가 되고, 명령을 내리고 싶은 욕구를 충족시킨다. 그런 세계 안에서, 아이는 정복을, 승리의 전투를, 엄청난 규모의 재산의 구입을 상상한다. 그런 아이들은 또한 자신을 간혹 인격이 높은 구세주로 여긴다. 상상 속에서 그런 아이들은 달아난 말을 잡고, 왕이나 공주를 구하고, 왕비를 구하기 위해 물속으로 뛰어든다. 그러면 당연히 왕이나 공주, 왕비는 목숨을 구해준 데 대해 아이에게 고마움을 느낀다. 이런 아이들은 현실의 견고한 땅으로 내려오는 순간 매우 심각한 우울증에 빠진다.

"아이의 생각은 인디언과 도적에 관한 이야기로 가득하다."

아이는 공상 속에서 한 사람의 영웅이다. 이 소년을 겁쟁이로 보아도 무방할 것이다. 공상 속에서 영웅이 되는 것은 소년 나름대로 자신의 소심함을 보상하려는 시도이다.

"그는 눈에 보이지도 않는 적을 상대로 언제든 싸울 준비가 되어 있다."

이런 공상도 유익한 목적에 이용될 수 있다. 소년이 소심함을 극복하기 위해 심리적으로 자신을 훈련시킬 수 있기 때문이다. 일부 아이들은 이런 방법을 통해서 소심함을 부분적으로 극복하는 데 분명히 성공했다.

"간혹 소년은 상상을 현실로 착각한다. 그러면 소년은 자기 어머니에게 상상 속에 학교에서 일어난 일을 들려주고는 마지막에 '엄마, 그런 일이 진짜로 일어난 것은 아니에요. 내가 상상한 거예요.'라고 말할 것이다."

여기서 우리는 약간의 사회적 감정을 확인하고 있다. 소년은 자신이 거짓말쟁이로 여겨지길 원하지 않는다. 그는 자신의 능력 안에서 나름대로 현실을 통제할 수 있다. 그렇지 않다면, 그런 식의 말은 신경증적 거짓말이 될 것이다. 아이들도 자신들이 벌이는 수작에 매우 흥분하면서도 언제나 현실에 발을 딛고 있다는 사실을 알고 있다. 이 소년이 상상하고 들려주는 이야기들은 그가 발끝으로 서서 실제보다 더 커 보이기를 원한다는 점을 증명하고 있다. 이 같은 사실로부터 우리는 아이가 울적한 열등감에 빠져 있다는 결론을 끌어낼 수 있다. 이 열등감은 아이를 응석받이 아이로 본 우리의 판단이 옳다는 점을 뒷받침한다.

"어머니는 아이가 아주 어릴 때 심하게 아팠다고 보고한다. 생후 4개월째에 결장을 앓았으며 그 후에도 선병(腺病)을 앓고 폐가 약한 편이다."

우리는 이 보고를 평가할 수 있는 위치에 있지 않으며, 이 아이를 매우 아프다고 보는 어머니의 판단이 옳은지에 대해서도 의견을 내놓을 수 없다. 이보다 우리의 관심을 더 강하게 끄는 것은 아들을 매우 아픈 아이라고 생각한 그녀가 아이를 키우면서 특별한 보살핌과 사랑을 베풀었을 것임에 틀림없다는 점이다. 아이의 어머니는 아이가 자신을 극단적으로 의지하도록 만들었을 것이다.

"어머니는 아픈 아이는 당연히 특별한 보살핌을 받게 되어 있다고 말한다."

그녀는 우리가 이제 방금 말한 것과 똑같은 내용을 다른 방식으로 표현하고 있다.

"아이는 어둠을 무서워한다."

여기서도 응석받이 아이의 신호가 보인다. 어둠을 무서워하는 것은 '누군가 내 곁에 있어야 한다.'는 뜻이다.

"아이는 손재주가 형편없다."

아이가 왼손잡이일 수 있다는 생각이 들게 한다.

"아이보다 나이가 여덟 살이나 더 많은 누나가 아이에게 나쁜 영향을 끼치고 있다."

아이는 나이가 여덟 살이나 더 많은 누나를 두고 있다. 우리는 그녀가 동생에게 누나로서 행동하지 않을 것이라고 단정할 수 있다. 어머니나 이모처럼 행동할 것이다. 그런 누나를 경쟁자로 고려하지 않았을 것이기 때문에, 소년은 외동아이처럼 성장하고 있다.

"그녀는 동생을 비판하고 야단치면서 동생의 노력에 간섭한다."

그녀는 비판적인 어머니나 다름없다. 아마 계모와 비슷한 존재일 것 같다.

"아이는 매우 공격적이다."

아이는 어머니가 자기 뒤에 서서 자신을 옹호하고 있다는 사실을 알고 있다. 그는 자신이 누나와 싸움을 벌여도 누나가 그리 멀리 나가지 못한다는 사실을 알고 있다.

"아이는 자기보다 강한 사람들에게 특히 더 공격적으로 나온다."

이 정보는 다소 놀랍다. 나는 이 정보가 전적으로 정확하다고는 믿지 않는다. 부분적으로만 정확하다 할지라도, 아이가 완전히 절망한 것 같지는 않다. 아이가 자신이 무엇인가를 할 수 있다고 믿고 있기 때문이다. 그러나 이것은 아직 용기가 아니다. 더 강한 사람들이 아마 가족 구성원일 것이기 때문이다. 아이가 선생을 공격할 수도 있다. 우리가 볼 때에는 선생이 강해 보이지만 소년에게는 반드시 그렇게 비치지는 않는다. 소년이 선생이 자신을 위해 존재한다는 감정을 품을 수 있기 때문이다.

"아이는 머리카락 색깔 때문에 종종 놀림을 당한다. 그런 경우에 아이는 화를 낸다."

지금까지 본 바와 같이, 아이는 응석받이 아이이다. 아이는 머리카락 색깔 때문에 화를 내는 것 못지않게 누나의 잘못 때문에도 자주 화를 내게 된다. 동물을 끊임없이 집적거리면 그 동물이 끊임없이 성을 내듯이, 이 소년도 집적거리면 당연히 화를 내게 되어 있다.

"소년은 잠꼬대를 하고, 잠을 설친다."

응석받이 아이들에게서 이런 징후들이 나타난다는 점은 이미 확인한 바 있다.

"소년은 숙제를 할 때 매우 침착하지 못한 모습을 보인다."

군이 해석하자면, 숙제가 그를 긴장하도록 만든다. 긴장이 아이를 침착하지 못하게 만드는 것이다.

"소년은 곧잘 다툰다."

이 대목은 아이가 만성적인 짜증 상태에 있다는 식으로 해석이 가능하다.

"그러나 아이는 인정도 많다."

이건 모순이 아니다. 아이가 적에게 굴복하지 않는 성격임에도 불구하고 고통 받는 사람에게까지 친절하게 대하지 말아야 할 이유는 없을 것이다. 이 대목에서 모순을 보는 사람은 양가감정(ambivalence: 어떤 대상에 대해 대조적인 감정을 동시에 품는 것을 일컫는다/옮긴이) 이론을 믿는 사람이다. 개인 심리학의 입장에서 말하자면, 똑같은 삶의 양식이 서로 다른 상황에서 서로 달리 표현되고 있는 것에 지나지 않는다고 할 수 있다.

"어느 날 소년의 누나가 머리를 다쳤을 때, 소년은 누나에게 동정심을 보였다."

이 경우에 소녀의 누나는 정복당한 적인 셈이다. 여기서 우리는 아이에게 사회적 감정이 어느 정도 남아 있다는 사실을, 또 아이가 필요한 상황에서는 인간성을 발휘할 수 있다는 사실을 확인하고 있다.

"아이는 학교에 지각하지 않으려고 신경을 매우 많이 쓴다."

추가 조사를 하지 않은 상태에서 이 부분을 해석하지 않을 것이다. 이 정보와 우리가 이미 알고 있는 내용을 굳이 연결시켜야 한다면, 나는 아이가 앞서 나가려고 노력하고 있다고, 아이가 학교의 중요성을 보여주길 원하고 있다고 말할 것이다. 이는 보충 수업을 받으려고 노력하는 것과 일치한다. 소년은 심하게 절망하지는 않았다. 아이는 언젠가 승자가 되고 싶어 한다.

"어머니는 매우 신경질적이며 인내심을 쉽게 잃는다."

만성적 짜증 상태를 보이는 소년에게 또 다른 어려움이 확인되고 있다. 아이가 종종 화를 내는 이유를 더 잘 이해할 수 있게 되었다.

"낮 시간에 소년의 아버지는 극장에서 전기공으로 일한다. 그래서 어머니가 가정을 꾸리고 있다."

여기서도 소년은 아주 강력한 사람과 맞서고 있다.

"어머니는 몸집이 크고 잔소리가 많은 여자다. 누나처럼 거만한 분위기를 풍긴다. 아이가 자라는 내내, 어머니와 누나는 아이를 끊임없이 비판했다."

이 부분은 소년이 어머니의 자극으로 화를 내는 경우가 자주 있다는 점을 암시한다.

"아버지는 소년에게 부드럽게 대한다."

내가 볼 때, 소년이 아버지를 더 가깝게 여기는 것이 꽤 당연한 것 같다. 소년과 아버지의 관계는 소년의 삶의 두 번째 단계를 상징한다. 소년도 병약한 아이였기 때문에 삶의 첫 단계에서는 당연히 어머니와 더 가까웠을 것이다. 어머니가 아들을 돌보면서 응석을 다 받아주었을 것임에 틀림없다. 그러나 훗날엔 아이가 어머니와 자신 사이의 끈을 유지할 수 없었던 것 같다.

"소년은 무엇인가를 원하다가 그것을 손에 넣을 수 없게 되면 자신의 욕구가 채워질 때까지 운다."

아이는 고집이 세며 자신의 눈물이 주위 사람들에게 어떤 인상을 준다는 사실을 알고 있다. 많은 아이들 사이에, 심지어 많은 어른들 사이에도 이런 특징이 발견된다. 그런 아이들이나 어른들은 자신의 눈물이 무적의 무기라는 인상을 받는다. 또한 다른 사람이 우는 모습을 참아내지 못하는 사람들도 있다. 그런 사람들은 우는 사람의 욕구를 금방 채워주거나 자신이 극도의 흥분 상태를 보일 것이다. 어느 쪽이든 우는 사람을 만족시키게 되어 있다.

"어머니는 이렇게 말한다. '나는 아이를 엄하게 대하는데 남편은 모든 면에서 아이에게 굴복한다.'"

우리는 이런 식의 접근이 아이를 다루는 올바른 방법이 아니라는 것을 알고 있다. 왜냐하면 이미 자기 아버지에게 애착을 느끼는 아이가 어머니를 더욱더 배제할 것이기 때문이다. 부모가 동시에 만족할 수 있는 어떤 양육 방침을 모색하는 것이 훨씬 더 바람직하다. 부모는 아이를 키우는 문제에 있어서 서로 도울 수 있어야 한다.

"나는 언제나 굴복하지 않는다."

이것은 우리가 이미 알고 있는 것을 확인해주고 있다.

"남동생과 누나가 자주 다툰다. 누나도 잘못을 저지른다. 그녀는 언제나 동생을 화나게 만든다. 그러나 소년은 언제나 자신이 옳기를 원하며 두목 노릇을 하려 든다."

게다가 소년은 막내이다. 소년은 막내로서 타인들을 능가하려고 열심히 노력한다. 어려운 문제가 나타나면, 소년은 보다 쉬운 길로 어려움을 우회하려 노력한다. 막내는 언제나 좋은 방향으로나 나쁜 방향으로 타인들에 대한 지배를 확실히 지킬 길을 발견한다.

"소년은 자기 아버지처럼 전기공이 되기를 원한다."

아버지는 아이가 우월을 추구하는 이상적인 노력에서 어떤 단계를 상징한다. 소년이 아버지처럼 전기공이 되기를 원한다는 사실은 아버지에 대한 소년의 존경심을 보여준다. 소년은 아버지의 직업이 신(神)과 비슷한 무엇인가를 대표한다고 믿는다.

"그런 한편 소년은 사냥꾼이 되기를 원한다."

이 욕망이 영웅 역할을 하려는 그의 경향에서 비롯된다는 것을 우리는 이해할 수 있다. 그러나 소년은 이 역할을 절대로 끝까지 수행하지 않을 것이다. 소년은 무방비 상태의 동물을 사냥길 원하는데, 이것은 영웅의 역할과 딱 맞아떨어지지는 않는다.

"소년이 좋아하는 장난감은 총이다. 소년에겐 함께 어울리는 친구가 하나도 없다."

여기서 우리는 다른 아이들과 우정을 형성하는 데에 실패한 응석받이 아이의 특징을 보고 있다. 소년은 지배하려는 성향 때문에 모든 것을 망쳐놓고 있다.

"소년은 누구와도 잘 지내지 못한다. 소년은 말하자면 판을 깨뜨리는 아이이다."

놀이 속의 리더가 되는 상황에서조차도 소년은 자신감을 결여하고 있다. 소년은 타인들의 즐거움을 깨뜨리려 드는 그런 존재이다.

"소년의 공상은 언제나 현실 속의 무엇인가와 연결되어 있다."

모호한 정보이다. 왜냐하면 모든 공상에 대해 이런 식으로 말할 수 있기 때문이다. 현실에 근거하지 않은 무엇인가를 발명하는 것은 불가능하다.

"최근에 소년은 정글로 들어가기를 원하고 있다."

소년은 아마 대포로 무장한 정글의 지배자일 것이다. (동물들은 아무 무기도 갖고 있지 않다.)

"소년은 거울 앞에 서서 영웅 역할을 연습한다."

이것은 아이가 언젠간 연기 경력을 시작할 수 있다는 점을 암시한다. 이것이 버릇일 수도 있다. 모든 배우는 처음 연기 경력을 시작할 때 영웅의 역할을 맡기를 원한다. 소녀가 잔 다르크보다 늙은 부인을 연기할 꿈을 꿀 확률은 떨어질 것이다.

"소년은 거울 앞에 서서 목검을 휘두른다. 다 끝내고 나면 그는 만족한 표정을 지으며 '이제 모두 격파했어!'라고 말한다."

여기서 우리는 많은 아이들에게서 발견되는 특징을 보고 있다. 많은 아이들은 특별한 소질을 개발하는 방향으로 스스로를 훈련시키고 또 어떤 상황과 자신을 동일시한다. 아이들은 마치 자신이 진짜 영웅의 역할을 하고 있는 것처럼 행동한다. 그런 때에 아이들은 자신들이 원하던 존재가 된 것 같은 감정이 가득 밀려오는 것을 느낀다. 모든 인간 존재들이 그런 식으로 행동할 수 있다. 현실이 지나치게 갑갑하거나 우월을 추구하는 노력을 벌이다가 난관에 봉착할 때, 그런 식의 행동이 나타난다.

이 소년의 경우에 저항하는 것이 눈에 쉽게 띈다. 소년은 누나의 방해를 받고 있고 어머니의 비난을 듣고 있다. 집 밖에서는 빨간 머리 때문에 조롱을 당하고 있다. 학교에서는 빛나는 역할을 맡지 못하고 있다.

누군가가 우리에게 이런 문제를 제기한다고 가정해 보자. 당신은 아홉 살이고, 집 안에서나 밖에서 어느 누구도 당신에 대해 좋게 생각하지 않고 있으며, 게다가 당신은 막내이기도 하다. 그런 상황에 처한다면 당신은 어떻게 할 것인가?

한 가지 가능성밖에 없을 것이다. 공상에서 피난처를 찾으며, 거기서 현실이 제공하지 않는 것을 발견하는 것이다. 나는 여러분에게 이 점을 기억해 달라고 부탁하고 싶다. 이런 식으로 행동하는 것은 논리적이지 않다는 점을 말이다.

성인의 지성, 특히 선생의 지성은 반대 의견을 제시할 것이다. 소년은 학교에서 더 많은 노력을 펴야 한다는 식으로. 우리는 소년이 노력을 하지 않았는지 확실히 알지 못한다. 아마 소년도 노력했을 것이다. 단지 결과를 얻지 못했을 것이다. 아무런 결과가 나타나지 않는 상황에서 노력하는 것이 소년에겐 쉽지 않다는 점을 우리는 이해할 수 있다. 소년은 왼손잡이이면서도 그런 사실을 모르고 있을 수 있다. 사실이 그렇다면, 소년은 진짜 어려움과 전투를 벌이고 있다.

소년이 응석받이 아이의 스타일로 삶에 접근하고 있고 또 모든 것을 그런 스타일에 맞춰 동화시키고 있다는 점을 고려한다면, 우리는 이렇게 말해야 할 것이다. 소년이 똑똑하게 행동하고 있고, 소년의 행동에는 잘못된 게 하나도 없다고 말이다. 우리가 이런 식으로 말하는 이유는 우리도 소년과 동일시하는 것이 가능하기 때문이다. 만일 내가 이 소년의 입장이라면, 나도 똑같은 곤경을 경험하면서 아마 소년과 똑같이 행동할 것이다. 이는 소년이 정신박약아도 아니고 죄를 지은 것도 아니라는 점을 증명한다. 소년은 출구가 보이지 않는 어려운 상황에 처해 있다.

그렇다면 치료는 다양한 조건에서 성공할 수 있다. 예를 들어, 소년이 보다 훌륭한 학생으로 변해도 치료가 가능하다. 보충 학습을 통하면 소년도 훌륭한 학생이 될 수 있다. 소년의 어머니와 누나가 소년에게 명령하는 것을 자제할 때에도, 소년에게 향상이 확실히 나타날 것이다. 적어도 한동안은 그런 결과가 나타난다. 누군가가 나서서 소년의 어머니와 누나에게 그들이 소년에게 해를 입히고 있다는 사실을 이해시킬 수 있다면, 그런 좋은 결과를 거둘 수 있다. 소년의 어머니와 누나에게 이런 사정을 설명할 때에도 당연히 우호적인 분위기가 조성되어야 한다. 그런 식으로 접근하지 않으면 공격적인 이 여자들이 오히려 상담원을 공격하고 나설 수 있기 때문이다.

가장 중요한 것은 당연히 소년에게 용기를 불어넣으면서 독립적인 존재로 만드는 것이다. 누군가를 격려하기 위해서 굳이 교육 전문가나 심리학자가 될 필요는 없다. 하지만 누군가에게 용기를 불어넣는 것이 쉬운 일은 결코 아니다. 소년은 자신이 공상을 제외한 다른 상황에서는 중요한 역할을 결코 맡지 못할 것이라는 확신에 갇혀 있다. 소년에게 소년의 훌륭한 자질을 인정할 줄 아는 능력을 갖춘 친구를 찾아주면 큰 도움이 될 것이다.

유일하게 확실한 방법은 개인 심리학에 의한 치료이다. 소년이 실제로 벌어지고 있는 일에 관심을 주도록 만들어야 한다. 또 늘 관심의 중심에 서기를 원하는 사람은 언제나 사람들에게 노출되어 있는 까닭에 상처를 입게 되는 이치를 소년에게 보여주어야 한다.

소년은 삶의 유익한 측면에서 만족을 추구해야 한다. 예를 들어, 소년은 방관자가 될 것이 아니라 게임에 직접 참여해야 한다. 소년에게 인간 사회에는 불공정한 일이 많이 있다는 점을, 그리고 사람들은 종종 다른 사람들을 억누를 길을 발견한다는 점을 보여줘야 한다. 실제로 주변을 둘러보면 이런 현상이 곳곳에서 확인된다. 국가들 사이에서도 어느 국가가 다른 국가를 꺾으려 하고, 가족들 사이에서도 어느 가족이 다른 가족보다 우월하다는 믿음을 갖고 있고, 공격할 지점을 발견하기 위해 일부 사항들이 강조되기도 한다. 그러나 이런 일은 그냥 일어나는 것은 아니다. 오직 상대방이 공격의 표적으로 어울릴 때에만 가능하다.

소년은 자신이 다른 사람들의 말에 화를 내는 것이 곧 자기 자신을 다른 사람들의 공격의 표적으로 만드는 결과를 낳게 되는 이치를 이해할 수 있어야 한다. 삶의 다른 영역에서도 마찬가지이다. 누군가가 다른 사람들의 공격 앞에서 짜증을 내는 모습을 보이면, 공격자는 공격을 계속할 것이다. 소년은 빨간 머리 때문에 당하는 공격을 그런 공격을 하는 사람의 어리석음을 보여주는 행위로 볼 줄 알아야 한다.

나는 억압당하는 민족인 흑인이나 유대인과 대화할 기회를 많이 가졌다. 그럴 때면 나는 그들에게 인간들이 이웃을 얕보는 경향을 전반적으로 갖고 있다는 사실에 주목할 것을 요구했다. 사람은 누구나 자신에게 싸구려 우월감을 안겨줄 것을 발견하려고 노력한다. 프랑스 사람은 독일인을 열등한 민족으로 여기고, 독일인은 자신을 선민으로 여긴다는 점을 누구도 부인하지 못한다. 중국인은 일본인을 경멸한다. 여행을 많이 한 사람들은 인간은 언제나 다른 사람들을 낮춰볼 길을 찾는 경향을 보인다는 측면에서 다소 똑같다는 사실을 발견한다. 부르주아와 프롤레타리아 사이에도 이런 경향이 보인다.

다른 사람이 자신에게 질투나 시기심을 느낀다는 느낌을 받아보지 않은 사람이 있을까? 누군가가 민족이나 종교, 머리카락 색깔 등을 이유로 우리를 얕본다면, 우리가 그 문제를 진지하게 받아들여야 할 이유가 있을까? 이 같은 멸시는 단지 인간이 공통적으로 갖고 있는 어떤 경향, 다시 말해 일반화된 어떤 강박 신경증이 구체적으로 나타난 것에 지나지 않는다.

인간이 보다 성숙한 문명을 향해 전진하기로 결정할 때까지, 우리는 이런 적대적인 경향을 특별한 징후로 여길 것이 아니라 일반적이고 그릇된 인간의 태도가 표현된 것으로 여길 수 있어야 한다.

사람은 머리카락 색깔 때문에도 다른 사람들을 공격할 수 있는 존재라는 점을 이 소년이 이해할 수 있도록 해야 한다. 만일 소년이 자신이 언제나 갖고 있는 것 때문에 공격의 표적이 되고 있고 또 인간은 언제나 그런 표적을 찾고 있다는 사실을 어떻게든 이해하게 된다면, 소년은 그 문제를 우습게 여길 것이고 따라서 누구도 더 이상 소년을 공격하지 않는 결과가 나타날 수 있다.

만일 개인 심리학의 방식으로 소년에게 접근한다면, 우리는 아이에게 용기를 불어넣는 데 성공할 것이다. 그러면 더 나아가 소년에게 산수에서 훌륭한 학생이 될 수 있다는 점도 보여줄 수 있을 것이다. 이런 식의 발달을 보여주는 예는 무수히 많다. 나 자신도 이런 힘든 경험을 거쳤으며, 한때 산수에 완전히 무능한 아이로 여겨졌다. 나는 산수 수업을 다시 들어야 했으며, 그러다 갑자기 어느 날 최고의 수학자가 되어 있었다.

나의 아버지가 그 당시에 다른 사람들의 조언을 그대로 따랐다면,

나는 아마 학교를 자퇴하고 대신에 육체 노동을 하는 직업을 가졌을 것이다. 그랬더라도 아마 나는 훌륭한 자물쇠 제조공이 되었을 테지만, 산수에 재능을 타고난 사람이 있는가 하면 그렇지 못한 사람도 있다는 식으로 평생 생각하며 살았을 것이다. 나 자신이 직접 그런 수렁에 빠져 보았기 때문에, 나는 이 말이 더 이상 진리가 아니라고 당당하게 말할 수 있다.

15장

부모의 사랑을 잃고 도둑질을 하다

"아이는 헝가리 남부의 한 마을에서 태어났다. 아이가 두 살 반일 때, 아버지의 사업이 망했다."

이 정보만도 이미 생각할 무엇인가를 제시한다. 생후 3년차를 맞을 때까지, 아이는 아마 물질적 풍요를 누렸을 것이다. 이후에 상황이 나쁜 쪽으로 변했음에 틀림없다. 아버지의 사업 실패로 인해, 아이의 상황이 어렵게 되었을 것이며 아이는 어려운 상황 때문에 힘들어했을 것이다. 호의적인 상황에서 지내다가 갑자기 불리한 상황에 적응하는 것은 쉽지 않은 일이다. 아주 어린 시절에 물질적 풍요를 누렸던 아이들은 훗날 상황에 변화가 일어나면 언제나 그 영향을 받게 마련이다.

"아이의 아빠는 아내와 외동아이와 함께 일자리를 찾아 빈으로 이사했다."

그 당시에 아이는 혼자였고, 응석받이로 컸으며, 관심의 중심에 서는 데 익숙했다. 그렇다면 불리하게 바뀐 새로운 상황이 소년에게 무거운 압박으로 작용했을 것임에 틀림없다.

"그 다음 7년 동안 소년의 아버지는 외판원으로 생계를 벌었다."

이 사실이 중요하다. 이런 경우에 아버지가 자주 집을 비우기 때문에 어머니가 두 번째 역할을 제대로 수행하지 못한다. 말하자면 아이의 사회적 관심이 다른 사람들에게로, 특히 아버지에게로 향하도록 안내하는 일을 어머니가 제대로 해내지 못한다는 뜻이다. 아버지가 집에 없는 날이 많은 경우엔 대체로 이런 현상이 나타난다.

결혼생활에 심각한 불화가 있는 경우에도 이런 현상이 나타난다. 부부 사이의 관계가 원만하지 않은 경우에도 아이가 다른 사람들에게 관심을 갖도록 이끄는 것이 불가능해진다. 불행한 결혼생활을 영위하는 가정의 아이들은 종종 문제아가 된다. 또 아버지의 발작적인 분노나 독재적인 양육도 아이가 사회적 감각을 발달시키지 못하도록 막는다.

"아버지는 사업 실패에 따른 소송 때문에 힘들어했다."

여기서 아이의 상황과 동일시하도록 노력해 보라. 그러면 아이가 살고 있는 전체 환경이 이 소송만으로도 우울할 것이라는 사실이 쉽게 이해될 것이다.

"가정의 분위기가 아이에게 큰 영향을 끼쳤는지 여부는 확인할 수 없다."

이런 분위기 중 어떤 것도 아이의 기억에 남아 있지 않다 하더라도, 그 분위기 자체가 아이의 삶의 양식에 영향을 미쳤을 수 있다.

"어쨌든, 아이는 순종적이고 말이 없고 사랑스런 아이였다."

이는 아이가 자기 어머니에게 강하게 매달렸다는 뜻이다.

"아이는 어머니에게 사랑을 강하게 느끼면서 매달렸다. 어머니는 매우 젊긴 했지만 언제나 공정한 사람은 아니었다. 아이는 부드럽고 선했던 아버지에게 애착을 더 강하게 느꼈다."

이 관찰이 정확하다면, "언제나 공정한 사람은 아니었다"라는 표현에 주목해야 한다. 어머니가 자신의 첫 번째 역할을 제대로 성취하지 못했기 때문에 아이가 다른 사람을 추구했을 수 있다. 아버지는 종종 집을 비움에도 불구하고 아이의 애정을 얻을 수 있었다. 이때 아이는 두 번째 단계에서 아버지에게 애착을 갖게 되었다.

"봄에 가족이 이사를 했으며, 아버지는 아내를 위해 작은 가게를 열었다."

우리는 이 사실을 다음과 같이 해석한다. 어머니가 새로운 일을 맡게 된 이후로, 아이의 상황은 더 나빠졌다. 아이의 어머니가 아이의 응석을 받아주고 아이에게 관심을 쏟을 시간이 더 이상 많지 않게 되었기 때문이다.

"아이가 나쁜 무리와 어울린 것 같다."

이 정보는 어머니가 언제나 누군가를 가까이 두길 원하는 아이에게 쏟을 시간을 더 이상 많이 가질 수 없었을 것이라는 우리의 가설을 뒷받침한다.

"아이는 부모의 가게에서 넥타이를 훔쳤다."

이 아이는 아마 자신이 무엇인가를 강탈당했다는 느낌을 받고 있었을 것이다. 아버지는 외판원이라서 타지를 돌고, 어머니는 가게를 지키고 있다. 아이를 돌볼 사람이 아무도 없다. 이런 현실이 아이에게 박탈감을 안겨주었다. 아이가 훔친 넥타이를 어떻게 처리할 것인지,

우리는 곧 보게 될 것이다. 아마 아이는 어머니로부터 더 이상 얻지 못하게 된 애정과 온정을 사기 위해서 다른 아이들에게 넥타이를 줄지 모른다.

"아이가 넥타이를 훔친 것은 같은 건물에 사는 무명 화가에게 선물을 주기 위해서였다."

이것도 우리의 이론을 강력히 뒷받침한다.

"아이는 인근 공원에서 장미를 훔쳤다. 집에 가져가거나 자신이 사랑하는 아름다운 숙모에게 주기 위해서였다."

뭔가를 강탈당했다는 느낌을 받는 많은 아이들처럼, 소년은 다른 사람의 사랑과 애정을 얻기 위해서 그들에게 뇌물을 주기 시작했다. 이것은 아이들이 물건을 훔치는 동기 중에서 가장 흔한 동기이다. 그런데도 미성년 재판소에서는 이런 동기를 철저히 무시한다. 미성년 재판소의 어느 누구도 이런 관점에 관심을 두지 않는다.

"소년은 여덟 살이던 어느 날 친구와 하교 길에 목사를 만났다. 그때 다른 소년들은 목사에게 공손하게 인사를 했지만 소년은 목사를 향해 외설스런 욕을 뱉었다."

그렇다면 아이가 자유사상가일까? 이 대목에서 우리는 추론을 더 깊이 해야 한다. 그런 식으로 형편없는 방법으로라도 관심의 중심에 서길 원하는 이 소년은 아마 자신을 두드러지게 만들고 싶은 충동을 강하게 느끼고 있었을 것이다. 유익한 행동으로 관심을 끄는 것이 불가능해 보이기 때문에, 아이는 다른 방법으로 시도하고 있다.

"왜 그런 행동을 했니?"라고 보고서를 작성한 사람이 아이에게 물었다.

"아이는 이 목사와 전혀 아무런 관계가 없었다. 아이의 나쁜 행동은 어떤 동기에서 나왔을까?"

아마 소년이 다른 종파에 속할 수도 있다.

"한 시간 뒤에 아이는 학교로 불려가 목사의 손에 입을 맞추고 용서를 구하라는 지시를 들었지만, 아이는 거부했다."

여기서 다시 그의 전체 성격의 이미지가 드러난다. 언제나 지배적인 역할을 하길 원하는 소년은 누구에게도 굴복하지 않으려 든다. 소년은 자신의 잘못을 인정하길 원하지 않는다. 개인 심리학자들은 아이들에게 잘못을 인정하거나 사과하라는 식으로 요구하지 않는다. 대신에 나 자신이 옛날에 그런 문제를 경험했던 그 노선을 따라 처리하는 쪽을 선호한다.

나는 여섯 살 때 뭔가 잘못한 적이 있었다. 그때 나의 어머니는 화가 나서 얼굴이 시뻘게진 상태에서 나에게 해명을 요구했다. 나의 죄를 잘 알고 있었기 때문에, 나는 매우 당황했다. 그때 아무 말 없이 어머니 곁에 서 있던 아버지가 마침내 어머니의 손을 잡고 말했다. "애를 그냥 둬요." 이 장면은 나에게 매우 강한 인상을 남겼다. 그날 이후로 그 장면은 나의 기억에서 지워지지 않았다. 나는 그 일로 인해 아버지에게 항상 감사하는 마음을 품게 되었다. 그 같은 조치는 내가 회개를 하거나 나의 어머니가 나의 뺨을 때렸을 때보다 훨씬 더 긍정적으로 다가왔다.

아이가 억지로 사과하도록 강요하는 것은 좋은 방법이 아니다. 이 소년도 자신이 잘못했다는 사실을 틀림없이 알고 있었을 것이다. 그런 그에게 공개적으로 고백할 것을 요구해야 할 이유가 있을까? 사람들이 보는 앞에서 아이를 창피하게 만들고 아이가 굴복하게 할 이유가 있을까?

"아이는 품행에서 나쁜 점수를 받았으며, 학년 내내 뒷줄에 앉아야 했다."

이 같은 조치도 마찬가지로 아이에게 좋은 방향으로 영향을 미치지 못할 것이라고 우리는 예측할 수 있다. 왜냐하면 이런 식으로도 아이가 여전히 관심의 초점이 될 것이기 때문이다. 아이는 소란을 일으키고 불쾌한 방법으로 자신을 두드러져 보이게 만들면서 마치 영웅처럼 행동할 것이다.

"그러나 선생은 아이를 나쁘게 다루지 않았다."

여기서, 우리는 좋은 결실을 맺을지도 모르는 어떤 요소를 확인하고 있다. 만일 선생이 적대적인 태도를 보였다면, 소년은 더욱더 반항적인 모습을 보였을 것이다.

"그 시기에 일어난 한 작은 사건이 아이의 기억에 지워지지 않을 인상을 남겼다. 아이가 안마당을 걷고 있던 어느 날이었다. 아이는 그곳에서 일을 하던 일꾼에게 자신이 먹고 있던 빵을 주었다. 그러자 일꾼은 소년이 준 빵을 작업대 위에 올려놓은 뒤 망치로 쳐서 부스러기로 만들면서 '모든 유대인을 이렇게 박살내야 해!'라고 말했다."

여기서 알 수 있듯이, 아이는 유대인 소년이었다. 이런 투의 발언이야말로 따뜻한 정과 친절을 찾고 있는 아이에게 충격으로 다가오지 않을 수 없다. 성인이라면 이런 말에도 그냥 웃어넘길 수 있을 것이다. 이런 사건을 사회의 전반적인 분위기의 일부로 인식할 수 있을 것이라는 뜻이다. 또 이 문제를 더욱 깊이 파고들면, 일꾼이 품은 감정의 뿌리까지 찾게 될 것이다. 그러나 소년에게는 이 사건이 다른 엉뚱한 방향으로 영향을 끼쳤을 수 있다.

"이 사건이 목사 앞에서 외설스런 말을 했던 그 일보다 앞서는지

뒤서는지가 확실하지 않다."

두 사건의 전후 관계를 밝히는 것이 중요할 것 같다. 이 사건이 아이의 내면에 있던 적대적인 태도를 터뜨렸을 수 있고, 목사에게 욕을 한 것은 이 적대적인 태도의 결과일 수 있다.

"이듬해 봄에 아버지는 사업을 접었으며, 가족은 다시 도시로 이사를 했다. 그해 말이나 그 다음해 봄에 아버지는 부정한 파산으로 실형을 선고받고 교도소에 수감되어야 했다."

따뜻한 정을 갈망하는 아이의 영혼에 새로운 인상이 각인되었으며, 이로 인해 아이는 어머니에게 더 강하게 매달리게 되었다. 아이는 부드럽기만 한 아버지가 교도소에 수감되는 것을 경험하고 있다. 이제 아이가 우리의 법에 더욱 강하게 반발하고 사회 전체에 도전한다 하더라도, 나는 놀라지 않을 것이다. 아마 아이는 다른 사람에 대한 관심을 발달시킬 수 없을 것이다. 어쩌면 그때까지 남아 있던 사회적 감정마저 다 잃어버릴 것이다. 아이는 다른 반사회적인 요소들을 받아들이거나 스스로 범죄를 저지를 길을 찾을 것이다.

"어느 누구도 아이에게 아버지가 교도소에 갇힌 일에 대해 말하지 않았다."

이런 사건을 아이에게 숨기는 것은 극도로 어려운 일이다. 분명히, 아버지가 교도소에 수감된 일을 아이가 영원히 모르게 할 수만 있다면 그렇게 하는 것이 더 바람직할 것이다. 그러나 이 소년의 경우에 그것이 불가능했다.

"그 뒤로 소년은 자신이 마치 어른이라도 되는 것처럼 이 문제에 대한 논의 자체를 피했다."

소년은 그것을 깊은 굴욕으로 여겼다.

"소년은 언제나 그 사건을 모르는 척 했으며, 친한 친구들에게도 그 일에 대해서는 일절 언급하지 않았다."

이 같은 사실은 매우 흥미롭다. 왜냐하면 소년이 아버지에게 벌어진 일을 불공정한 조치로 받아들이면서 반항심을 품고 있었다면 자기 아버지가 겪는 곤경을 당연히 계속 지적했을 것이기 때문이다. 소년의 내면에 중산층의 전통과 사고의 성향이 매우 강하게 남아 있어서 소년이 그 문제를 공개적으로 자유롭게 말하는 것을 불가능하게 만들었을 것임에 틀림없다. 세상에는 쉽게 드러내놓고 논하지 못할 일들이 있기 마련이다. 반항기가 발동하는 순간에 사회의 틀을 벗어나기 시작하는 소년의 태도에서도, 우리는 이미 어떤 불안을 발견할 수 있다.

외적인 사건들은 대단한 의미를 지닌다. 소년의 아버지가 교도소에 수감되지 않았더라면, 그리고 소년이 종교 때문에 억압당한다는 느낌을 받지 않았더라면, 소년이 적절한 삶을 영위하는 것이 가능했을 수 있다.

"갑자기 지난 2년 동안 보였던 난폭함이 사라졌다. 소년은 젊고 아름다운 어머니에게 훨씬 더 부드럽게 대했으며 또 순종적이고 차분해졌다."

여기서 우리는 누군가와, 많은 사람들의 집단이 아니라 단 한 사람과 가까워지고 싶어 하는 아이의 욕구를 확인하고 있다. 소년은 한 사람에게만 집착하는 데에 익숙하다. 만일 소년의 아버지가 한동안 소년과 멀리 떨어져 지내야 한다면, 아이는 다른 누군가를 찾아야 한다. 어머니가 바쁠 때, 아이는 무명 화가들의 환심을 사려고 노력했다. 아이는 언제나 가까이 있을 누군가를 필요로 하고 있다.

"소년의 아버지는 출소한 뒤에 열심히 일을 해서 자신의 부재로 야기된 물질적 어려움을 극복할 수 있었다. 가족을 오랫동안 짓눌렀던 압박이 사라진 것 같다."

경제적 어려움 때문에 소년은 외부 환경의 압박을 한 번 더 느꼈다.

"아이는 활기를 되찾았다."

그래도 우리는 만족하지 못한다. 이것이 무엇을 의미하는지, 왜 활기를 찾게 되었는지 그 이유를 모르기 때문이다. 소년은 자신의 태도가 어떠해야 하는지에 대해 아직 모르고 있다. 소년이 과거의 경험을 통해서 자기 아버지를 응석을 잘 받아준 사람으로 기억하고 있기 때문이다.

"학교에 입학한 첫 해에 아이는 우수한 학생들 축에 들었다. 그러나 그 이후 아이는 평균 이하로 떨어졌다. 5학년 2학기인 지금 아이는 활기차고 의기양양한 모습을 보이고 있다."

이것은 아버지가 돌아온 때와 일치한다.

"그럼에도 불구하고 아이는 순종적이고 공부도 열심히 한다. 아이는 곧 학급에서 최고의 학생이 되었다."

아이가 자신에게 동정적인 선생을 두었을 가능성이 있다.

"소년이 대단히 존경하는 선생은 아이가 이런 향상을 이룬 데 대해 이따금 칭찬해주었다. 이 칭찬이 아이에게 아주 효과적이었다."

아이는 다시 자신에게 관심을 기울이는 누군가를 발견했다. 아이는 자신에게 쏟아지는 사랑과 정에 의해 구조된 것 같다.

"아이는 가을에 중학교에서 멋진 출발을 보였다."

이제 우리의 관심은 딱 한 가지이다. 아이가 학교에서 자신이 높이 평가받을 수 있는 상황을 스스로 확보하지 못할 경우에, 아이에게 어떤 일이 벌어질 것인가? 소년이 좋아하지 않는 선생을 만날 수도 있고, 종교 때문에 어려움을 겪으면서 자신이 거부당하고 있다는 느낌을 받을 수도 있다. 아마 일부 과목에서 어려움에 봉착하거나 공부에 필요한 적절한 방법을 발견하지 못할 수도 있다. 또 많은 세월이 지난 뒤에, 그가 온기 없는 그런 상황에 처할 수도 있는 문제이다. 소년의 미래 발달에 관해 이런 의문을 품지 않을 수 없다.

"11월에 아버지가 심각한 병에 걸려 집에 돌아왔다."

여기서 다시 개인 심리학의 경험이 우리를 돕고 나선다. 이런 아이가 응석을 받아주던 부모 중 어느 한쪽이 병에 걸려 옛날에 누리던 접촉을 더 이상 누릴 수 없게 되면, 그 같은 사실 자체가 종종 아이에게 매우 힘든 상황으로 다가온다. 이 아이의 경우에 아버지의 병이 어머니의 시간을 거의 다 잡아먹기 때문에 어머니가 아이에게 쏟을 시간이 없게 된다. 이런 상황에서 좌절이 나타나게 된다. 누구나 쉽게 상상할 수 있는 일이다.

아버지가 병에 걸려 집에 돌아온다. 그러면 어머니가 아버지를 보살펴야 한다. 따라서 다시 아이는 혼자 남게 된다. 이때 아이가 운 좋게도 자신에게 시간과 관심을 주는 선생을 두게 된다면, 이 어려움은 사라질 수 있다. 그러나 아직까지 그 점에 관한 정보는 없다.

"집으로 돌아오던 길에 당시 40세였던 아이의 아버지는 뇌졸중을 일으켜 신체 왼쪽이 마비되었다."

생계 수단을 버는 가장이 중병에 걸린다는 것이 무슨 의미인지를 우리는 잘 알고 있다. 특히 이 가족처럼 아주 친밀한 가족인 경우에 가장의 병은 정말 심각한 일이다. 이 사건의 결과도 쉽게 상상된다.

"소년의 아버지의 사업 실패는 그가 부모와 남녀 동생들을 위해 감수했던 재정적 희생에 따른 것이었다."

이것은 아마 소년도 알고 있는 일일 것이며, 소년에게 아버지는 정직하고 성실한 사람이라는 인상을 주었을 것이다.

"이때까지 완벽하게 건강했던 사람의 육체적 쇠약은 틀림없이 몇 년 동안 질질 끌었던 소송에 따른 정신적 긴장 때문이었을 것이다. 부모와 동생들을 더 이상 도울 수 없게 된 데에 대한 실망, 과로와 불안, 그 누구에게도, 심지어 아내에게도 넘길 수 없는 불행한 상황 등이 그의 육체를 허물어뜨렸을 것이다."

여기서 보고서는 끝난다. 이제 개인 심리학의 의견을 제시할 때이다. 소년이 학교에서 편안한 마음을 느낄 수 있다면, 그는 어려움을 극복할 것이다. 학교에서 쫓겨나게 된다면, 소년은 자신의 운명에 굴복하고 열등한 직업에 만족해야 할 것이다. 그건 소년에게 엄청난 고통을 안겨줄 그런 상황이다. 우리는 소년이 자동적인 삶의 양식을 갖고 있다는 것을 알고 있다. 그런 삶의 양식은 소년이 가까이 둘 사람을 찾을 필요성을 강하게 느낀다는 사실에서 확인된다. 만일 소년이 거부당하고 있다는 느낌을 받거나 심각한 열등감 때문에 불안을 느끼게 된다면, 우리가 앞에서 이미 관찰한 것, 말하자면 소년의 반항이 다시 나타난다 해도 크게 놀라서는 안 된다. 소년이 다행히 자신에게 시간과 관심을 쏟는 사람이 있는 그런 호의적인 상황을 발견한다면, 이 소년은 질책 당할 원인을 제공하지 않고 삶을 매우 잘 헤쳐 나갈 것이다.

이후로 그는 만족스런 진전을 이룰 것이다. 직장에서도 자신에게 맞는 상황에 있다면, 그는 특별한 어려움에 봉착하지 않을 것이다. 사랑의 문제를 해결하는 것이 그에겐 더 어려울 수도 있다. 그가 언제나 자신을 애지중지할 사람을 찾게 될 것이기 때문이다. 인생을 살면서 그는 자신에게 모든 것을 내놓았던 어머니처럼 행동할 그런 여자를 언제나 찾을 것이다. 그러나 그에게 맞는 상황은 언제나 여러 우연이 운 좋게 서로 일치되어야만 가능한 법이다.

나는 단편적인 보고서를 바탕으로 최대한 노력하면서 그 보고서에 관한 우리의 지식을 검증해야 한다는 사실을 기꺼이 받아들인다. 이 맥락에서, 나는 우리가 아이의 앞날에 일어날 수 있는 모든 것을 정확히 추측했는지 여부를 아는 것은 별로 중요하지 않다는 점을 강조하고 싶다. 우리가 단편적인 보고를 놓고 정성을 최대한 쏟으며 분석하면서 세부적인 사항을 보다 정확히 강조하는 것만으로도 충분하다.

우리가 단편적으로만 알고 있기에 나머지에 대해서 짐작해야 하는 그런 사람들을 만날 때에도 이와 똑같이 말할 수 있다. 최종적으로 완성된 초상화를 발견하는 것은 우리의 몫이 아니다. 우리는 언제나 우리 스스로 어떤 결론을 끌어내야 한다. 어떤 결론을 제시할 때에는 당연히 최대한 조심해야 하며, 또 아이의 추가적인 발전이 열쇠를 추가로 제시할 것이라는 생각을 늘 염두에 둬야 한다.

16장

애정을 얻으려는 수단으로
유뇨증을 이용하다

"12세인 F는 유뇨증(遺尿症) 때문에 진료소를 찾았다."

이 아이는 반항아다. 아마 이 아이는 한때 응석받이로 자랐으나 어떤 일이 생겨 그 같은 호의적인 상황이 좋지 않은 상황으로 바뀌었을 것이다. 지금 소년은 기분이 별로 좋지 않으며, 어머니가 밤에 자신을 돌보도록 하기 위해 어머니를 공격하기 시작했다. 우리는 이 아이가 실제로 응석받이로 큰 아이임을 암시하는 정보를 찾아야 한다. 아이가 대체로 단정하지 못한지, 자기보다 어린 아이를 시기하는지, 식사 시간에 말썽을 일으키는지, 관심의 중심에 서기를 원하거나 타인의 동정을 얻으려고 노력하는지 등을 확인해야 한다는 뜻이다.

"소년은 낮 시간에 종종 오줌을 싼다."

아이가 낮에 오줌을 싼다면, 그것은 이미 매우 격렬해진 어떤 전투를 암시한다. 아이가 밤에 다른 사람들을 귀찮게 하는 것으로 더 이상 만족하지 못하고 있다는 뜻이다. 그래서 낮에도 오줌을 싸는 것이다. 또 아이가 정신적 결함을 보이고 있는지도 확인해야 한다. 이런 종류의 유뇨증을 일으키는 신체기관의 질병은 드물다.

"그러나 아이가 밤에 오줌을 싸는 경우는 드물다."

아이는 낮 시간에 격렬한 전투를 수행한다. 밤에는 아마 아이가 보다 호의적인 상황에 있을 것이고 따라서 진정되는 모습을 보일 것이다. 소년이 이 투쟁을 의식적으로 수행하고, 또 소년의 지배적인 성격적 특징이 고집이라는 소리가 들려도 전혀 이상할 것이 없다. 왜냐하면 고집이 곧 의식적인 반항을 의미하기 때문이다.

"학교에 있거나 어머니와 함께 있을 때면, 아이는 절대로 오줌을 싸지 않는다."

이것은 소년의 유뇨증이 심리적 요인에 따른 것이라는 점을 암시한다. 어머니가 가까이 있을 때, 아이는 어머니를 자신에게로 끌어들이려고 노력할 필요성을 느끼지 않는다. 아이는 학교에서도 편안한 마음을 느낄 가능성이 있다. 아마 아이는 훌륭한 학생일 것이다. 아니면 아이가 학교에서 쫓겨나는 것을 피하고 싶어 할 수 있다.

"어머니는 이혼한 상태이다."

결혼생활의 붕괴는 아이들에게 매우 나쁜 영향을 미친다. 대체로 보면, 싸움을 자주 하는 부부는 자식들에게 별로 관심을 주지 않으며 아이들에게 화를 잘 낸다. 문제아나 비행 청소년, 신경증 환자, 성도착자, 알코올 중독자들 중에서 불행한 결혼 관계에서 태어난 사람들이 많다는 점을 지적할 필요가 있다. 이 아이가 정신적 부담을 지나치게 많이 지고 있지 않은지도 살펴야 한다. 왜냐하면 정신적 부담이 사태를 악화시키는 요인이 되기 때문이다.

"아이는 조부모와 함께 산다."

조부모는 언제나 손자의 응석을 받아준다는 점을 기억해야 한다. 그러나 꼭 그렇지만은 않다. 만일 어머니가 아이를 버릇없이 키우고 있다면, 할머니가 아이의 어머니를 나무랄 것이기 때문이다. 그러나 만일 어머니가 아이를 버릇없이 키우고 있지 않다면, 할머니가 아이를 버릇없이 키우게 된다.

"아이는 부모의 침실에서 자곤 했다."

이것은 아이가 한때 응석받이로 컸다는 사실을 말해주는 정보이다. 아이가 자신의 힘으로 어머니에게 가까이 갈 수 있었거나 부모가 언제나 아이를 옆에 두기를 원했을 것이기 때문이다.

"지금은 아이 혼자 잔다."

이 같은 사실은 우리에게 결코 사소한 정보가 아니다. 분명히 이것이 소년의 유뇨증에 어떤 역할을 하고 있기 때문이다. 만일 소년이 어머니의 침대에서 잠을 잔다면, 아이가 오줌을 싸는 일은 일어나지 않을 것이다.

"아이는 어머니에게 강하게 집착한다."

이는 아이가 어머니와 매우 강하게 연결되어 있다는 점을 말해준다. 아이는 어머니를 이기고 또 어머니를 버팀목으로 이용하려고 노력하고 있다.

"아이는 조부모 손에 버릇없이 컸다."

따라서 우리의 짐작이 사실로 확인되고 있다.

"4년 전에 아이는 엉덩이와 대퇴골의 골수염 때문에 7개월 동안 병원에 입원한 적이 있다."

이것은 응석을 더욱 키우는 병이다. 이 병을 앓고 나면 아이들은 대체로 병을 앓을 동안에 누렸던 응석을 대단히 그리워하게 된다. 어떤 아이든 골수염으로 병원에 입원하는 때보다 응석을 더 심하게 부리는 때는 없다.

"병을 앓을 당시에 다리를 절단하는 문제까지 고려되었다. 그러나 아이는 병을 극복했다. 그래도 후유증으로 관절이 심하게 경직되어 있다."

그래서 아이는 신체적 결함을 갖고 있다. 이 같은 상황은 아이들의 내면에 심한 열등감을 불러일으키고 또 열등감이 계속 이어지게 만든다. 응석받이로 큰 아이들은 일종의 '선험적인' 열등감 같은 것을 갖고 있으며, 그런 아이들은 자신의 능력을 의심하게 된다. 이 소년의 열등감은 관절 강직 때문에 더욱 깊어지고 있다. 소년은 다른 사람들에게 더 많이 기대려 하고 있다.

"이 병 때문에 소년은 7세부터 10세까지 학교에 다니지 못했다."

분명히 소년은 그 세월 동안에 어머니 가까이서 지냈다.

"소년은 10세에 특수 보충 학교에 3학년으로 들어갔다. 지금 그 학교 4학년에 다니고 있다."

보충 학교는 열등감을 추가적으로 강화한다는 뜻이나 마찬가지이다. 아이가 바보가 아닌 이상 자신이 뒤처진 아이에 속한다는 사실을 눈치 채지 않을 수 없을 것이다. 예를 들어, 빈에선 그런 학교를 두고 "멍청이 학교"라는 식으로 부르는 것이 예사다. 정상적인 아이가 어쩌다 운이 나빠 보충 학교에 들어가게 되면 불명예스럽다는 느낌을 떨치지 못한다. 따라서 이 아이에겐 열등하다거나 차별 당한다는 감정을 품을 이유가 여럿 있다.

"소년은 학교에서 공부를 잘한다."

이 아이가 정신적으로 정상이라면, 학교에서 진도를 잘 따라잡는 것은 놀랄 일이 아니다. 이것은 이점이 아니다. 앞을 보지 못하는 사람들 사이에 한쪽 눈을 가진 것이 절대로 승리가 될 수 없는 것과 마찬가지이다.

"소년은 산수에 어려움을 겪고 있다."

그러는 아이도 산수를 제대로 푸는 방법을 알게 되면 산수도 다른 과목만큼 잘할 것이다.

"선생이 다른 아이들에게 물을 때에도, 소년이 나서서 큰 소리로 대답한다."

이 정보를 바탕으로 우리는 아이가 똑똑한 아이라고 결론을 내릴 수 있다. 응석받이로 큰 아이는 자신이 전면에 나서기를 좋아한다. 이 아이가 오줌을 싸는 것도 그걸 성취하는 또 다른 수단이다. 학교에서 아이는 꽤 훌륭한 역할을 한다. 그래서 아이는 학교에서 자신에게 불만을 품을 이유가 없다. 그러나 학교에서도 아이는 다른 아이들보다 앞서기를 원하며, 이것이 소년이 언제나 목소리를 높이는 이유이다.

"아이는 다른 아이들과 함께 놀 때에도 언제나 자신이 주도적인 역할을 맡아야 한다."

소년은 자신만의 삶의 양식을 갖고 있다. 정신박약아들 사이에선 그런 양식이 발견되지 않는다. 이 소년은 보충 학교에 다닐 아이가 아니라고 말할 수 있다. 정규 학교에 다닐 수 있을 만큼 적절히 준비되어 있었으나 병 때문에 진도를 따라잡기 어렵게 된 아이이다. 이런 아이들을 위한 예비 학교가 마련되어야 한다.

"소년에겐 나이가 4년 6개월 더 많은 형이 하나 있다. 소년의 형도 한때 아버지에 의해 응석받이로 컸다."

여기서 이 아이에겐 동생이 없다는 것이 확인된다. 아이는 틀림없이 형이 자기보다 앞서 있다는 확신을 품고 있다. 형은 아버지에 의해 버릇없이 컸으며 보충 학교에 다니지 않는다.

　"아이의 형은 아주 잘생겼다. 그는 중학교 1학년을 두 번 다녀야 했지만 지금은 공부를 아주 잘하고 있다. 그는 진지한 학생이며 어른스럽다."

　형제가 둘이 있는데 그 중 형이 잘 발달하고 있어 능가할 수 없을 것처럼 여겨질 때, 대체로 동생이 문제아가 된다. 거꾸로 동생이 진전을 이루며 형을 쉽게 따라잡거나 형의 위치를 위협하면, 보통 형이 문제아가 된다. 이 이론은 이 소년의 경우에도 그대로 적용된다. 형은 자기 동생이 보충 학교에 다닌다고 말하면서도 양심의 가책 같은 것을 느끼지 않을 가능성이 있다.

　"소년은 어릿광대짓을 매우 좋아한다."

　열등감을 심하게 느끼는 아이들, 말하자면 아무것도 하지 않으면서 관심의 중심에 서기를 원하는 아이들에게 이런 현상이 자주 나타난다. 그런 아이들에게서는 3가지, 즉 유뇨증과 다른 사람을 방해하고 싶어 하는 욕구, 어릿광대짓이 동시에 나타나기도 한다. 이 3가지는 모두 야심차면서도 약한 아이들이 채택하는 표현 형식이다. 자기 자신을 믿는 사람은 이런 식으로 행동하지 않는다.

　"아이는 밤에 종종 운다."

　여기서 다시 아이가 접촉을 추구하고 있는 것이 확인된다. 아이가 밤에 비명을 지른다는 사실과 어릿광대짓은 아이가 이해력을 갖추고 있다는 점을 증명하는 증거이다. 아이는 모든 것을 제대로 하고 있다. 말하자면 우리가 똑같은 상황에 처할 경우에, 그리고 우리가 용기를 요구하는 이 상황을 잘못 이해할 경우에 할 행동을 아이가 똑같이 하고 있다는 뜻이다.

"아이는 식사 시간에 먹는 것과 관련해서는 어떠한 문제도 일으키지 않는다."

이것은 소년의 가족이 소년을 훈련시키는 일에 심각한 실수를 저지르지 않았으며 또 음식의 중요성을 과도하게 강조하지도 않았다는 점을 보여준다. 여기서 실수를 저지르고 있는 것은 소년인 셈이다. 소년이 음식 먹을 때에도 말썽을 일으킬 수 있기 때문에 하는 말이다. 그러나 소년의 삶의 양식이 우리가 많은 경험을 근거로 예상했던 징후들을 일부 드러내지 않더라도, 우리는 놀라지 말아야 한다.

"소년은 아무 도움을 받지 않고 스스로 옷을 입고 세수를 한다."

이 영역에서도 소년은 훈련을 적절히 받았다.

"친가 쪽 조부모는 서로 혈연관계이다."

기본적으로 이 같은 사실은 전혀 중요하지 않다. 왜냐하면 그런 조부모를 두지 않은 다른 아이들 사이에서도 똑같은 징후들이 관찰될 수 있기 때문이다. 이 아이의 실패를 유전적인 요인으로 돌려서는 안 된다.

그러나 나는 혈족결혼을 하는 사람들 사이에서 용기 부족이 언제나 발견된다는 점을 강조하고 싶다. 그런 결혼을 하는 사람들은 파트너를 선택하는 일에서 일종의 안전 같은 것을 추구한다. 그런 사람들은 자신이 어린 시절부터 알고 지낸 사람들에게서 그런 안전을 찾는 경향을 보인다. 그것은 또한 약한 사회적 감정을 암시한다. 그들에겐 그들의 가족이 사회 전체를 대표하기 때문이다.

혈족결혼이 간혹 신체기관이 열등한(예를 들면, 청력이 떨어지거나 시력이 떨어지는) 아이들을 낳는다는 점은 부정할 수 없다. 그러나 내가 지금까지 확인한 바에 따르면, 양쪽 파트너 모두가 똑같은 신체적 열등을 갖고 있을 때에만 그런 아이들이 태어난다. 똑같은 신체적 열등을 갖지 않은 두 사람이 만나는 혈족결혼에서는 완벽하게 건강한 아이들이 태어난다.

나는 단지 사회적 감정이 피를 보다 넓은 범위에서 서로 섞을 것을 요구한다는 이유 때문에 친척 사이의 결혼에 반대한다. 자기 가족에 속하는 사람들과 타인들 사이에 엄청난 차이를 발견하는 사람들은 사회적 감정을 크게 키우지 못한다.

"아이는 수두와 백일해를 앓았다."

아이들이 이런 병을 앓는 동안에 부모들은 대체로 아이들의 응석을 받아준다. 부모들이 아이들을 응석받이로 키우게 만드는 병들이 있다. 예를 들면, 성홍열과 백일해가 있다. 그런 병을 앓을 경우에 일련의 어려움들이 발견되는데, 이 어려움들의 탓이 이런 질병으로 돌려질 수 있다. 한편, 문제아가 중병을 앓은 뒤에 개선되는 경우도 간혹 관찰된다. 그렇다고 성홍열이 아이의 성격에 이로운 영향을 미친다는 식으로 말하지는 못한다.

"아이는 16개월째에 걷는 것을 배웠다."

만일 어머니의 판단이 틀리지 않다면, 아이가 구루병 증세가 있었을 수 있다. 어머니가 필요 이상으로 아이를 주의 깊게 살폈을 것이 분명하다.

"아이는 세 살 때까지 말을 또박또박 하지 못했다."

이것은 아이가 언어의 필요성을 특별히 느끼지 않았다는 사실을 증명하고 있다. 아이에게 언어가 필요했다면, 아이가 그보다 더 빨리 말을 했을 것이기 때문이다. 모든 것이 아이를 대신해 행해졌으며, 아이의 모든 소망은 굳이 아이가 말을 하지 않아도 성취되었다. 벙어리에게서도 똑같은 현상이 발견된다. 대체로 보면, 그런 아이들은 무서울 만큼 응석받이로 컸으며 말을 할 필요성을 느끼지 않는다.

그런 아이들의 어머니들은 종종 자신이 아이가 원하는 것을 안다는 점을 자랑스럽게 말한다. 그런 아이들은 말을 하지 않고도 자신의 뜻이 전달되기를 원하며, 다른 사람이 언제나 자신에게 관심을 기울여주길 원한다. 만일 그런 아이가 말을 하지 않는다면, 그리고 응석을 받아주고 있는 사람이 언제나 아이가 요구하는 과제를 수행한다면, 그런 경우엔 아이가 당연히 말을 하지 않게 되어 있다. 우리는 아이들이 환경에 맞춰서 자신의 기능들을 개발하고 통제한다는 사실을 잘 알고 있다.

앞에서 청각 장애와 언어 장애를 동시에 갖고 있는 농아 부부의 아이에 대한 이야기를 한 적이 있다. 이 아이는 완벽히 정상이었다. 말도 정상이고 이해력도 정상이었다. 마음에 상처를 입으면, 이 아이도 울었다. 그러나 소리는 전혀 내지 않았다. 눈물이 아이의 뺨을 타고 흘러내리고, 얼굴 표정도 슬펐다. 그러나 아무도 아이의 울음소리를 듣지 못했다. 아이는 소리 내어 울어봐야 아무 소용이 없다는 것을 잘 알고 있었다.

이렇듯, 아이의 기능은 환경에 따라 발달한다. 기능이 달리 발달할 수 있는 방법은 없다. 이 대목에서 소위 동인(動因)의 심리에 대해 이야기할 수 있다. 왜냐하면 동인도 오직 환경에 따라서만 발달하기 때문이다. 이 소년은 말을 할 필요를 느끼지 않았으며, 따라서 아이의 언어 능력은 제때 발달하지 않았다.

"현재 아이는 다소 콧소리로 말을 한다. 아이는 4년 전에 편도선과 임파선을 제거했다. 곧 임파선 치료를 추가로 해야 하는 상황인 것 같다. 아이는 약간 다운증후군 환자처럼 보인다."

아이가 "다운증후군 유형"이라는 사실이 다소 놀랍다. 아이가 정신박약아가 아닌지 의심해 볼 이유가 있다. 그러나 나는 아이를 다운증후군 유형으로 분류해야 한다는 확신이 서지 않는다. 다운증후군 유형의 아이들 중에서 정신박약아가 아니었던 아이는 지금까지 한 번도 없었다. 그러나 어떤 아이는 정신이 박약하지 않으면서도 다운증후군 유형처럼 보인다는 사실을 잊어서는 안 된다.

"아이는 코가 넓고, 귀가 옆으로 두드러지고, 아랫입술이 튀어나왔다. 신경계 검사에서는 특별한 것이 하나도 없었으며, 지능은 정상이다. 아이의 오른쪽 다리는 많이 뻣뻣하다. 그런데도 아이는 체조를 아주 좋아한다. 그런 아이는 원래 체조를 하지 못하게 되어 있음에도 이 아이에겐 다리가 허용하는 범위 안에서 체조에 참가하는 것이 허용되었다."

팔이나 다리에 장애를 가진 아이들이 체조에 특별히 열정을 보이고 간혹 매우 탁월한 실력을 발휘하는 것이 확인된다. 이는 개인 심리학의 기본적인 가설, 즉 최고의 결과는 신체기관의 열등에 의해 촉발된 특별한 관심에 의해 얻어진다는 가설을 증명한다. 몇 년 전엔 다리가 하나뿐인 댄서가 우리 도시에서 공연을 한 적이 있다.

우리에게 허용된 짧은 시간 안에, 이 아이를 상대로 치료하면서 거둘 수 있는 모든 것을 다 이루는 것은 불가능한 일이다. 누군가가 이 아이와 아이의 어머니의 문제에 전념할 수 있다면, 우리의 치료는 훨씬 더 쉬워질 것이다. 아이를 더욱 독립적이고 더욱 용기 있는 존재로 만들려고 노력해야 한다. 그리고 보충 학습을 통해서 아이의 수준을 일반 학교에 다시 나갈 수 있을 만큼 끌어올려야 한다. 아이에게 어떤 목표를 제시하고, 삶의 유익한 측면에서 의미 있는 결과를 성취하는 방법을 보여줘야 한다. 성공을 거두기 시작하자마자, 그리고 아이가 거두는 성공에 비례하여, 아이의 나쁜 버릇은 존재의 이유를 잃게 될 것이다. (유뇨증은 그의 마지막 도피 수단이었다.) 우리는 아이에게 그보다 더 훌륭한 길을 제시해야 한다. 또한 어머니의 지지도 끌어내야 한다. 나는 어머니에게 아이가 갖춘 인격의 실제 구조를 보여주면서 그녀를 설득시키고 싶다.

아들러 박사: (어머니에게) 당신의 아이에 대해 이야기할 생각입니다. 아이가 학급에서 우수한 학생에 속합니까?

어머니: 그렇지 않아요.

아들러 박사: 아이는 보충 학교에서 우수한 학생에 속합니까?

어머니: 산수만 빼고는 꽤 잘하고 있지만 다른 아이들이 이 아이보다 더 나아요. 선생님은 아이가 글을 지나치게 빨리 읽지만 않는다면 모든 것이 괜찮아질 것이라고 합니다. 그런데 아이는 글을 너무 빨리 읽어요.

아들러 박사: 아이는 나중에 뭐가 되고 싶다고 합니까?

어머니: 목수요.

아들러 박사: 아이의 아버지는 직업이 뭐죠?

어머니: (자랑스러워하는 표정으로) 치과 기공사예요. 할아버지는 가구점을 운영하고 있어요. 아이의 외할아버지는 아이가 장사를 배우길 원하고 있어요. 그러려면 아이가 가구에 대해 많은 것을 알아야

할 거예요.

아들러 박사: 그래서 아이가 목수가 되길 원하는군요. 아이에게 친구가 있어요?

어머니: 예. 항상 자기보다 어린 아이들과 놀아요.

아들러 박사: 아이가 그 외에 다른 아이들과는 사귀지 않으려 하는가요?

어머니: 아이는 언제나 자기보다 어린 아이들과 놀길 원해요.

아들러 박사: 아이가 놀이 센터에 나갑니까?

어머니: '칠드런스 프렌즈'라는 곳에 나가곤 했어요. 한 번은 거기서 아이들끼리 싸움을 벌였어요. 그때 선생이 아이들의 귀를 잡아당겨 벽 쪽으로 밀었어요.

아들러 박사: 아이는 거짓말을 안 합니까?

어머니: 아이는 가끔 이야기를 들려줘요. 그래도 거짓말을 한 적은 없어요.

아들러 박사: 아이는 돈을 쓸 줄 압니까?

어머니: 예.

아들러 박사: 아이는 신뢰할 만합니까?

어머니: 예. 아주 믿을 만합니다. 아이는 일을 도와주고 자신이 하고 있는 일에 대해 정확히 알고 있어요. 전화도 받고, 사소한 일들을 아주 잘 처리합니다. 그런데 어린애 같은 구석이 많아요.

아들러 박사: 학교에서는 어떻게 지낸답니까?

어머니: 기분 좋게 학교에 다니고 있어요. 원래 아이는 사립학교에 다녔어요. 사립학교가 아이에게 좀 쉬울 것이라고 생각했지요. 그런데 그곳 사람들이 아이에게 관심을 많이 두지 않았고 또 아이를 유급

시켰어요. 정신과의사가 아이를 진단한 뒤 정상이라면서 보충 학교에 넣을 것을 권했어요.

아들러 박사: 보충 학교에는 어떤 학생들이 다녀요?

어머니: 그곳의 아이들은 끔찍한데도, 아이는 그런 문제에 신경 쓰지 않아요. 그곳의 아이들은 많이 뒤처지지요. 아이가 혼자 힘으로 살아 나갈 수 있다는 사실만 확인되면 ….

아들러 박사: 당신은 그 점을 한 번도 의심하지 않았지요?

어머니: 선생님들은 아이가 훌륭한 사업가가 될 것이라는 식으로 언제나 나를 위로했어요. 아이는 모든 것에 관심 있어 해요. 아이는 많은 것에 대해 말할 줄도 알고 꽤 독립적이라는 인상도 줘요. 그런데 하는 짓이 아주 어린애 같으니!

아들러 박사: 아이가 종종 오줌을 쌉니까?

어머니: 예. 선생님을 만나서 학교에서 아이의 행동이 어떤지를 물었어요. 선생님이 유일하게 불평한 점은 아이의 목소리가 지나치게 높다는 것이었습니다. 그 버릇을 고쳐야 합니다. 또 학교에서 오줌을 싸고 있어요. 선생은 그게 아이의 약점이라고 했어요. 최근엔 더 심해졌답니다.

아들러 박사: 학교에서 아이의 상황이 더 나빠졌어요?

어머니: 향상되고 있어요. 예전에 숙제를 할 때면 도움이 필요했는데, 지금은 모두 혼자 하고 있어요.

아들러 박사: 아이가 비난을 들었어요? 예를 들면, 산수 과목에서?

어머니: 산수 과목은 다른 아이들이 이 아이보다 나아요.

아들러 박사: 산수 과목에서도 실력이 향상되면 모든 게 좋아질 겁니다. 혹시 아이를 우리가 운영하는 어린이 센터에 보내지 않으시겠어

요? (아들러 박사가 그녀에게 주소를 건넨다.) 아이가 혼자 올 수 있을까요?

어머니: 예. 아이는 전차 타는 방법을 알아요. 학교도 혼자 다니고 있어요.

아들러 박사: 이 어린이 센터에서 선생들이 아이에게 모든 것을 잘할 수 있다는 확신을 심어줄 거예요. 아마 아이는 정규 학교에 돌아갈 수준까지 발전할 것입니다.

어머니: '칠드런스 프렌즈'에서 아이가 일부 과제를 아주 훌륭하게 해냈어요. 공연장을 아름답게 꾸미기도 했어요. 아이에겐 다른 아이들에게 없는 것이 있습니다. 선생님들이 그러시는데, 아이가 아주 성실하답니다.

아들러 박사: 아이가 정규 학교에 다니면 더 좋아질 것입니다. 다른 아들은 어떤 아이인가요?

어머니: 아들들은 서로 많이 좋아해요. 지금은 많이 변했지만. 나는 나의 부모와 살고 있고, 큰아들은 친할머니와 지내고 있어요. 그래서 지금은 아이들이 서로 자주 보지 못하고 있어요.

아들러 박사: 형이 동생을 괴롭힙니까?

어머니: 큰 아들이 동생에 대해 걱정을 많이 하고 있어요.

아들러 박사: 형이 아버지처럼 행동하고 있군요. 동생을 누른 형들에게서 그런 특징이 종종 보입니다.

어머니: 큰 아이는 언제나 잘했어요.

아들러 박사: 인기도 많은 것 같네요.

어머니: 작은 아이가 훨씬 더 인기 있어요. 큰 아이는 거만합니다.

아들러 박사: 작은 아이가 보충 학교에 다닌다는 이유로 사람들이 아

이를 집적거리거나 놀립니까?

어머니: 학교 때문에 놀리지는 않아요. 그래도 사람들은 아이를 집적 거리지요. 아이의 발 때문에 놀리기도 하고요. 정말 나쁜 짓이에요.

아들러 박사: 그런 일은 곧 사라질 겁니다. 아이가 오줌을 싸는 것도 마찬가지고요. 아이를 비난하거나 꾸짖지 말고 용기를 북돋워주라고 권하고 싶습니다. 아이가 모든 것을 스스로 하도록 격려해 주세요.

어머니: 우리 가족은 언제나 아이를 나무라고 비난하고 화를 내게 만들고 있어요.

아들러 박사: 가족들에게 제 뜻을 꼭 전하고 가능한 한 아이를 비난하거나 나무라거나 잔소리하는 일이 없도록 하세요. 아이의 향상을 위해서 새로운 방법을 시도할 생각입니다.

(어머니는 감사의 뜻을 전한 뒤 나간다.)

아이가 집에서 언제나 공격을 받고 있다는 것이 매우 중요하다. 여러분은 동물원에서 타피르라는 동물을 보았는지 모르겠다. 타피르는 특이한 버릇을 갖고 있다. 누군가가 자신을 괴롭히거나 화나게 만들면, 그들 쪽으로 등을 돌리고 오줌을 눈다. 이 같은 행동이 간혹 무심코 지켜보던 구경꾼들을 짜증나게 만든다.

아들러 박사: (아이에게) 학교에서 잘하고 있니?

아이: 네.

아들러 박사: 넌 똑똑한 소년이야. 너도 훌륭한 학생이 될 수 있어. 네가 약간 소심한 것 같다는 느낌이 드네. 자신감도 없고. 너는 산수를 잘하지 못한다고 믿지만, 산수도 별로 어렵지 않아. 너도 산수를 쉽

게 할 수 있어. 네가 산수를 잘할 수 있도록 내가 도와줄 거야. 그러면 너도 다른 학교로 옮길 수 있어. 네가 그 학교에 들어가도록 내가 도와줄 거야. 나중에도 네가 공부를 잘하도록 우리가 옆에서 도울 거야. 그러면 사람들이 갑자기 "아니, 저 아이의 실력이 날로 나아지고 있어!"라고 놀랄 거야. 나는 네가 우리가 운영하는 어린이 센터에 다녔으면 해. 거기서 아이들은 놀이를 즐겨. 또 숙제도 할 수 있고. 넌 거길 좋아할 거야. 나도 처음에 산수가 아주 형편없었어. 그때 누군가가 산수를 잘하는 방법을 가르쳐주었고, 그 덕에 나는 학급에서 최고가 될 수 있었어. 네가 산수를 가장 잘하는 학생이 되면 선생님이 뭐라고 할 것 같니?

아이: 행복해 할 거예요.

아들러 박사: 선생님을 즐겁게 해드리고 싶지?

아이: 예.

아들러 박사: 곧 다시 만나자. 그리고 다른 아이가 너에게 바보 같은 소리를 하더라도 화를 내지 마. 그런 바보 같은 소리는 그런 소리를 하는 아이가 바보라는 사실을 뜻할 뿐이란다. 집에서 누가 너를 비난하더라도 화를 내거나 오줌을 싸지 않도록 해라. 나를 도와줄 수 있지? 너를 믿어도 되지?

17장

똑똑한
형제자매를 둔 아이

나 자신이 아이들의 문제를 해결하는 과정을 보여주기 위해 지금 일
련의 설명들을 제시하고 있다. 지금 내 앞에는 문제아에 관한 보고서
들이 많이 쌓여 있다. 한동안 살펴보지 않았던 보고서들이다. 이 장에
선 이 케이스들을 여러분과 탐험하면서 검토하는 방법을 대충 전하
고 싶다.

　개인 심리학의 경험을 바탕으로, 각 케이스의 전체적인 그림을 그
리고 그 징후들을 개인 심리학의 맥락에서 보기 위해서 보고서의 각
항목들을 어떤 식으로 검토해야 하는지를 보여주고 싶다. 그러면 여
러분은 개인 심리학자들이 쓰는 "탐험"이나 "해석"이라는 용어의 의
미를 이해할 수 있을 것이다. 많은 저자들이 이 용어들에 대해 논하
고 있지만, 나의 판단엔 그들이 적절히 이해하지 못하고 있는 것 같
다. 개인 심리학의 설명을 접할 기회가 있었던 사람은 그런 저자들이

"자존감을 추구하는 노력"에 대해 언급하거나 "열등감"이나 "권력을 위한 노력" 같은 표현을 씀으로써 개인 심리학을 이해한 것으로 믿고 있다는 인상을 받을 것이다. 이 개념들은 프리드리히 니체(Friedrich Nietzsche)가 소개한 것이라는 점을 잊지 말기를 바란다. 니체는 개인 심리학을 이해하고 있다고 모두가 믿고 있다. 최근에는 성격학적 심리학이라고 부르는 학파까지 등장해 성격학을 엉터리로 심리 치료에 적용시키고 있다. 그들은 끊임없이 니체의 권위를 내세우고 있다.

개인 심리학은 그들과 경계를 분명해 해야 한다. 개인 심리학은 니체를 들먹이는 사람들과는 심리학적으로 아무런 연결이 없기 때문이다. 니체의 이름을 함부로 들먹이는 그 자체만으로도 의심을 사기에 충분하다.

"지금 보고의 대상이 된 아이는 어린 시절에 병을 많이 앓았다."

어릴 때 병을 자주 앓은 아이는 응석받이로 자라게 마련이라는 식으로 말하기 전에, 나는 개인 심리학의 주된 목표는 어느 개인이 다른 사람들에게 행동하는 방식을 탐험하고 해석하는 것이라는 점을 강조하고 싶다. 이유는 우리가 행동 외에 인간이 하는 다른 형태의 표현을 알지 못하기 때문이다. 우리는 단지 사람이 동료 인간들과 관계를 맺어야만 한다는 사실만 확실히 알고 있을 뿐이다. 그러기에 그 사람이 동료와의 관계를 어떤 식으로 맺고 있는지에 대해선 확실히 알아야 한다. 이 원칙이 우리에게 판단의 한 방법을 제시한다. 내가 어떤 아이가 어린 시절에 병을 많이 앓았다고 말하면, 여러분은 그 정보를 바탕으로 그 아이의 사회적 연결을 그림으로 그리게 될 것이다. 이 아이는 주변 환경과 어떤 식으로 연결되어 있을까?

"아이는 디프테리아에 걸려 주사를 맞았다."

이 보고서가 부모가 작성한 것이라면, 이 부분에서 부모가 주사의 중요성에 강한 인상을 받고 또 주사를 무서운 것으로 보고 있다는 해석이 가능하다. 디프테리아에 걸려 주사를 맞는 것은 물론 사소한 일이 아니다. 그러나 이 보고서가 쓰인 방식에서 우리는 부모와 개인 심리학자 사이의 관계를 볼 수 있다. 부모가 개인 심리학자에게 자기 아이가 엄청난 고통을 겪었다는 인상을 주길 원하고 있는 것이다.

"건강이 회복되는 동안에 아이가 신경성 문제들을 일으켰다. 아이가 어깨를 흔들고, 손을 허벅지에 비비고, 말을 대단히 빨리 했다."

이 징후들은 신경성 문제로 볼 수 있는 것들이다. 그러나 의사들이 디프테리아 후유증으로 알고 있는 신경성 합병증은 이와 다르다. 연구개(軟口蓋)나 어떤 근육 집단, 뇌 부위의 마비 증세가 그런 합병증에 포함된다. 그러나 이 소년의 경우에 그런 증세가 전혀 보이지 않는다. 그렇다면 그것은 틱 장애 혹은 어떤 목적을 가진 의도적인 동작으로 보는 것이 타당하다. 틱 장애 뒤에도 어떤 목적이 있을 수 있지만 분명하게 드러나지 않는다.

아이가 손을 허벅지에 문지름으로써 주위의 관심을 끌려고 한다는 말이 들리면, 신체에 문제가 있어서 그러는 게 아니라고 판단해야 한다. 이 아이의 행동은 주목할 만하며, 정신분열증 초기에도 이와 비슷한 징후들이 나타난다는 점을 기억해야 한다. 그러나 보고서에 따르면 아이가 어려서 정신분열증 같은 것은 전혀 문제가 되지 않을 때에 이런 징후들이 나타났다. 따라서 우리는 다른 원인을 찾으면서 개인 심리학에 중요한 질문을 던져야 한다. 이 행동이 다른 사람들에게 어떤 효과를 미치는가? 그 같은 행동도 보기는 좋지 않지만 그래도 하나의 표현 형식이다.

어깨를 흔들고 허벅지를 문지름으로써, 아이는 부모를 비롯한 주변 사람들의 관심을 확실히 끌어모았다. 아이들이 모두 이런 식으로 행동하는 것은 아니기 때문에, 여기서 우리는 아이와 부모의 관계에 뭔가 잘못된 점이 있다고 짐작해야 한다. 개인 심리학의 경험을 통해서 우리는 이런 종류의 행동은 주의를 끈다는 사실을 알고 있다. 소년이 응석받이로 컸을 것이라는 점을 이미 지적한 상태에서, 우리는 아이가 응석받이 상태를 계속 지켜나가기 위해서 이런 버릇을 채택했다고 단정할 것이다.

이것은 자신을 관심의 중심에 놓으려는 방법치고는 용기 있는 방법이 아니다. 아이는 자기 자신을 믿지 못하는 것 같다. 자신을 믿는다면, 아이는 보다 흔한 방법을 택했을 것이다. 예를 들면, 아이는 공부를 열심히 하고 멋지게 행동하고 다정하고 유쾌한 인상을 주려고 노력했을 것이다. 다시 말해 아이는 삶의 유익한 측면으로 발전을 꾀했을 것이다. 내가 볼 때 이 아이에겐 자신감이 부족했기 때문에 이런 생각이 떠오르지 않았던 것 같다.

"아이는 말을 매우 빨리 한다."

이것은 특별한 말투로 타인의 관심을 끌려는 시도이다. 깊은 열등감이 작용하는 상황에서 이런 노력이 전개될 수 있다. 그렇다면 지금 열등감의 원인을 파악하는 것이 바람직할 것이다. 이 열등감의 원인을 찾아내는 것이 우리의 과제이다. 우리는 이 아이가 왜 그런 힘든 몸짓에 의지하는지 그 이유를 이해해야 한다.

만일 아이가 한때 심리적으로 호의적인 상황에서 살았다면(그는 병에 걸려 주사를 맞았다), 아이는 이런 유쾌한 상황을 자발적으로는 떠나지 않으려 할 것이다. 그러나 그런 아이들의 운명과 사건들이 맞

물려 작용하면서, 아이들은 반드시 그 상황을 벗어나게 되어 있다. 이런 일이 일어날 때, 그런 아이들은 자신이 권좌에서 쫓겨났다는 감정을 느낀다. 모든 사람에게 활력을 불어넣는 감정, 즉 자신이 중요한 존재라는 감정을 확보하려는 노력에서, 아이들이 한 번 더 관심의 중심이 되려는 수단을 찾는 것은 지극히 자연스런 일이다.

현재 이 아이는 병에서 다 나았음에도 불구하고 자신이 아픈 동안에 누렸던 그 친절을 다시 회복할 수단을 찾고 있다. 이것이 이 아이가 유쾌한 상황을 되찾으려고 노력하는 유일한 이유인지에 대해 나는 현 단계에서는 말할 수 없다. 아마 다른 원인들도 작용하고 있을 것이다. 다른 아이들이 심각한 병에 걸리지 않고도 똑같은 징후들을 보인다는 사실 때문에 혼란이 일어나서는 안 된다. 실제로 보면 거의 모든 아이들이 응석을 부리는 단계를 거치기 때문이다. 부모가 아이의 관심을 다른 대상이나 다른 사람들에게로 이끌지 않는다면, 어느 아이든 태어나서 2년이나 3년 동안 응석을 부리며 자라는 데 익숙해지게 마련이다. 이것이 이 아이의 열등감을 강화시켰을지 모르는 다른 원인들을 찾아야 하는 이유이다.

"몇 차례 상담을 받은 의사는 소년이 사춘기에 이르면 이 문제가 없어질 것이라고 말했다."

이 진술에서는 아이가 아직 사춘기에 이르지 않았다는 사실 외에는 특별히 새겨들어야 할 것이 없다. 의사의 이 같은 설명은 대체로 심리학자들이 사춘기의 중요성에 대해 제시하는 공상적인 이론에 비해 절대로 더 정확하지 않다.

일부 심리학자들은 사춘기를 끔찍한 단계로 믿고 있다. 성욕이 아이들을 파괴하고, 아이는 이 시기에 근본적인 변화를 겪는다는 것이다. 정확히 말하면, 오직 한 가지 일만 일어난다. 아이가 더 많은 자유를 얻고 더 많은 힘을 얻고 더 많은 책임을 떠안게 되는 것이다. 그리고 아이는 내면에서 일종의 도전의 소리를, 더 이상 어린 아이처럼 행동하지 말라는 소리를 듣는 것 같다. 이때 아이는 이 도전에 언제나 과도하게 반응한다.

우리 시대엔 생식선의 발달을 바탕으로 개인의 행동을 이해하려는 경향이 너무 강하다. 이대로 나가다간 어쩌면 머지않아서 우리의 지능이 자리 잡고 있는 곳도 생식선이라는 주장이 제기되어도 아무도 의문을 품지 않을지도 모르겠다. 어떤 일이든 생식선을 근거로 아주 쉽게 해석되고 있다. 만일 어떤 퇴보가 일어난다면, 그것은 사춘기 탓이다. 만일 향상이 일어난다면, 그것도 사춘기가 원인이다. 이런 식이라면, 사춘기 연구는 이미 연구 분야가 아니라 바보들의 피난처의 성격을 더 강하게 지닌다.

"소년의 아버지도 어릴 적에 정도는 덜했지만 마찬가지로 소심해서 힘들어 했다."

행간에서 아이도 소심함으로 힘들어 한다는 사실이 읽힌다. 니체에서 이론을 끌어냈다고 주장하는 성격 연구가들이 소심을 어떤 식으로 이해하는지에 대해 나는 아는 바가 없다. 개인 심리학의 사회적 잣대를 거기에 적용한다면, 소심함이라는 표현은 자신의 개성을 낮게 평가한다는 뜻이다. 아니면 결국엔 똑같은 의미이긴 하지만 타인들을 과대하게 평가한다는 뜻이다. 달리 말하면, 소년은 스스로 약하다고 느끼고 있다. 이 약함이 치열한 분투로 나타나고 있다. 아니면 가족에게 거만하게 대하는 것으로 표현되고 있다.

열등감에 빠진 이 소년이 이방인들에게서 우월한 힘을 볼 때 그의 진짜 정신 상태가 명백하게 드러나는 것으로 확인되더라도 개인 심리학자들은 놀라지 않는다. 소년의 소심함은 아이가 "변두리에 머물고 있다"는 것을 의미한다. 말하자면 다른 사람들과 어울리기를 꺼린다는 뜻이다.

이 같은 행동을 바탕으로, 여러분은 여기서 이 아이는 자신은 아무것도 하지 못한다고 믿는 그런 아이라는 사실을 확인할 수 있다. 여기까지 알게 된 마당에, 이 아이와 관련해선 우리를 놀라게 만들 것이 전혀 발견되지 않을 것이다. 모든 것이 우리가 예상할 수 있는 방향으로 전개될 것이다. 사회적인 문제 앞에서, 예를 들어 우정의 문제 앞에서 아이가 어떻게 행동할 것인지, 우리는 정확히 말할 수 있다.

"다른 아이들은 소심한 성격으로 인해 힘들어하지 않는다."

그렇다면 가족에 다른 아이들이 있다는 말이다. 다른 아이들은 그렇게 소심하지 않다는 말은 곧 그 아이들은 그렇게 심각한 열등감을 갖고 있지 않다는 뜻이다. 아이가 느끼고 있는 심각한 열등감은 소년이 지나치게 응석받이로 자라거나 아이가 너무 오랫동안 어떤 사람에게 기댔다는 사실에서 비롯될 수 있다. 다른 아이들도 있다는 사실을 알게 되었기 때문에, 우리는 이 소년이 두 번째 비극을 경험했다고 단정해도 좋다. 아마 소년은 일정 기간 동안 막내 역할을 했을 것이다. (나는 아이가 외동으로 시작했다고는 짐작하지 않을 것이다.) 나이가 가장 어린 아이는 다른 애들보다 더 자주 관심의 중심에 선다. 만일 다른 아이가 그의 자리를 차지한다면, 그 아이가 자신의 상황이 악화되는 것을 경험했다고 볼 수 있다. 가족의 총애를 받는 막내가 있다면, 이 아이가 자신을 두드러져 보이게 만들려고 노력하는 이유가 쉽게 이해된다.

"장남은 대학 졸업반이다."

만일 가족의 한 구성원이 대학에 다니고 다른 구성원이 대학에 가지 않는 상황이라면, 그 같은 사실이 대학에 다니지 않는 구성원의 내면에 언제나 큰 분노를 불러일으킨다. 아마 그럴 만한 이유가 충분히 있을 것이다. 형보다 어린 소년은 "왜 나를 훌륭한 인간으로 만들지 않았어?"라는 식으로 말할 수도 있다. 앞의 정보가 "이 소년은 그 정도 능력이 없었다."는 것을 의미하지 않는지를 파악해야 한다. 만일 소년이 이런 식으로 느꼈다면, 우리는 소년이 그렇게 심각한 열등감을 느끼는 이유를 밝혀내는 데 필요한 정보를 확보하게 될 것이다.

"막내는 재능이 특별하다."

이 의견은 우리의 주장을 강력히 뒷받침한다.

"막내는 2년 전에 열다섯 살의 나이에 뇌막염으로 갑자기 죽었다."

이제야 우리가 다루고 있는 소년의 나이에 대한 정보가 나온다. 그는 열일곱 살 이상이다. 그렇다면 대학 문제에 신경을 써야 할 나이다. 막내가 특별히 재능이 많았다는 사실을 우리는 알게 되었다. 이 소년이 스스로 중요한 존재가 되기를 원할 경우에 극복해야 했을 상황을 한번 상상해보라. 형은 대학생이고 동생은 영재인데, 그 중간에 소년이 있다. 이 소년의 적성에 대해선 아직 아는 것이 없다. 우리가 아는 것이라곤 아이가 터무니없는 궁리를 한다는 사실 뿐이다.

그가 대학에 들어갈 만한 능력을 보여주지 못하고 있는 것은 분명하다. 대학에 들어갈 능력이 되는 소년이라면, 어깨를 흔들거나 허벅지를 문지르는 따위의 행동을 하지 않을 것이다. 말하자면 소심하게 굴지 않았을 것이라는 뜻이다. 소심한 사람은 대학 공부를 할 자격이 없다는 뜻은 아니다. 그러나 이 보고서에서 우리는 소년이 다른 두 형제들과 비교할 수 없을 만큼 뒤처져 있다는 점을 설득하려는 목적을 확인하고 있다. 소년의 뒤짐에 관한 한, 그의 징후들은 사실 매우 사소하다. 소년이 우리 앞에 있다면, 우리는 다른 암시를 백 가지는 찾아낼 것이다.

"소년은 학교에서 공부를 썩 잘하지 못했다."

나는 자신 있게 말할 수 있다. 이 소년에 관한 새로운 사실은 더 이상 나오지 않을 것이라고. 우리가 충분히 기대할 수 있는 것들만 나올 것이다. 개인 심리학의 경험에 따르면, 소년은 정신박약아가 아니다. 우리가 예상한 바와 같이, 그에게 일어나고 있는 모든 것은 그의 삶의 양식의 결과이다. 그의 행동에선 지능과 이성이 분명히 확인된다.

"그는 두 번 유급을 해야 했다."

이 실패는 아마 그의 용기를 북돋워주지 못했을 것이다. 유급을 하면 공부를 더 열심히 해서 급진전을 이루는 아이들이 있다. 그러나 대체로 보면 남들보다 뒤처지는 것이 장기적으로 아이에게 피해를 입히게 되어 있다. 아이를 유급시키기로 최종 결정을 내리기 전에 다른 가능한 수단을 두루 다 강구했는지, 주의 깊게 생각해봐야 한다고 나는 믿는다.

"아이에겐 열여섯 살까지 학교에 남는 것이 특별히 허용되었다. 그 덕에 아이는 직업학교 3년 과정을 다 끝낼 수 있었다."

보고서는 이 아이가 형에 비해 얼마나 뒤처지는지를 전하고 있다. 여기서 나는 그가 둘째라는 점을 특별히 강조해야 한다. 아이는 형의 권리를 확보하려고 온갖 노력을 다 기울이고 있다. 그가 능력이 뛰어난 형을 권좌에서 내쫓는 길은 오직 한 가지밖에 없다. 기본적으로 쓸모없는 수단을 이용해 부모와 가까이 접촉함으로써 부모를 자기편으로 끌어들이는 것이 바로 그 길이다. 따라서 개인 심리학자들이 설명한 내용이 확실히 옳은 것으로 드러나고 있다. 두 형제 중에서 동생이 형과 동등할 수 있다는 희망을 잃지 않고 형을 따라잡는 데 성공한다면, 동생은 발달에 제지를 받지 않고 자신만의 특별한 성격을 갖게 된다는 이론 말이다.

둘째는 언제나 압박을 받고, 끊임없이 움직이고, 늘 달리고 있을 것이다. 만일 이런 식의 행동 유형이 성공을 거둠에 따라 그가 지속적으로 용기와 희망을 품을 수 있게 된다면, 그는 발달을 확실히 이루게 될 것이다. 그러나 만일 그런 입장인 동생이 성공하지 못하고 희망을 잃게 된다면, 동생은 "문제아"가 된다. 우리가 경계해야 할 대목이다.

둘째 아이는 이런 성격적 특징을 갖고 있다. 둘째 아이는 마치 경주를 하듯 앞으로 밀고 나간다. 둘째 아이가 완전히 붕괴한 경우를 제외하곤 언제나 이런 사실이 확인된다. 이 아이에게서도 그런 경주의 신호들을 발견할 수 있을까? 소년은 말이 매우 빠르다. 여기서도 몹시 신경질적인 동작이 확인된다. 소년이 언어를 통해서 다른 사람들보다 앞서기를 바라고 있는 것이다.

"그는 학교를 졸업한 뒤에 케이크 굽는 사람 밑에 실습생으로 들어갔다."

우리는 다시 넓은 간극을 확인한다. 당신은 빵가게 실습생이고 당신의 형은 대학생이라는 사실이 무슨 의미인지를 파악한다면, 이 소년의 처지가 생생하게 느껴질 것이다. 절대로 쉬운 상황이 아니다. "평균"으로 전락하고 있다는 사실 앞에서 냉정을 지키기 위해선 엄청난 도량이 필요하다. 이런 아이에게 제시할 게 이런 식의 위안뿐이라면, 우리는 여기서 분석 작업을 포기하는 것이 더 나을 것이다. 그가 모든 것을 포기한다 하더라도, 그런 행동마저도 충분히 정당할 것이다.

"그의 고용주가 제시하는 정보에 따르면, 그는 어려운 문제 앞에서 엄청난 불안을 겪는다."

그가 열등감과 용기 상실로 얼마나 힘들어하는지 그림이 그려질 듯하다. 또 그와 일터에서 일어나는 사회적 문제 사이의 거리도 분명하게 느껴진다. 이것은 오직 사회적 잣대를 적용할 때에만 이해될 수 있다. 이것이 그 아이의 생식선이나 호르몬 분비와 어떤 관계가 있다고 믿는다면, 우리에겐 아이에게 주사를 더 많이 주는 것 외에는 달리 방법이 없다.

"그가 어깨를 흔들기 시작하면 더 이상 공부를 할 수 없게 된다."

이는 그가 다른 누군가가 자신을 대신해서 일을 처리해 줄 것이라는 생각을 늘 품고 있으며, 그의 전체 사회생활은 그 같은 생각 위에 구축되고 있다는 것을 의미한다. 이것은 스스로 무엇인가를 하길 원하지 않고 언제나 자신을 도와줄 사람을 찾는 응석받이의 삶의 양식이다.

"그러나 아이는 산수에 매우 뛰어났다."

부모가 이 말을 무슨 뜻으로 하는지 나는 모른다. 그러나 소년이 학교에서 공부를 열심히 했다고 판단하는 것이 타당하기 때문에, 우리는 그가 산수 과목에서 학교가 요구하는 수준의 능력을 보이고 있다는 뜻으로 받아들일 수 있다.

"아이에게 많은 돈을 맡겨도 괜찮다. 아이는 무엇인가를 잃어버린 적이 한 번도 없으며 비난을 살 짓을 절대로 하지 않았다."

이는 그가 도둑질을 하거나 속이거나 무엇인가를 잃거나 하는 일이 없다는 뜻이다. 그러나 아이는 스스로 무엇인가를 할 수 있다는 믿음을 갖고 있지 않다. 그는 기생동물처럼 살고 있다. 이것은 가혹한 비판이라는 점을 인정해야 한다. 그러나 그의 삶의 방식은 비극적인 실수이다. 이런 식으로 살다가는 그가 사회적 관계를 절대로 확립하지 못할 것이기 때문이다.

"아이는 마음이 아주 부드러운 소년이다."

일부 프로이트 추종자들은 아마 이 대목에서 반대의 뜻을 밝히며 아이의 무의식은 틀림없이 주변 사람들에 대한 증오로 가득할 것이라고 강조할 것이다. 프로이트 학파처럼 접근할 경우에 이 아이는 죽음 소망과 범죄 성향에 사로잡힌 소년이 될 것이다. 그러나 개인 심리학은 그를 타인들과 접촉을 갖고 싶어 했을, 유순하고 선한 아이로 본다. 이 같은 소심함을 통해서, 말하자면 약한 모습을 보임으로써 그는 다른 사람들이 자신에게 친절하게 행동하도록 하려고 노력했다. 아이가 어깨를 심하게 흔든 탓에 공부를 하지 않아도 되었다는 말을 우리는 앞에서 들었다. 개인 심리학자는 아이의 의식과 무의식을 지배하고 있는 성격이 기본적으로 온순하다고 믿는다.

"그는 암산에 매우 뛰어나며 기억을 아주 잘한다."

그는 훈련이 잘 되어 있으며, 그때까지 선한 학생이었을 가능성이 크다. 그러나 그는 그 단계를 절대로 뛰어넘지 못했다. 그래서 그는 삶을 직시해야 할 때에 그럴 준비가 제대로 되어 있지 않다는 사실을 드러냈다.

"그는 음악을 듣는 귀가 매우 잘 발달되어 있으며, 문학에도 관심을 갖고 있다. 그가 가장 좋아하는 활동은 박물관 관람이다."

그의 부모가 그가 문학에 관심이 있다고 말할 때, 그것은 곧 아이가 책 읽기를 좋아한다는 뜻이다. 그러나 이것은 의심스럽다. 왜냐하면 독서가 그로 하여금 삶의 진짜 문제들을 피할 수 있도록 할 수 있기 때문이다.

"그는 강의를 정확히 이해하고 완벽하게 요약할 수 있다."

이 정보는 우리에게 생각해야 할 무엇인가를 제시한다. 그는 읽기를 좋아하고 박물관 관람을 좋아한다. 우리는 그가 강의를 들으러 가고, 그 내용을 정확히 되풀이할 수 있다는 말을 듣는다. 이 모든 것은 그가 많이 읽고 강의를 들으러 다니는 그의 형을 모방하려고 노력하고 있다는 것을 의미한다. 잘 알 수 있듯이, 그는 쉽게 굴복하지 않으며 빵가게에서 일을 배우고 있으면서도 자신을 향상시키려고 노력한다. 이것이 바로 우리가 그를 보다 높은 곳으로 올려주려고 노력해야 하는 지점이다.

우리는 그가 불안하게 몸을 떠는 동작이 또 다른 영역에서 어떤 직업을 발견하려는 노력과 연결되어 있다는 것을 이해할 수 있다. 그는 빵 굽는 직업에 만족하지 못하고 있다. 그는 한 가지 욕망을 갖고 있다. 다른 누군가가 자신을 위해 그 일을 하도록 하고 싶어 하는 것이다. 그는 지적인 일을 더 선호한다. 박물관을 관람하는 동안에 그는 떨지 않는다. 그가 자신도 유능하다는 점을 보여주고 있기 때문이다. 그런데 이 경로가 그에겐 막힌 것처럼 보인다. 왜냐하면 어느 누구도 그를 이해하지 못하기 때문이다. 또 그가 유급을 두 차례 했기 때문일 수도 있다.

"그는 말을 놀랄 만큼 빨리 한다."

이 문제에 대해서는 이미 언급한 바가 있다. 그는 제일이 되기를 원하고 있다.

"그의 눈길은 낮고 은밀하다."

이것은 소심함을 드러내는, 눈의 표현 양식이다. 다른 사람들의 눈과 접촉하기를 꺼린다는 점을 보여주고 있다. 우리 인간의 감각기관도 사회적 기능을 갖고 있다. 아마 이 같은 의견은 다른 심리학자들에게 충격으로 다가올 것이다.

감각기관은 언어기관처럼 접촉을 추구한다. 언어는 다른 사람과의 접촉을 확고히 하려는 시도이다. 소년은 자신의 "눈 언어"로 자신이 약하다는 감정을 표현하고 있다. 그가 말을 빨리 함으로써 자신의 약함을 보여주는 것과 똑같다. 그는 말을 아주 빨리 하지 않으면 패배할 것이라며 두려워한다.

"그는 스포츠에 전혀 관심이 없다."

틀림없을 것이다.

"그는 사타구니 부위의 선(腺)에 문제가 있어서 학교에서 체조 시간에 면제를 받았다."

여기서 다시 우리는 그가 애지중지 다뤄지고 있는 것을 확인한다. 사람이 어떤 선(腺)의 문제 때문에 체조 시간에 영원히 면제를 받는다는 것은 아무래도 지나치다는 생각이 든다. 이 선의 문제는 아마 발가락 사이의 상처 때문이었을 것이다. 사람들은 대체로 이런 문제들을 매우 빨리 극복한다.

"그가 빵 굽는 기술을 배우기 위해 견습생으로 들어가면서 건강진단을 받았을 때, 의사들은 신경성 질병을 진단했으며 따라서 소년은 특별한 과정의 치료를 받을 예정이었다. 그러나 그 계획은 실천되지 못했다. 고용주가 일손이 부족하고 사업이 일시적으로 바빠진 까닭에 그의 도움을 필요로 했기 때문이다."

그러므로 우리는 그가 많은 문제를 안고 있음에도 불구하고 스스로를 유익한 존재로 가꿨다고 단정해야 한다.

"최근에 소년은 자격시험을 우수한 성적으로 통과했다. 그러나 그의 부모는 자식의 미래에 대해 걱정을 아주 많이 한다. 그들은 소년이 빵 굽는 사람에게 요구되는 모든 것을 충족시키지 못할 것이라고 믿고 있다."

그가 자격시험을 우수한 성적으로 졸업했음에도 불구하고, 부모는 걱정이 많다. 자식이 자격시험에 통과할 경우에, 자식의 미래에 대해 걱정하는 부모는 많지 않다. 이 소년은 언제나 부모에게 걱정의 대상이었던 것 같다. 부모의 이런 태도 때문에 소년의 낙담이 더 깊었을 수도 있다. 그의 부모는 자식이 모든 것을 잘 해결할 것이라는 믿음을 절대로 갖지 못했다. 그들은 언제나 자식의 미래에 대해 걱정했다. 그야말로 터무니없는 걱정이었다.

그럴 것이 아니라 아이에게 용기를 불어넣어줘야 한다. 아이에게 용기를 불어넣는 가장 좋은 방법은 소년이 자신의 잘못을 정확히 알도록 하는 것이다. 이것을 하나의 이론이라고 부를 수 있는지는 모르겠다. 왜냐하면 그것이 다른 심리학 이론들과 동등하게 분류되지 않기 때문이다. 만일 이 소년과 함께 일하는 평범한 사람이 똑같은 결론을 내리더라도 우리는 당황하지 않을 것이다. 그러나 개인 심리학의 검사 방법을 통해 이런 결론에 보다 빨리 도달한다고 하더라도 우리를 비난해서는 안 된다. 분명히 말하지만, 심리학과 철학에 전념하는 사람들은 현실 생활을 제대로 보지 않는다. 이것은 매우 유감스런 일이지만, 개인 심리학은 그런 비난의 소리를 듣지 않는다. 덧붙여 말하자면, 우리 시대엔 성욕이 지나치게 중요하게 여겨지고 있다.

"이 소년에게선 아직 성적 충동이 전혀 발견되지 않고 있다는 점이 강조되어야 한다."

그는 열일곱 혹은 열여덟 살이다. 부모가 자식의 성욕과 관련해서 아무것도 모르고 있을 수도 있다. 그러나 만일 우리의 판단이 옳다면, 우리는 부모가 관찰을 정확히 했다는 점을 보여줄 수 있을 것이다. 이 소년이 사회적 관계에서 실제로 용기를 발휘한다면(성적 충동도 사회적 관계를 보여준다), 우리는 설명할 수 없는 어떤 모순에 직면할 것이다. 그러나 그의 충동의 구조는 그의 삶의 나머지가 보여주는 것과 똑같은 변형을 보여주고 있다. 그가 상상을 초월할 정도로 강한 어떤 충동을 물려받았을 수 있다. 아마 출생 이후로 그가 사악하기 이를 데 없는 충동을, 아주 강력한 개인의 충동을, 또는 그와 정반대로 아주 약한 충동을 갖고 있었을 수 있다. 그러나 이 충동들은 이 소년의 지배적인 목표와 일치할 것이다. 그 목표란 바로 그 자신과 현실의 문제 사이에 거리를 둠으로써 문제 해결을 피하고, 다른 사람들이 자신을 대신해 일을 하도록 하는 것이다.

개인 심리학은 감히 미래를 내다볼 수 있다. 우리는 소년이 삶의 양식을 바꾸지 않으면 어려움이 따를 것이라는 부모의 의견에 동의해야 한다. 그는 모든 영역에서 엄청난 거리를 보일 것이다. 우리는 친구에 대한 이야기를 전혀 듣지 못하고 있다. 직업과 사랑도 마찬가지이다. 우리는 그의 태도를 짐작할 수 있다. 그는 이런 모든 문제들로부터 거리를 두려고 할 것이다. 그는 버팀목 같은 것을 발견하거나 학생이 될 때에는 특별히 두드러져 보이지 않을 것이다. 그러나 그가 한 사람의 인간으로 행동해야 할 때, 그가 한 사람의 인간으로서 자신의 역할을 진지하게 받아들이지 않는 것이 분명하게 확인될 것이다.

교육에 대해 한 마디 덧붙이고 싶다. 아이의 삶의 양식을 탐구하고 그 과정에 아이의 실수들을 찾아낸다면, 거기에 따라 저절로 교육 방식이 정해진다. 소년에게 용기를 불어넣어야 한다. 아이에게 용기를 불어넣는 유일한 길은 아이의 관심을 옳은 방향으로 이끄는 것이다. 아이는 자신이 지나치게 응석을 부리는 탓에 삶에서 진전을 이루지 못하고 있다는 사실을 깨달아야 한다. 아이는 또 자신이 '이것이 나에게 뭘 안겨다 줄까?' 하는 물음을 던지면서 모든 일에 접근하고 있다는 사실을 깨달아야 한다. 말하자면 아이가 따스함과 인정, 타인의 도움을 추구하고 있다는 점을 반드시 깨달아야 한다는 뜻이다.

이 같은 사실을 이해하는 것은 그다지 어렵지 않다. 만일 심리학적 감각을 적절히 갖춘 상태에서 아이에게 다가서면서 예술가의 직관으로 아이의 문제를 파악하고자 노력한다면, 아이의 삶의 양식을 찾아낼 수 있을 것이다.

이 아이가 형보다 재능을 적게 타고났다는 식의 생각은 버려야 한다. 스스로 훈련만 적절히 한다면 모든 일에서 성공할 수 있다는 점을 누군가가 아이에게 일깨워 줘야 한다. 아이가 나아갈 길을 깨끗하게 정리해주는 것이 반드시 필요하다. 어머니와 아버지가 "넌 절대로 성공하지 못할 거야."라는 식으로 말해서는 안 된다. 부모가 이런 말을 하더라도 아이가 믿지 않으면 좋겠지만, 불행하게도 이 아이는 다른 사람이 자신을 위해 모든 것을 대신해 줘야 한다는 생각을 품은 가운데 쓸모없는 측면으로 삶에 접근한 까닭에 이미 몇 차례 실패를 겪은 터이다.

아이가 이 모든 것을 이해할 수 있도록 도와야 하고, 아이가 아직 잠재력을 최대한 발휘하지 않았다는 사실을 깨닫게 해 줘야 한다. 우리는 아이에게 이렇게 말해야 한다. "너는 강의에도 관심이 있고 또 강의를 잘 이해하고 있다. 그건 네가 강의를 들을 준비가 되어 있고 훌륭한 학생이기 때문에 가능한 거야." 그러면 아이는 자신의 뇌를 이런 방향으로 훈련시키는 이점을 누리게 될 것이다. 또 형을 "이길" 수 있다는 자신감을 가질 만큼 용기를 얻게 될 것이다. 우리가 앞으로 나아가면서 내걸 기치는 바로 이것이다. 난관을 극복하는 자만이 승리를 거두리라!

교육학적 감각도 하나의 사회적 기능이고, 문제를 예술가의 직관으로 파악하는 것도 하나의 사회적 기능이다. 교육학적 감각은 사람이 다른 사람을 대하는 태도를 의미하는데, 이 태도는 다른 사람의 감정 수준을 친절한 방법으로 위로 끌어올리려는 욕망에 의해서 생겨난다.

이런 태도를 우리는 어떻게 설명할 수 있을까? 간단히 말하면, 사람은 자신의 내면에서 똑같은 감정을 재생하고, 그 감정을 바탕으로 다른 사람과의 접촉을 확고히 다질 수 있어야 한다. 그러기 위해선 사람은 다른 사람의 눈으로 볼 줄 알아야 하고, 다른 사람의 귀로 들을 줄 알아야 하고, 다른 사람의 가슴으로 느낄 줄 알아야 한다. 사람은 다른 사람과 동일시할 줄 알아야 한다는 뜻이다. 이것은 프로이트 학파의 이론이 제시하는 것과는 완전히 다른 과정이다. 심리학에서 "공감"이라 불리는 것과 비슷한 과정이다. 이것은 오직 사회 안에서만 배워질 수 있다. 말하자면 "나"와 "당신"의 관계가 유익한 형태로 구축될 때, 다시 말해 "내"가 "당신"의 동료가 되려는 생각을 소중히 여길 수 있을 때에야 배울 수 있다는 말이다.

훈련은 진공 상태에서 성취되는 것이 아니라 자신과 타인들 사이의 사회적 관계 속에서 성취되는 것이다. 사람은 온갖 형태의 사회적 관계를, 말하자면 우정이나 타인들에 대한 관심 등을 경험해야 한다. 우리 자신부터 아이들에게 되어 주기를 바라는 그런 모습으로 사는 존재가 되도록 노력해야 한다.

이제 개인 심리학자들의 일이 지니는 예술적 측면에 대해 이야기할 때이다. 개인 심리학이 문제들을 이해하려 노력할 때와 똑같은 방식으로 어떤 예술가에게 접근할 때, 그 예술가가 더욱 존엄한 존재로 느껴진다는 사실을 나는 언제나 확인한다. 예술가들을 관찰할 때, 우리는 그들을 이해 불가능한 존재로 고려하지 않는다. 오히려 예술가들에게 대단한 명예를 부여하게 된다. 말하자면 예술가들을 인류의 동료이자 지도자로 보는 것이다. 우리에게 세상을 보고 생각하고 느끼는 방법을 가르쳐주는 사람들이 바로 그들이다. 인류는 예술가들에게 가장 많은 은혜를 입고 있다. 여기서도 사회적 잣대를 기준으로 삼는다면, 예술가도 아주 큰 의미에서 사회적 기능을 수행하고 있는 것이 확인될 것이다.

한때 예술가의 사회적 기능이 일반적으로 받아졌던 때가 있었지만 지금은 잊힌 상태이다. 나는 함부르크 극장 오프닝 때 고트홀트 레싱(Getthold Ephraim Lessing)이 프리드리히 실러(Friedrich von Schiller)에게 보낸 소개말을 자주 떠올린다. "극장은 도덕적인 시설로 여겨진다." 예술가는 오직 인간을 풍요롭게 가꾸고, 보다 훌륭한 이해와 보다 깊은 감정을 위해 새로운 길을 열어주려고 노력해야 한다. 여기서 다시 우리는 튼튼한 토대 위에, 바로 개인 심리학의 바탕 위에 서게 된다.

18장

나는 부모들에게
이런 식으로 접근한다

아이의 부모와 올바른 방법으로 대화하는 것이 아주 중요하다. 그 방법을 글로 옮기는 것은 어려운 일이다. 상담원들이 서로 모여서 이 문제를 놓고 수시로 논하는 것이 좋은 아이디어이다.

가장 먼저 해야 할 일은 부모의 신뢰를 얻는 것이다. 부모가 적대감을 품도록 해서는 절대로 안 된다. 부모가 상담을 받으러 오는 것은 아이 문제에 책임감을 느끼기 때문이다. 그러기에 그들은 비판을 받을 것이라고 예상한다. 그래서 무엇보다 먼저 상담원은 부모가 이런 두려움을 떨치도록 해 줘야 한다.

보통 나는 부모에게 이런 식으로 말한다. "제가 볼 때 당신은 아이를 제대로 다루고 있는 것 같습니다." 실제로는 그와 정반대의 생각이 들 때에도, 나는 이런 식으로 접근한다. 무엇인가를 성취하길 원한다면 반드시 적절한 방법을 선택해야 한다. 나는 벤저민 프랭클린

(Benjamin Franklin)의 전기를 통해서 프랭클린도 이와 똑같은 방법을 택했다는 사실을 확인할 수 있었다. 그는 독단적인 훈계를 가능한 한 배제했다.

세부적으로 들어가면, 나는 어머니들에게 지나치게 많은 질문을 하지 않는 것이 바람직하다는 사실을 확인할 수 있었다. 학생이 관련된 상담인 경우에 우리는 선생의 도움을 받을 수 있다. 선생들은 아이들을 위한 지도 센터의 중요성을 잘 이해한다.

우리 심리학자들은 상대적으로 유리한 위치에 서 있다. 선생과 어머니는 하루의 나머지 시간을 아이와 함께 지낸다. 선생과 어머니가 가장 큰 부담을 지고 있다. 문제의 핵심을 잘 파악하는 것이 가장 중요하다. 그러나 심리학자가 알게 된 것을 갖고 어머니에게 부담을 주지 않는 것 또한 그것 못지않게 중요하다. 심리학자는 자신이 알게 된 것을 혼자 간직하면서 경우에 따라서 그것을 넌지시 암시하는 선에서 끝내야 한다. 이 같은 태도를 간직하면서 올바른 방향으로 나아가는 것이 근본적으로 중요하다.

심리학자들과 선생들의 내면에는 비판적인 감각이 깊이 뿌리를 내리고 있다. 그래서 나는 "아마"라는 단어나 "그게 잘 통할 것 같군요."라는 식의 표현을 쓸 것을 권한다. 심리학자는 부모를 치료하는 입장이 아니다. 부모에게는 몇 가지 조언만 할 수 있을 뿐이다.

뿌리 깊은 심리적 체계를 말 몇 마디로 바꿔놓는 것은 불가능하다. 더욱이, 심리학자가 아이의 신뢰를 얻고 아이에게 자신의 곤경에 대해 비관적인 의견을 가져서는 안 된다는 점을, 다시 말해 아이가 용기를 갖도록 하는 것이 더 중요하다는 점을 보여줄 수 있을 때엔, 심리적 체계를 바꾸는 노력 자체가 불필요하게 된다.

심리학자는 붕괴 직전 상태에 있는 아이를 30분 안에 용기를 불어 넣을 수 있는 위치에 있다. 어떤 특권을 누릴 수 있기 때문이다. 다시 말해 그때까지 비판에 시달려온 아이를 다루게 된다는 뜻이다. 이때 아이들은 갑자기 자신들이 절망적인 아이로 다뤄지지 않는 환경에 처해 있다는 사실을 깨달을 것이다.

카운슬러가 많아서 이런 아이들과 보다 길게 접촉할 수 있는 상황이 된다면 아주 좋을 것이다. 불행하게도 우리는 통계를 발표할 수 없지만 선생들이 고무적인 결과를 보고하고 있다.

카운슬러는 즉각 부모를 설득시킬 수 있어야 한다. 카운슬러는 부모를 설득시키는 방법을 최대한 발달시킬 수 있어야 한다. 개인 심리학에선 친절을 강조한다. 일부 카운슬러는 아이나 부모를 친절하게 다루는 능력을 충분히 발휘하고 있다. 분노와 같은 실수들을 논할 때, 이런 자세가 특히 더 필요하다. 그러나 이것은 오직 형식에 지나지 않는다는 사실을 우리는 잊지 말아야 한다. 형식도 중요하지만, 문제의 내용을 밝히면서 삶의 양식을 찾아내야 한다.

이것이 개인 심리학자들이 다른 심리학 학파와 다른 강점이다. 우리는 이 점을 충분히 인식하는 가운데 강점을 최대한 발휘하려고 노력해야 한다. 아이들이 잘못된 길을 포기하도록 뇌물을 먹이는 것은 우리의 목표가 아니다. 그보다는 핵심적인 문제를, 아이의 절망을, 아이가 희망을 잃게 만든 잘못을 표적으로 삼아야 한다. 이것이 문제의 핵심이고, 나머지는 예비적인 조치일 뿐이다.

따라서 개인 심리학의 카운슬러는 아이의 마음을 얻는 것으로 문제 해결을 시작해야 한다. 그러나 이것이 당연히 치료의 길로 안내할 것이라고 믿는 사람은 중대한 실수를 지지르게 될 것이다. 그런 식으로 접근했는데 치료 효과가 나타났다면, 그것은 성취가 아니고 우연한 결과일 뿐이다. 말하자면 카운슬러가 아직 파악하지 못한 것을 아이가 이해하고 있는 그런 상황이 벌어진 것이다.

인간의 친구가 되고 친절한 카운슬러가 되는 것으로는 절대로 충분하지 않다. 모든 사람이 다 그렇게 하려고 노력한다. 모든 사람들은 삶을 아이들에게 유쾌한 쪽으로 이끌려고 노력하고, 아이들을 끊임없이 칭찬하고, 그렇게 함으로써 인간적 매력을 통해서 좋은 결과를 얻을 것이라고 상상한다.

아이에게 접근할 때 친절한 태도를 취할 것인가 아니면 엄격한 태도를 취할 것인가 하는 문제를 놓고 논쟁을 벌이는 것은 무의미한 일이다. 인간의 영혼에 다가서는 일은 오직 겸손을 통해서만 성취될 수 있다. 인간의 영혼에 접근하는 것은 누군가를 설득시키는 기술이고, 그 사람의 마음 안에 있는 어떤 감정을 일깨우는 기술이고, 그 사람이 다른 사람의 말에 귀를 기울이고 이해하도록 유도하는 기술이다.

아이들을 다룰 때 이 기술은 반드시 필요하다. 사람들이 이런 말을 하는 소리가 자주 들린다. "어린이 지도 센터에 있을 때에는 아이가 종종 훌륭하게 행동하는데 집에만 오면 악마보다 더 나빠진다." 만일 아이가 자신이 처한 상황을 이해한다면, 그것이 보다 다정한 관계를 향해 나아가는 첫걸음이 될 것이다. 어느 누구도 아이가 호의적인 상황을 영원히 누리도록 하지 못한다. 또 아이의 응석을 받아주는 것으로는 아이의 결점을 없애지 못한다. 그럴 게 아니라, 아이가 자신의 발달에 잘못된 점이 무엇인지를 이해하도록 해줘야 한다.

바로 이 대목에서 카운슬러는 개인 심리학의 도움을 받을 수 있다. 카운슬러가 문제의 아이에 대해 완전히 파악하는 데 불과 10분도 걸리지 않는 경우도 간혹 있다. 기술은 카운슬러가 파악한 것을 다른 누군가가 이해하도록 만드는 데에 있다. 지식을 많이 갖고 있으면서도 그것을 전달하지 못하는 사람이 많다. 사람들과의 접촉을 훌륭하게 해내는 사람들은 자신의 지식을 보다 쉽게 전달할 수 있을 것이다. 왜냐하면 그런 사람들은 일상적으로 사람들을 다루는 과정에 자신이 뜻하는 바를 사람들에게 이해시키는 방법을 배우기 때문이다. 이것이 개인 심리학을 추구하는 카운슬러에게 가장 중요한 과제이다.

19장
유치원의 임무

학교에 들어갈 나이가 된 아이를 훈련시키는 것이 대단히 중요하다는 점은 새삼 강조할 필요조차 없다. 내가 제시하는 새로운 심리학, 즉 개인 심리학은 아이가 학교에 들어가는 시기가 아이의 인생에서 가장 중요한 때라는 점을 강조했다. 아이가 4세 혹은 5세를 넘기면 아이의 삶의 양식이 이미 확고히 정해지기 때문에 그 이후에는 외부 영향으로는 더 이상 그 유형을 변화시키지 못한다. 이전에는 아이의 행동이 상황과 연령에 따라 달라지는 것으로 믿어졌다.

익지 않은 푸른 과일은 외관이 익은 과일과 다르다. 그러나 전문가는 과일을 익지 않은 푸른 상태에서 보면서도 어떤 모습으로 익을 것인지를 알 수 있다. 나는 익지 않은 시퍼런 과일이 아직 펼쳐지지 않은 실체 그 이상의 존재라는 점을 강조하고 싶다. 익지 않은 과일은 살아 있고, 노력을 펴고 있고, 정신적 태도를 갖고 있다. 이 정신적 태도는 이상적인 어떤 모습을 추구하려고 하고 있으며, 삶의 과제들을 고정된 관점에서 직시하면서 그 과제들과 타협하려 할 것이다.

이 시기에 아이들이 펼치는 노력은 전부 이미 자동적으로 이뤄지고 있다. 이 노력들은 더 이상 의식적인 생각이 아니다. 그럼에도 아이의 노력은 모두 존재의 문제들에 대한 대답이며, 이 대답은 아이의 삶의 양식에 의해 결정된다.

아이들은 정신적 행동에 의해 서로 구별될 수 있다. 진정한 전문가라면 어떤 아이를 보고 소심하거나 조심스러워 하거나, 과제 앞에서 매우 신중해지거나 과제로부터 최대한 멀리 떨어지려 하거나, 과제를 피하려 한다는 식으로 판단을 내릴 때 거의 실수를 저지르지 않을 것이다. 이런 것들은 작은 세부사항일 뿐이지만, 개인 심리학자들은 이런 작은 것으로부터 엄청나게 많은 정보를 얻어낼 수 있다.

개인 심리학은 자그마한 아이가 인간 사회로부터 떨어져 있거나 분리되어 있다고 생각하지 않는다. 개성과 성격의 토대는 아이가 세상에 태어나고 첫 4년 혹은 5년 안에 닦여진다. 그때 무엇인가가 잘못되면, 그 실수는 외적인 조치로는 바뀌지 않을 것이다.

우리의 내면생활은 관계들의 형식들에 지나지 않는다. 생리학과 생물학에서 개별 부위들을, 예를 들어 충동과 본능이 무엇인지를 찾는 것은 흥미로운 일이다. 그러나 거기엔 심리가 전혀 없다. 심리는 오직 관계를 말해준다. 예를 들어, 어떤 아이에게 질문을 하지 않는다면 우리는 이 아이에게서 의미 있는 대답을 좀처럼 끌어내지 못할 것이다. 우리가 묻기 전까지는 아이가 어떤 식으로 대답할 것인지를 우리는 알지 못한다. 또 우리가 아이가 어떤 과제를 직면하도록 할 때까지는 아이가 거기에 어떤 식으로 반응할 것인지를 알지 못한다.

당신도 유쾌한 상황에서는 자신의 내면에 숨어 있는 악마를 드러내지 않을 것이다. 그러나 그러는 당신도 곤경에 직면하기만 하면 금세 자신의 진짜 모습을 드러낼 것이다. 아이의 마음 상태도 바로 그런 식의 대면이 이뤄져야만 나타날 수 있다. 개인 심리학자들에겐 "영혼"과 "정신"은 사회적 관계와 사회적 노력을 의미한다. 이 사회적 관계가 어디서 비롯되며 또 이 사회적 관계가 그렇게 다양한 이유가 무엇인지를 돌아볼 생각이다.

　우리가 아이의 내면에서 관찰할 수 있는 모든 것은 출생한 이후로 아이의 잠재력으로 아이의 내면에 늘 있었던 것들이다. 우리는 아이의 미래 능력을 측정하지 못한다. 우리가 아이들을 어느 선까지 발달시킬 수 있을 것인지를 모르는 것과 똑같다.

　정확한 방법을 채택하기만 하면, 사람은 아주 작은 잠재력에서도 큰 결실을 거둘 수 있다. 예를 들어, 헬렌 켈러(Helen Keller)는 듣지도 못하고 보지도 못하면서도 탁월한 인물이 되었다. 아주 작은 능력을 가진 아이가 제대로 된 방법을 채택함으로써 상상을 초월하는 성공을 거두는 예가 종종 보인다.

　아이가 가진 기능의 발달은 그 아이가 가진 능력의 결과라기보다는 훈련의 결과라고 할 수 있다. 이런 식의 비유도 가능할 것이다. 어떤 사람은 엄청난 재산을 갖고 있지만 그것을 제대로 이용하는 방법을 몰라서 재산을 낭비하다가 어느 날 갑자기 돈이 부족하다는 사실을 깨달을 수도 있다. 반면에 가진 자원이 아주 적은 사람은 그것으로도 꽤 잘 살아갈 수 있다.

　유치원 선생의 임무는 생후 4년 혹은 5년 된 아이가 삶의 모든 과제를 해결할 수 있다는 자신감을 갖게 하는 그런 삶의 양식을 갖도록 길을 활짝 열어주는 것이다. 어떤 이상(理想)이 있어야 한다. 그러나 그 이상을 성취시켜주는 것이 중요하지 않고 그 이상에 이르는 길을 보여주는 것이 중요하다. 사회적인 인간 존재들을 발달시킨다는 관점을 가진 교육은 단순히 공허한 구호에 그치지 않는다. 아이에게 사회성을 갖추지 못하는 것이 삶에서 저지를 수 있는 최악의 실수라는 점을 이해시켜야 한다.

그렇다면 최초의 관계는 어떤 식으로 형성되는가? 아이가 동료 인간 존재를 최초로 경험하는 것은 어머니를 통해서이다. 그리고 어머니를 통해서 아이는 다른 사람들에게도 관심을 갖게 된다. 이 최초의 경험이 아이에게 매우 중요하다. 그리고 아이가 어머니를 경험하는 방식은 그보다 훨씬 더 중요하다.

유치원 선생은 어머니의 역할을 한다. 유치원 선생은 어머니의 역할을 수행해야 한다. 더 나아가 어머니가 저지른 잘못까지 바로잡아줄 수 있어야 한다. 아이들을 타인들과 관계를 맺는 쪽으로 이끌어야 한다.

"나"와 "당신" 사이의 관계는 개인의 기능에 중요한 역할을 맡는다. 예를 들면, 언어도 그런 관계이다. 목소리는 한 인간 존재와 다른 인간 존재의 연결이다. 이 연결이 완벽하게 발달하지 않으면, 언어가 잘 발달하지 못할 것이다. 신체기관에 장애가 없는 가운데서도 언어가 잘 발달되지 않은 아이들은 "나"와 "당신" 사이의 관계에 필요한 준비를 제대로 하지 않은 아이들이다.

당신은 어떤 사람의 언어의 빈곤 혹은 풍요를 바탕으로 그 사람에 대한 결론을 끌어낼 수 있다. 그가 관계를 맺고 있고 그 관계를 받아들이는 사회적 환경 안에서만 풍부한 어휘력을 습득할 수 있게 되기 때문이다.

지능은 개인적인 문제가 절대로 아니다. 이해한다는 것은 관계 속에서 생각하고 판단하고 결론을 내린다는 뜻이다. 지능은 일반적인 타당성을 갖고 있다. 지능은 개인적인 관점에 따라 형성되는 것이 절대로 아니다.

문제아는 우리가 합리적이라고 받아들일 수 없는 그런 개인적인 생각들을 품고 있다는 사실이 확인될 것이다. 문제아는 상식을 따르지 않는다. 아름다움과 추함에 대해서도 똑같이 말할 수 있다. 우리가 아름답다고 부르는 것도 일반적인 타당성을 지닌다.

어머니의 첫 번째 역할은 아이에게 동료 인간 존재라는 인상을 줌으로써 아이의 내면에 사회적 감정을 불러일으키는 것이다. 이 인상을 받지 못해서 동료 인간들이 존재한다는 사실조차 모르는 아이들이 많다. 고아들이나 혼외 관계에서 태어난 아이들 사이에 이런 예가 많이 보인다.

그러나 원칙 같은 것은 절대로 없다. 그런 아이들 사이에도 사회적 감정을 갖춘 아이들이 발견된다. 사회적 감정을 갖추지 않은 아이들은 동료애를 경험하지 못한 가운데 성장한다. 사회적 감정이 부족한 아이들은 추한 아이들이나 원하지 않은 아이들, 장애인들 사이에서도 발견된다. 이런 아이들은 따뜻한 말을 듣지 못한 가운데 언제나 퇴짜만 당한 아이들이다. 그들은 마치 적국에서 사는 것처럼 성장한다.

아이들에게 아이의 진정한 동료라는 인상을 주는 것은 선생의 임무이다. 이것은 아름다운 임무이다. 당신도 이 관점을 채택한다면 많은 실수를 저지르지 않게 될 것이다.

어머니의 역할은 또 다른 중요한 기능과 연결된다. 아이의 삶의 첫 몇 년 동안에, 어머니는 아이가 다른 사람들에게 관심을 갖도록 안내해야 한다. 어머니가 아이의 관심을 사로잡아서 아이가 어머니에게만 관심을 고정시키도록 해서는 안 된다. 예를 들어, 응석받이로 큰 아이들은 자기 어머니나 응석을 받아주는 사람에게만 관심을 가지며 다른 사람에게는 관심을 주지 않는다. 응석받이 아이들은 그 외의 다른 사람들을 배제시키길 원한다. 이런 경향이 있는 아이를 다룬다면, 당신은 응석받이 아이를, 말하자면 모든 일을 다른 사람들이 자기를 대신해서 해 주기를 바라는 그런 아이들을 다루고 있다고 판단하면 된다.

선생들은 어머니들에게 아이의 사회적 감정을 더 멀리까지 일깨워 주고, 아이가 아버지에게도 관심을 갖도록 해야 한다고 조언해야 한다. 그러면 아이가 삶의 양식을 다듬는 노력을 아버지와 어머니가 함께 도울 수 있을 것이다. 또한 아이가 동생의 출생에도 준비시켜야 한다. 이 부분은 아이의 삶의 양식에 막강한 영향을 미치게 되는데도 종종 무시되고 있다.

유치원은 가족의 확장이다. 유치원은 낡은 전통이나 그릇된 이해 때문에 가족 안에서 이루지 못한 것들을 성취하거나 잘못 이룬 것을 바로잡아줘야 한다. 선생들은 이미 백지 상태가 아닌 아이들을 받아들인다. 이 나이의 아이들은 경험에 의해선 절대로 변화하지 않을 개성을 이미 갖고 있다. 선생들은 지적으로 탁월한 덕에 아이들이 어떤 행동을 하지 못하도록 막는 데 성공할 수 있다. 선생들은 무엇인가를 숨기거나 비밀로 할 수 있다.

그러나 삶의 양식은 반드시 다시 나타날 것이다. 만일 유치원 선생이 아이의 잘못을 바로잡고 제거하길 원한다면, 그 선생은 어머니의 두 가지 역할을 수행해야 한다. 아이는 자신의 잘못을 알아차리고 바로잡을 수 있다. 일부 아이들은 자신의 잘못에 관심을 주면서 자신의 삶의 양식에 따라 모든 것을 헐뜯으며 자기 방식대로 결론을 끌어낸다. 그런데 이 방식은 상식적이지도 않고 이성적이지도 않다.

응석받이 아이는 관심의 중심에 서기를 원하거나 관심에서 달아나려고 할 것이다. 그런 아이는 어려움에 직면하면 그것을 극복하지 못할 것이다. 그런 아이로부터 유치원 선생이 무엇인가를 빼앗으면, 그 아이는 "여긴 내가 있을 곳이 아니야. 엄마 가까이 있는 게 훨씬 더 낫겠어."라고 결론을 내릴 것이다. 그런 아이들은 언제나 불편한 감정을 드러내고 편안한 기분을 느끼지 못한다는 사실을 보여줄 것이다. 만일 유치원 선생이 어머니를 대신해 어머니의 역할 두 가지를 수행하면서 사회적 접촉을 확고히 다진다면, 반드시 놀라운 결과가 나타날 것이다. 아이는 불안을 느끼지 않은 가운데 어려움을 받아들이면서 유익한 방향으로 그것을 극복하려고 노력할 것이다. 그러면 유치원 선생은 아이가 용기를 갖고 있다는 것을 발견할 것이다.

용기는 하나의 사회적 기능이다. 자신을 전체의 일부로 고려하는 사람만이 용기를 가질 수 있다. 낙천주의, 적극성, 용기, 동료애는 사회의 틀 안에서 아이에게 하는 교육에 크게 좌우된다. 개인의 발달은 그 개인의 사회적 감정이 충분히 클 때에만 보장될 수 있다. 만일 내가 다른 사람들의 행복에 관심을 갖는다면, 나는 개성을 키움과 동시에 나 자신을 다른 사람에게 유익한 존재로 만들 수 있을 것이다. 오직 나 자신만을 생각한다면, 그런 나는 삶의 문제를 해결하는 데 완전히 부적절한 존재로 전락하고 말 것이다.

이 대목에서 여러분에게 아직 제대로 이해되지 않고 있는 무엇인가에 관심을 기울여달라고 부탁하고 싶다. 모든 문제의 해결에는 잘 발달한 사회적 감정이 필요하다. 아이의 사회적 감정은 아이가 동생의 출생에 보이는 반응에서 이미 드러난다.

유치원 선생의 임무는 사회적 임무이다. 학교와 우정, 사랑, 결혼, 정치적 입장, 예술적 성취는 모두 사회적 과제이다. 우리에게 예술과 과학은 사회에 유익한 성취를 의미한다. 만일 어떤 사람이 사회적 감정을 전혀 갖고 있지 않다면, 그 사람은 자신이 택해야 할 경로를 모르게 된다. 이것이 우리가 아이들의 사회적 감정을 발달시켜야 하는 이유이다. 그러면 그렇게나 많은 아이들, 심지어 그렇게나 많은 어른들이 사회적 감정을 제대로 갖추지 못하는 현상이 나타나는 이유는 무엇인가? 개인 심리학은 사회적 감정의 올바른 발달을 가로막는 장애물들을 찾아냈다.

개인 심리학은 미움 받거나 응석받이로 큰 아이들이 너무 많은 문제를 안고 있다는 사실을 확인할 수 있었다. 미움 받는 아이들의 경우에는 이것이 쉽게 이해된다. 하지만 응석받이 아이들은 도대체 왜 그런가?

개인 심리학이 추구하는 온전한 사회적 삶은 어린 시절 초기에 응석받이로 큰 아이들이 응석을 부리지 못하도록 막는 데에 그 목표를 두고 있다. 어머니는 아이를 대하는 태도를 점진적으로 엄격히 바꿔나가면서 그 동안에 아이의 요구가 터무니없이 중요하게 여겨졌다는 사실을 발견할 것이다. 그러면 아이는 어머니의 거절을 지속적으로 경험함과 동시에 자신이 새롭게 차지하면서 색다른 기쁨을 느끼게 된 주도적인 위치를 지키려고 노력할 것이다. 그런 식으로 아이는 비우호적인 환경에서도 성장하기 시작할 것이다. 그런 아이의 첫 반응은 다른 사람들보다 자기 자신에게 더 많은 관심을 주는 것이다.

예를 들어, 유치원에서 이런 반응이 간혹 두려움으로 악화되는 것이 쉽게 관찰된다. 이런 아이들은 구토를 하고, 먹기를 거부하고, 병이 되기 직전 상태의 긴장에 따른 징후들을 보인다. 이 아이들은 자신의 위치가 위협받고 있다는 것을 느낀다. 그래서 이기주의자들이 된다. 이건 건강한 조건이 아니다. 사회적 문제를 직면해야 하는 상황에 처할 때, 이런 아이들은 친구들을 얻고 선생들과 관계를 확립하는 데 필요한 훈련을 제대로 갖추지 못하게 될 것이다. 이런 아이들은 언제나 두려워하기 때문에 정신을 집중하지 못한다. 만일 당신이 이런 부류의 아이를 처벌하면, 아이는 압박과 위협을 더욱더 강하게 느끼게 될 것이다.

만일 아이들이 거만하게 군다면, 그것은 그들이 작고 약하다고 느끼기 때문이다. 이 아이들은 자신들이 실제보다 더 크게 보이기 위해서 까치발로 서 있는 것처럼 행동한다.

세 번째 유형의 아이가 있다. 대부분 타인들에 대한 관심을 키우지 못하는 아이이다. 이 아이들은 병약하게 태어나거나 신체적 결함을 가진 채 태어난 아이이다. 이 아이들은 자신의 약함이나 병을 엄청난 부담으로 여기고 있으며, 이 때문에 다른 유형의 아이들만큼 압박감을 강하게 느낀다. 이런 아이들은 보다 쉬운 상황을 발견하려고 노력한다. 또 신체적 열등 때문에 용기를 거의 갖고 있지 않거나 전혀 갖고 있지 않으며, 자기 자신에 대한 믿음을 전혀 갖고 있지 않다. 이 아이들은 자신의 결함에 매우 깊이 몰두한다.

이 아이들 중 일부는 자신의 약점을 극복하려고 노력하는 한편, 다른 아이들은 절망에 빠진다. 예를 들어, 시력이 약한 아이들은 대부분

시력이 좋은 아이들에 비해서 시각적인 것을 지각하는 훈련이 더 잘 되어 있다. 이 아이들은 이런저런 방식으로 시각적인 것을 보다 잘 지각하는 데에 특별히 관심을 기울인다. 색깔과 명암, 원근에 대해 더 잘 알고 있다. 이 아이들의 시각적 약점이 큰 강점을 낳은 것이다. 이 같은 사실은 다른 신체기관, 즉 청각이나 호흡, 소화기관 등의 결함에도 그대로 적용될 수 있다.

따라서 유치원에 들어가는 아이들은 용기가 저마다 다 다르다. 아이의 생각과 감정 하나하나는 그 아이의 영혼에서 벌어지고 있는 것을 이해하는 데 도움을 주는 암시이다. 혹시 아이 중에 정신박약아가 있는지를 확인하는 것도 매우 중요하다. 백치나 저능아의 경우에는 발달이 정상적인 수준에 이를 수 없다. 이런 아이들은 아주 다른 방식으로 교육을 받아야 한다. 백치나 저능아는 정상적인 아이의 수준에는 절대로 닿지 못한다.

어떤 아이가 정신박약아인지 여부를 결정하는 것은 매우 어려운 일이다. 그 같은 결정은 선생과 심리학자, 의사 사이의 긴밀한 협력을 바탕으로 이뤄져야 한다. 어떤 경우엔 누가 봐도 정신박약아처럼 보인다. 이보다 덜한 아이를 판단하는 경우엔 의사에게 많은 경험이 요구된다.

육체적 비정상 중에서 지능에 영향을 미치지 않는 것이 많다. 아이의 머리 크기가 작다는 사실은 정신박약의 근거가 될 수 없다. 무엇보다 먼저, 아이가 양육 상의 실수로 힘들어하는 것은 아닌지를 파악하는 테스트부터 해야 할 것이다. 정신이 박약한 아이들은 명확한 삶의 양식을 전혀 갖고 있지 않다. 정신박약아인 경우에는 어떤 과제에 대해 특별히 훈련을 시키지 않으면 그 과제 앞에서 아이의 행동을 예측하는 것이 불가능하다.

정신박약아는 일관된 삶의 양식을 추구하지 못한다. 정신생활의 통일성이 결여되어 있기 때문이다. 무엇보다 아이가 정신이 박약한 상태인지부터 확인하는 것이 중요하다. 그런 경우엔 취해야 할 조치 자체가 근본적으로 달라지기 때문이다. 아이의 정신생활을 철저히 탐험하고 완벽하게 이해해야 한다. 그러고 나면 적절한 교육 방법이 즉시 분명해질 것이다.

유치원 선생들은 또한 왼손잡이 아이들을 가르치면서도 아이가 왼손잡이라는 사실을 모를 수 있다. 왼손잡이 아이들은 동작이 어색하고, 쓰기와 읽기에 어려움을 겪는다. 혹시 그런 아이들이 있으면 면밀히 검사하면서 왼손잡이가 아닌지 확인하도록 하라. 부모의 말은 전혀 중요하지 않을 수 있다. 그런 아이들은 쉽게 낙담할 수 있다. 자신의 오른손이 약하다는 사실을 깨달으며 퇴짜 맞았다는 느낌을 받는 것이다.

사람들이 아이를 놀리거나 집적거려도 아이는 쉽게 실망한다. 아이는 용기를 잃고 소심해진다. 지나치게 엄격한 훈육도 큰 피해를 야기할 수 있다는 점을 명심해야 한다. 아주 약하고 절망적인 인간 존재가 용기를 완전히 잃을 경우에 다른 사람들과 접촉하는 것 자체가 불가능해진다. 여러분은 또 언제나 자식을 옹호하려고만 드는 어머니를 둔 아이도 만날 것이다. 그런 경우엔 어머니가 그때까지 아이가 어떤 노력도 하지 않도록 보호했을 것이다. 당연히 그 아이는 철저히 의존하려 들 것이다. 아마 아이는 언어 결함을 갖고 있거나, 사고력을 발달시키지 못한 탓에 정신을 집중하지 못할 것이다.

또 어떤 아이들은 한 개의 문장을 말하는 도중에 말을 중단할 것이다. 이는 아이가 말을 다 끝내도록 시간을 주지 않고 언제나 어머니가 중간에 자른 탓에 생긴 버릇일 것이다. 어머니의 애지중지 보살핌 속에 큰 아이들은 거의 언제나 이런 특징을 보일 것이다. 여러분은 아이의 용기와 낙천성이 어느 정도인지를 결정하기 위해서 이런 온갖 형태의 표현을 이해할 수 있어야 한다.

형제자매들 사이의 경쟁의식도 매우 중요한 역할을 한다. 아이의 출생 서열을 아는 것이 반드시 필요하다. 아이가 맏이인지, 둘째 혹은 막내인지, 외동인지 아니면 아들들 틈에 자라는 외동딸인지, 딸들 틈에서 자라는 외동아들인지를 아는 것이 아주 중요하다.

우리는 아이들을 덤불 속의 관목과 비교할 수 있다. 아이들도 똑같이 빛을 추구하고 있는 것이다.

맏이의 상황은 둘째의 상황과 완전히 다르다. 맏이는 일정 기간 동안 외동으로 지내다가 갑자기 다른 아이의 출현으로 인해 자신의 입지가 추락하는 것을 경험한다. 맏이에겐 이것이 하나의 비극으로 다가온다. 그 후로 그런 아이들은 마치 다른 누군가가 자신을 추월할까 두려워하는 것처럼 행동한다. 그런 아이들은 다른 누군가가 자기보다 총애 받고 있지 않은지 늘 경계할 것이다. 그들은 언제나 전면으로 나서려고 노력할 것이다.

둘째 아이는 혼자 있어 본 경험이 없고, 관심의 중심에 서 본 적이 없다. 그래도 둘째 아이의 상황이 더 낫다. 둘째 아이에겐 '길을 여는 존재'가 앞에 서서 여러 모로 일을 쉽게 만들고 있다. 둘째 아이는 경쟁을 벌이듯이 자기보다 앞에 서 있는 형을 따라잡으려는 것처럼 행동한다.

막내는 이와 또 다른 상황에서 자란다. 뒤를 따르는 아이는 아무도 없지만 막내의 앞에는 몇 명이 있을 수 있다. 막내는 자기보다 앞에 있는 존재들을 앞지르려는 노력을 공개적으로 보이며 자신이 제일이 되려고 애를 쓴다. 이 같은 노력은 보상을 받는다. 이런 아이가 결과적으로 어려움에 대처하는 훈련을 특별히 더 잘 받게 되기 때문이다.

어떻든 어려움을 극복하는 아이가 승리를 거두게 되어 있다. 그러므로 우리는 아이들에게 어려움을 극복하는 데 필요한 "무기"를 쥐어줘야 한다. 우리는 아이들에게 용기를 줘야 한다. 아이에게 용기를 불어넣는 것이 교육에서 가장 중요한 요소이다. 가장 위험한 것은 당연히 아이가 희망을 잃는 것이다. 아이의 삶에 어려운 상황이 많다. 그럼에도 아이가 희망을 잃는 일이 벌어져서는 절대로 안 된다.

마지막으로, 아이들과 싸워서는 절대로 안 된다는 점을 덧붙이고 싶다. 이유는 간단하다. 아이들이 언제나 더 강한 존재이기 때문이다. 아이들은 어떠한 책임도 지지 않는다. 책임을 지는 사람은 절대로 강한 존재가 될 수 없다.

실천이야말로 개인 심리학의 진정한 과제일 것이다. 어떠한 교육도 진공 상태에서 일어나지 않는다. 여러분은 과학적 연구의 다양한 해석이 야기하는 어려움과도 싸워야 한다. 개인 심리학은 비교를 환영한다. 개인 심리학자들은 너그럽다. 여러분은 다른 이론과 관점도 공부해야 한다. 그러면서 모든 것을 주의 깊게 비교하고, 어떠한 "권위"도 맹목적으로 믿지 않도록 해야 한다. 나까지도 맹목적으로 믿지 않기를!